Positionen   Sozialforschung weiter denken

In der Reihe **Positionen** erscheinen klassische und neue
Texte, die sich damit auseinandersetzen, was wegweisende
Sozialforschung methodisch und theoretisch ausmacht,
und die aufzeigen, was sie leisten kann.

Sozialforschung weiter denken heißt, mit Positionen zu
experimentieren, die inspirieren und irritieren, weil sie
die theoretischen und methodischen Konventionen sozialwissenschaftlichen Forschens hinterfragen, überwinden
oder neu arrangieren. Die ausgewählten Werke fordern allesamt heraus; sie geben Orientierung und enthalten über-
raschende Einsichten; sie machen Deutungsangebote und
ermuntern zu Kritik.

Ziel der Reihe des **Hamburger Instituts für Sozialforschung**
ist es, methodisch und theoretisch kreativen Impulsen mehr
Gewicht in wissenschaftlichen und öffentlichen Diskursen
zu verleihen. Dazu versammelt **Positionen** sowohl Original-
texte als auch Übersetzungen.

Hamburger Edition

Was haben Mäuse, Chicago und die Französische Revolution gemeinsam? Sie nehmen in der Biologie beziehungsweise der Sozialforschung jeweils die Rolle von Modellfällen ein. Es handelt sich um vielfach untersuchte Einzelphänomene, deren Eigenschaften generalisiert werden und unser Verständnis gesellschaftlicher Vorgänge unverhältnismäßig stark prägen.

Auch wenn die Untersuchungsgegenstände und Erkenntnisinteressen in den Geistes- und Sozialwissenschaften schwerer zu umreißen sind als in anderen Bereichen, stürzen sich die Forschenden, wie Monika Krause in ihrer viel gelobten Studie zeigt, auf einen Kanon von Objekten: Die Französische Revolution etwa hat allgemeine Vorstellungen des Umsturzes, der Staatsbürgerschaft und der politischen Moderne tiefgreifend beeinflusst, ebenso wie Studien über Ärztinnen und Ärzte die Agenda für die Forschung über Berufe bestimmt haben. Krause analysiert, wie und warum sich Forschende oft auf immer die gleichen Modellfälle verlassen, welche institutionellen Bereiche dieses Vorgehen begünstigen und wie dieses einer problematischen Selbstbeschränkung gleichkommt, wenn diese Entscheidungen unreflektiert bleiben.

Dieses Buch, entstanden aus Krauses produktiver Unzufriedenheit mit Generalisierung, ist ein Wegweiser, um Potenziale und Begrenzungen der Sozialforschung begreiflich zu machen. Einer Sozialforschung, die Wissen über die soziale Welt produziert und in Umlauf bringt und somit maßgeblichen Einfluss auf das gesellschaftliche Leben hat.

Monika Krause ist Professorin an der London School of Economics und Ko-Direktorin des LSE Human Rights. 2019 erhielt sie den Lewis A. Coser Award für Theoretical Agenda Setting in der Soziologie.

MONIKA KRAUSE

VON MÄUSEN, MENSCHEN UND REVOLUTIONEN

Modellfälle in der Sozialforschung

Aus dem Englischen von Stephan Gebauer

Mit einem Nachwort von Thomas Hoebel

Hamburger Edition

Hamburger Edition HIS Verlagsges. mbH
Verlag des Hamburger Instituts für Sozialforschung
Mittelweg 36
20148 Hamburg
www.hamburger-edition.de

Umschlaggestaltung: Wilfried Gandras, Hamburg
Satz aus DTL Albertina ST und Linotype Univers Condensed
Dörlemann Satz, Lemförde
Druck und Bindung: CPI books GmbH, Leck
Printed in Germany
ISBN 978-3-86854-369-8
1. Auflage Mai 2023

INHALT

Einleitung

Wenn Biologinnen versuchen, Fragen zu Leben und Tod, Entwicklung und Krankheit zu beantworten, werten sie für Studien ausgewählte Daten zu bestimmten Organismen aus. Einige Organismen werden häufiger verwendet als andere und wurden zu »Modellorganismen«, denen unverhältnismäßig große Aufmerksamkeit und Ressourcen gewidmet werden und die ganze Forschungsfelder prägen. Zu den berühmtesten Modellorganismen zählt die Fruchtfliege *Drosophila melanogaster*, die im frühen 20. Jahrhundert bahnbrechende Erkenntnisse über Vererbung und Neurologie ermöglichte.[1] Die Maus spielt seit Langem eine wichtige Rolle in der medizinischen Forschung einschließlich der Erforschung von HIV/Aids.[2] Weitere wichtige Versuchstiere sind der Wurm *Planaria*, die Schnecke *Aplysia* und bestimmte Varianten von Ratten, Fröschen und Hunden.

Modellorganismen können Tiere sein, sie können Pflanzen wie *Arabidopsis thaliana* sein, oder sie können deutlich »kleiner« oder »größer« als Tiere oder Pflanzen sein: mikrobiologische Einheiten wie Proteine, Viren und Bakterien können anhand von Modellsystemen studiert werden.[3] Ökologinnen und Evolutionsbiologen bilden Koalitionen, um die Forschung zu »größeren Einheiten« zu koordinieren, wobei sie sich auf bestimmte Orte – typischerweise relativ ungestörte oder unberührte Ökosysteme wie Inseln – als Stellvertreter für Ökosysteme konzentrieren, um die Erkenntnisse aus vielen verschiedenen Studien miteinander

---

1   Rubin/Lewis, »A Brief History of Drosophila's Contributions to Genome Research«; Kohler, *Lords of the Fly*; Keller, »*Drosophila* Embryos as Transitional Objects«.
2   Rader, *Making Mice*; Fujimura, *Crafting Science*; Amann, »Menschen, Mäuse und Fliegen«.
3   Zu Proteinen vgl. Rheinberger, *Experimentalsysteme und epistemische Dinge*. Zu Viren vgl. Creager, *The Life of a Virus*.

zu kombinieren und Wissen über die Dynamiken in Ökosystemen im Allgemeinen zu sammeln.[4] Forschende in der Biologie und verwandten Wissenschaften werden ausdrücklich ermutigt, ihre Aufmerksamkeit auf diese Art zu bündeln. Die Forschenden debattieren angeregt über die Vor- und Nachteile bestimmter Modellorganismen, und manche Geldgeber verlangen, dass bestimmte experimentelle Organismen verwendet werden. Die Idee ist, dass die Forschungsgemeinde als Gesamtheit von Konventionen über gemeinsame Forschungsobjekte profitiert: Wenn verschiedene Labore an verschiedenen Orten die gleichen Versuchstiere verwenden, können die Forschenden ihre Erkenntnisse leichter miteinander vergleichen, und die Resultate verschiedener Studien ergänzen einander kumulativ.

In diesem Buch, das auf einem Aufsatz beruht, den ich gemeinsam mit Michael Guggenheim geschrieben habe, möchte ich die Forschungspraktiken in den Sozial- und Geisteswissenschaften mit der Verwendung von Modellorganismen in den Biowissenschaften vergleichen.[5] Gestützt auf diesen Vergleich nehme ich einige Unterscheidungen vor, anhand deren Muster in der Produktion akademischen Wissens untersucht werden können, ausgehend von der Unterscheidung zwischen materiellen Forschungsobjekten auf der einen und epistemischen Zielobjekten auf der anderen Seite:[6] Das materielle Forschungsobjekt ist das spezifische Objekt, dem sich die Forschung unter Einsatz bestimmter Werkzeuge und Instrumente über bestimmte Spuren annähert. Definiert wird dieses Objekt durch seine Funktion als Werkzeug, das eingesetzt wird, um etwas anderes zu verstehen. Es unterscheidet sich von einem epistemischen Forschungsobjekt, was auch immer die Forschenden zu verstehen versuchen – vom Ziel ihrer Untersuchung, das eine konzeptuelle Einheit ist und von spezifischen intellektuellen und disziplinären Traditionen abhängt.

Ich zeige, dass Wissenschaftlerinnen in den Sozial- und Geisteswissenschaften sowie Biologen materielle Forschungsobjekte (Stellvertreter) benutzen, um umfassendere Fragen zu beantworten und übergeordnete Ziele von epistemischem Interesse zu verfolgen. Materielle

---

4   Kueffer/Pyšek/Richardson, »Integrative Invasion Science«.
5   Guggenheim/Krause, »How Facts Travel«.
6   Merton, »Three Fragments from a Sociologist's Notebooks«; Löffler, »Vom Schlechten des Guten«.

Forschungsobjekte werden nicht immer aus strategischen Gründen ausgewählt, die für die Forschenden transparent sind. Ich beschäftige mich mit Studien in verschiedenen Feldern, untersuche, welche materiellen Forschungsobjekte dort verwendet werden, und frage, welchen Einfluss spezifische Fälle und Orte auf das Wissen über Kategorien von Objekten und Orten und auf das Wissen über allgemeine Phänomene haben.

Ich werde zeigen, dass einige materielle Forschungsobjekte in den Sozial- und Geisteswissenschaften wie in der Biologie wiederholt untersucht werden und das Verständnis allgemeinerer Kategorien in unverhältnismäßig hohem Maß prägen. Diese Gegenstände bezeichne ich als »privilegierte materielle Forschungsobjekte« oder »Modellfälle«. Soziologinnen, Historiker und Anthropologinnen arbeiten nicht nur mit einem Kanon von Texten, sondern auch mit einem Kanon privilegierter Forschungsstandorte und -objekte. Wenn beispielsweise Stadtsoziologen über Städte diskutieren, stützen sie sich auf Forschungsergebnisse zu bestimmten Städten wie Berlin, Chicago und Mumbai und weniger auf Erkenntnisse über Städte wie Monaco-Ville, Jacksonville oder Dalian. In der politikwissenschaftlichen Diskussion über den Populismus dienen Lateinamerika und insbesondere Argentinien (das zum Beispiel den Vorzug vor Peru erhält) als privilegierte Bezugspunkte.[7] Soziologische Arbeiten über die Berufswelt orientieren sich an einer Reihe von klassischen Werken über Ärzte und in geringerem Umfang über Rechtsanwältinnen, während die Rolle von Schädlingsbekämpfern oder Priestern seltener untersucht wird.[8]

Im Mittelpunkt dieses Buches steht ein Beitrag zur Soziologie der Sozialwissenschaften, ein Beitrag der darauf zielt, empirische Muster in Bezug auf materielle Forschungsobjekten zu konzeptualisieren und zu beschreiben. Ich werde aber auch behaupten, dass eine Analyse dieser Muster ein geeigneter Ausgangspunkt für die Auseinandersetzung mit normativen Fragen dazu ist, wie die sozialwissenschaftliche Forschung gestützt auf die Beobachtung der Summe der Praktiken in Forschungsfeldern und -disziplinen verbessert werden kann. Die Tatsache, dass die Sozialwissenschaftlerinnen Modellfälle verwenden, ist an sich weder »gut« noch »schlecht«: Sie wirkt sich sowohl vorteilhaft als auch nachteilig auf das produzierte Wissen aus. Die Tatsache jedoch, dass

---

7   Jansen, *Revolutionizing Repertoires.*
8   Für eine Auseinandersetzung damit vgl. Spillman, *Solidarity in Strategy.*

die Sozialwissenschaftler mit Modellfällen arbeiten, ohne diese Praxis zu reflektieren, hat vor allem Nachteile. Ich werde zeigen, dass wir die Vorteile privilegierter materieller Forschungsobjekte besser nutzen und die Auswirkungen ihrer Nachteile verringern können, indem wir uns Gedanken über ihre Rolle machen.

Selbstreflexion jenseits der abstrahierten Epistemologie

Neben der methodologischen Reflexion auf Ebene der individuellen Forschungsprojekte ist die Selbstbeobachtung der Sozialwissenschaften traditionell wesentlich von philosophischen Ansätzen beeinflusst.[9] Die Reflexion konzentriert sich oft auf die epistemologische Ausrichtung verschiedener Arten von Forschung: Beispielsweise diskutieren Forschende die Vorzüge und Mängel von »Realismus« oder »Interpretivismus«. Solche Etiketten werden manchmal zur Selbstidentifizierung eingesetzt (etwa »empirisch-analytische Soziologie« oder »kritische Arbeit«) und dienen in anderen Fällen der feindseligen Etikettierung (»Positivismus«, »Identitätspolitik«).

In allen Fällen sind diese Etiketten das Resultat einer »Destillation« oder »Abstraktion« einer »Position«, die zu einer Diskussion führt, die weit von den tatsächlichen Forschungspraktiken und den konkreten Thesen und Ergebnissen entfernt ist, die wir produzieren, teilen und zur Debatte stellen. In dieser Destillationspraxis sind sich Wissenschaftlerinnen, die sich zur »wissenschaftlichen Methode« bekennen, einig mit solchen, die den »Positivismus« oder die »Ideologie der Objektivität« leidenschaftlich bekämpfen. Forschende, die sich mit dem Konzept der »Kritik« identifizieren, teilen diese Vernachlässigung für die Forschungspraxis oft mit ihren erbitterten Gegnern.

Ich möchte mich von diesem zirkulären Gegensatz zwischen Ideologie und Ideologiekritik lösen und sehe so, wie auch andere, eine Chance, die Reflexion über die Sozialwissenschaften gestützt auf soziologische Beobachtungen der Sozialwissenschaften zu erneuern – Beobachtungen, die wir an ähnlichen Standards wie jenen messen sollten, die wir in der Beurteilung von Studien zu Kunst, Humanität oder Religion anwenden würden. Auf diesen Gebieten sowie in der Kulturso-

---

9   Vgl. Krause, »On Reflexivity«.

ziologie im Allgemeinen betrachten wir die Ferndiagnose ideologischer Inhalte nicht länger als Ersatz für die Analyse tatsächlicher Praktiken und Institutionen. Ausgehend von früheren Rufen nach einer ernsthaften Soziologie der Soziologie[10] hat die praxis-theoretische Beobachtung der Sozialwissenschaften seit zwei Jahrzehnten an Bedeutung gewonnen; wichtige Impulse gehen dabei von den an den Naturwissenschaften orientierten *social studies of science* aus.[11]

Ich habe insbesondere aus den Arbeiten über die Naturwissenschaft Anregungen geschöpft, die den vielfältigen Orten, Werkzeugen und Materialien der Wissensproduktion Aufmerksamkeit schenken. Für die Beobachtung der Sozialwissenschaften bedeutet dies, die Rolle historischer Archive,[12] Orte,[13] Rahmenbedingungen und Werkzeuge qualitativer Interviews und kleiner Gruppenexperimente[14] und Umfragen[15] sowie das ethnografische »Feld«[16] ernst zu nehmen, Faktoren, die in jüngster Zeit Gegenstand einer neuartigen expliziten Diskussion und ernsthaften Auseinandersetzung in ihren jeweiligen Disziplinen geworden sind. Es bedeutet, die Rolle von Texten ernst zu nehmen, die ein Schritt in einem komplexen Übersetzungsprozess zwischen verschiedenartigen Materialien sind, die ein Träger wissenschaftlicher Erkenntnisse sind und selbst ein Material darstellen und die, wie wir sehen werden, zudem selbst ein Forschungsobjekt werden können. Innerhalb dieser umfassenden Diskussion dienen mir Fragen zu den Forschungs-

---

10 Vgl. z. B. Turner/Turner, *The Impossible Science*; sowie Fleck, »Für eine soziologische Geschichte der Soziologie«.

11 Für einen Überblick vgl. Camic/Gross/Lamont, *Social Knowledge in the Making*. Besonders großen Einfluss auf meine Arbeit haben die britische Forschung zum »sozialen Leben der Methoden« sowie die Gespräche über die Soziologie der Soziologie im DFG-Netzwerk gehabt; vgl. z. B. Law/Ruppert/Savage, »The Double Social Life of Methods«; Ruppert/Law/Savage, »Reassembling Social Science Methods«; Savage, *Identities and Social Change in Britain since 1940*; sowie Franzen u. a., »Das DFG-Netzwerk ›Soziologie soziologischen Wissens‹«.

12 Vgl. Wimmer, *Archivkörper*; sowie Kwaschik/Wimmer, *Von der Arbeit des Historikers*.

13 Vgl. Gieryn, »City as Truth-Spot«; sowie ders., *Truth-Spots*.

14 Vgl. Michael, »On Making Data Social«; Lezaun, »A Market of Opinions«; Lezaun/Calvillo, »In the Political Laboratory«; sowie Lee, »The Most Important Technique …«.

15 Vgl. Igo, »Subjects of Persuasion«.

16 Vgl. Gupta/Ferguson, *Anthropological Locations*; sowie Kohler, *Inside Science*.

objekten – und genauer gesagt, die Unterscheidung zwischen materiellen und epistemischen Forschungsobjekten – als Ansatzpunkt.

Ich habe viel von der Aufmerksamkeit, die Orten, Objekten und Wissenspraktiken in den Science and Technology Studies zuteilwird, gelernt, aber ich stelle auch Fragen über die Gesamtheit wissenschaftlicher Produktion, die eher in der Tradition der Wissenschaftssoziologie stehen als in jener der Science and Technology Studies. Robert Merton betrachtete seine Untersuchungen zur Wissenschaftssoziologie als Erkundung der »kognitiven und sozialen Muster in der Wissenschaftspraxis«.[17] In diesem Sinne möchte ich fragen: Welche kognitiven und sozialen Muster in Bezug auf materielle und epistemische Forschungsobjekte werden beim Blick auf die kollektive Produktion von wissenschaftlichen Gemeinschaften erkennbar?

Während die Biologinnen explizit über die Nutzung privilegierter materieller Forschungsobjekte diskutieren, sind die Konventionen über die Bevorzugung bestimmter Modellfälle in den Sozialwissenschaften im Wesentlichen implizit. In einigen Forschungsbereichen wird mittlerweile über selektive Aufmerksamkeit, übermäßig untersuchte Orte und vernachlässigte Fälle gesprochen, aber diese Gespräche sind nur selten teilgebietsübergreifend. In diesem Buch beschäftige ich mich mit dieser Lücke und versuche, eine Sprache für eine systematische Analyse dieser Formen von selektiver Aufmerksamkeit und ihrer Konsequenzen zu entwickeln.

Eine Analyse der Muster im Umgang mit Modellfällen liefert Einblicke in die Prägung der Sozialwissenschaften durch westliche Fälle, auf die die Kritik am Eurozentrismus und die Aufrufe zur Entkolonialisierung verschiedener Forschungsgebiete und Lehrpläne hingewiesen haben. Eine solche Analyse lenkt die Aufmerksamkeit auch auf Dynamiken in bestimmten Forschungsgebieten, die nicht einfach auf die von der postkolonialen Theorie beleuchteten Muster reduziert werden können und die, wie ich zeigen werde, auch in der postkolonialen Theorie selbst zu beobachten sind.

Die Auseinandersetzung mit Fragen zu den Forschungsobjekten liefert bestimmte Arten von Karten der akademischen Landschaft, die einige Aspekte einseitig hervorheben. Ich denke, dass die Karten, die aus der Argumentation in diesem Buch hervorgehen, die Karten ergän-

---

17 Merton, »Three Fragments«, S. 2.

zen kann, die gegenwärtig, die disziplinpolitischen Debatten bestimmen – Karten, die in anderer Hinsicht einseitig sind und sich auf epistemologische Orientierungen, Institutionen, theoretische Schulen oder Zitationsnetzwerke konzentrieren.

Die fehlende Einheit der Naturwissenschaften und ihre Implikationen für die Sozial- und Geisteswissenschaften

Die Aufmerksamkeit, die heute den Orten, Objekten und Wissenspraktiken in jedem Bereich gewidmet wird, verdankt sich den bahnbrechenden historischen und ethnografischen Arbeiten über die Naturwissenschaften, darunter *Lords of the Fly* und *Landscapes and Labscapes* von Robert Kohler, *Laboratory Life* von Bruno Latour und Steve Woolgar sowie *Die Fabrikation von Erkenntnis* von Karin Knorr-Cetina.[18] Da umstritten ist, worin genau das Vermächtnis dieser Studien besteht – und da die Bezugnahme auf die Naturwissenschaften in den Diskussionen über die Sozialwissenschaften so belastet ist –, lohnt es sich, ein wenig ausführlicher zu erklären, inwiefern ich diese Studien als grundlegend für das vorliegende Projekt betrachte.

Ethnografische und historische Studien, die sich der Praxis und materiellen Kultur der Wissenschaft widmen, haben gezeigt, wie Wissenschaft an bestimmten Orten mit bestimmten Praktiken und Werkzeugen betrieben wird und wie sich diese Praktiken auf den Inhalt und die Ergebnisse der wissenschaftlichen Arbeit auswirken. Obwohl diese Darstellungen in gewisser Weise »konstruktivistisch« sind, waren sie nie »relativistisch« in dem Sinn, der ihnen von einigen ihrer Gegner unterstellt wurde; die Forschung in dieser Tradition zeigt durchweg, dass ein hohes Maß an systematischer Arbeit, Anstrengung, Kenntnissen und Reflexion erforderlich ist, um etwas zu produzieren, das als wissenschaftliches Ergebnis zählt. Wir stellen manchmal fest, dass wissen-

---

18 Vgl. Kohler, *Lords of the Fly*; ders., *Landscapes and Labscapes*; Latour/Woolgar, *Laboratory Life*; sowie Knorr-Cetina, *Die Fabrikation von Erkenntnis*. Vgl. auch Lynch, »Material Work and Critical Inquiry«; sowie Star, *Regions of the Mind*.

schaftliche Erkenntnisse kontextabhängig sind und nur zeitweilig Gültigkeit haben, aber sie sind nie beliebig.[19] Die Feststellung, dass die Erkenntnisse wissenschaftlicher Forschung in mancher Hinsicht kontingent, aber nicht beliebig sind, ist auch eine Implikation der neuen Betonung des Materiellen in den *social studies of science.* Obwohl Wissenschaftssoziologen und -philosophinnen mindestens seit Quine erklären, dass die Theorie in mancher Hinsicht von »Daten« unterbestimmt ist, haben Studien von Latour und anderen gezeigt, dass die von den Forschenden untersuchten (physischen) Objekte wie Bakterien oder Elektroden auch prägen und eingrenzen, was die Forschenden über sie sagen.[20] Obwohl sich manche entschlossen haben, diese Studien im Namen der »Wissenschaft« als Provokation zu betrachten – daher die »Wissenschaftskriege« –, sind diese Erkenntnisse weniger für die Wissenschaften selbst eine Herausforderung, sondern eher für die Wissenschaftsphilosophie, insbesondere für eine spezifische Form der Wissenschaftsphilosophie, die jegliche wissenschaftliche Aktivität auf eine idealisierte Repräsentation der theoretischen Physik reduziert. Die diskutierten Arbeiten weisen im Widerspruch zu dieser Form der Wissenschaftsphilosophie, darauf hin, dass die Forschung in den Naturwissenschaften unterschiedlichen Logiken gehorcht, von denen jede von komplexen Apparaturen und arbeitsaufwändigen Strukturen abhängt. Wissenschaftlerinnen sammeln Daten im Feld, untersuchen historische Prozesse, arbeiten mit abstrakten Daten an Computern und forschen in Laboratorien, die selbst wiederum ausgesprochen vielfältig sind.

Diese Erkenntnis in die »Uneinheitlichkeit der Naturwissenschaften«[21] hat erhebliche Implikationen für unsere Vorstellung von den Sozialwissenschaften. Die Selbstreflexion der Sozialwissenschaften in der Philosophie der Sozialwissenschaften, aber auch in umfassenderen, als Theorie eingestuften Gesprächen in verschiedenen Disziplinen wurde bis vor Kurzem vollkommen von einer Debatte über die Frage beherrscht, ob sie wie »*die* Naturwissenschaften« sind. Die Idee der Na-

19   Biagioli, »From Relativism to Contingentism«.
20   Quine, *Wort und Gegenstand;* Latour, *Die Hoffnung der Pandora.*
21   Vgl. Galison/Stump, *The Disunity of Science;* sowie Knorr-Cetina, »Epistemic Cultures: Forms of Reason in Science«. Für eine Verknüpfung dieser Erkenntnis mit der Soziologie der Soziologie vgl. Lynch/Bogen, »Sociology's Asociological ›Core‹«.

turwissenschaften als Einheit war – vermittelt über Diskussionen in der Wirtschaftswissenschaft – ein wichtiger Bezugspunkt für den Methodenstreit im 19. Jahrhundert und beeinflusste sowohl Max Weber als auch Émile Durkheim, als sie ihre methodologischen Programme entwarfen. Sie wurde in den Debatten über den Positivismus in den 1960er und 1970er Jahren des 20. Jahrhundert fortgesetzt und findet weiterhin ihren Niederschlag in Etiketten wie »wissenschaftlich«, »empirisch«, »positivistisch« oder »quantitativ« sowie »interpretativ«, »qualitativ« oder »kritisch«.[22] Wenn wir uns statt der Destillation epistemologischer Ideen ernsthaft auf die Praktiken konzentrieren und die diesbezügliche Vielfalt in den Naturwissenschaften ernst nehmen, stellt sich heraus, dass diese Etiketten unabhängig davon, ob sie positiv oder negativ verwendet werden oder ob sie der Identifizierung der Sprecher selbst oder anderer dienen, irreführend sind.[23]

In einer soziologischen Untersuchung der Sozialwissenschaften, die versucht, normative Überlegungen einzuklammern, und empirische Fragen zu akademischen Praktiken stellt, ermöglicht uns die Erkenntnis der Uneinheitlichkeit der Naturwissenschaften, die Vielfalt der geistes- und sozialwissenschaftlichen Disziplinen und ihre innere Diversität zur Vielfalt der Naturwissenschaften hinzuzufügen, ohne im Voraus Annahmen darüber anzustellen, wie diese Diversität gruppiert werden kann.

In diesem Buch stütze ich mich auf historische, soziologische und anthropologische Untersuchungen zur Erforschung von Modellsystemen in der Biologie sowie auf die Gespräche über die Modellsystemforschung in der Wissenschaftsphilosophie und in Kunst und Geisteswissenschaften. Ich weiche von einigen dieser Arbeiten mit Bezug auf den Vergleich zwischen der biologischen Modellsystemforschung und der Forschung in den Geistes- und Sozialwissenschaften ab, und mit Bezug auf seine Implikationen. Die Nutzung von Modellsystemen in der Biologie hat historisch die Aufmerksamkeit der Wissenschaftsphilosophie geweckt, weil sie die zuvor angesprochene Uneinheitlichkeit der Wissenschaften hervorhebt: Als Fall von Forschenden, die sich auf bestimmte Tiere oder Fälle konzentrieren, widerspricht sie den idealisier-

---

22 Adorno u. a., *Der Positivismusstreit in der deutschen Soziologie*. Zu den gegenwärtigen Debatten in der deutschen Soziologie vgl. Hirschauer, »Der Quexit«.
23 Vgl. Knorr-Cetina, »Social and Scientific Method«.

ten Beschreibungen in der auf die Physik ausgerichteten traditionellen Wissenschaftsphilosophie, in deren Augen Wissenschaftlerinnen versuchen, Gesetze über Kausalbeziehungen zwischen Objektkategorien aufzustellen.[24]

Einige Beobachter haben mit Recht auf Ähnlichkeiten zwischen der Erforschung von Modellsystemen und Arbeiten in den Sozial- und Geisteswissenschaften hingewiesen, die sich auf bestimmte Objekte konzentrieren. Dies hat die Hoffnung auf neue Verbindungen zwischen Geistes- und Sozialwissenschaften einerseits und Naturwissenschaften andererseits geweckt.[25] Aber die gemeinsame Opposition zur nach Gesetzen suchenden Physik hat auch die Versuchung wachsen lassen, die Modellsystemforschung in der Biologie in abstrakte epistemologische Gegensätze zu assimilieren, die die Geistes- und Sozialwissenschaften seit Langem prägen. Intellektuelle in den Geisteswissenschaften und in der Kunst haben die Tatsache, dass einige Naturwissenschaftlerinnen ebenfalls spezifischen Objekten Aufmerksamkeit schenken, als Rechtfertigung dafür genutzt, einfach eine Reihe fallorientierter Methoden zu feiern, die sie ohnehin bereits anwenden.

Das undifferenzierte Lob des »fallbasierten Denkens«[26] beruht im Wesentlichen auf der Rekonstruktion bewährter Methoden einzelner Forschender. Im Gegensatz dazu, wende ich die soziologische Konzentration auf kollektive Konventionen, Muster und materielle Praktiken – die in der empirischen soziologischen Auseinandersetzung mit der Modellsystemforschung in der Biologie bereits zu beobachten ist – auf die Auseinandersetzung mit den Praktiken in den Sozial- und Geisteswissenschaften an. Ausgehend von der Betrachtung der Modellsystemforschung als kollektive Methode untersuche ich sowohl Ähnlichkeiten als auch Unterschiede zwischen verschiedenen Formen der Forschung mit privilegierten materiellen Forschungsobjekten, was einen andersartigen Ausgangspunkt für die kritische Auseinandersetzung mit ihren Vor- und Nachteilen liefert.

---

24 Creager/Lunbeck/Wise, *Science without Laws*; sowie Howlett/Morgan, *How Well Do Facts Travel?*.

25 Vgl. Schwab, *Experimental Systems*; sowie Poovey, »The Model System of Contemporary Literary Criticism«.

26 Vgl. Forrester, »If *p*, Then What?«; Forrester, »The Psychoanalytic Case«.

Kulturelle Schemata und der Fall
der akademischen Forschung

In der Auseinandersetzung mit dem privilegierten Platz, den einige Forschungsobjekte bezüglich einiger Objektkategorien einnehmen, wird die klassische kognitionspsychologische Forschung zur Prägung linguistischer Kategorien durch privilegierte Mitglieder dieser Kategorien relevant.[27] Diese Forschung hat gezeigt, dass Versuchspersonen zum Beispiel das Wort »Stuhl« schneller mit der Kategorie »Möbel« verbinden als das Wort »Spiegel«; das Wort »Rotkehlchen« verbinden sie schneller mit der Kategorie »Vogel« als das Wort »Ente«.[28]

Ein solches zentrales Mitglied, das als Prototyp bezeichnet wird, kann abhängig vom kulturellen Kontext ein durchschnittliches oder quintessenzielles Mitglied der Kategorie sein. Das bedeutet, dass die Kategorie »Vogel« besonders oft mit dem Rotkehlchen – einem durchschnittlichen Vogel – oder dem Adler verbunden werden kann – einem Vogel, bei dem einige mit einem Vogel assoziierte Eigenschaften besonders ausgeprägt sind; hingegen dürfte der Pinguin kaum ein zentrales Mitglied der Kategorie sein.[29]

Erkenntnisse über Typisierungsprozesse, kognitive Frames und Schemata haben eine lange Geschichte in der Phänomenologie und der von ihr inspirierten Soziologie sowie in dem Bereich, der heute als Kognitionswissenschaft bezeichnet wird.[30] In der zeitgenössischen Kognitionswissenschaft konzentriert sich ein Teil der Forschung auf allgemeine Fragen zur Natur von handelndem Subjekt und Kultur; ein Fokus auf »jene Elemente der Kognition, die fundamental sozial und daher weder das Produkt einzigartiger individueller Nuancen noch universelle Bestandteile des menschlichen Verstands sind«[31], hat Forscher dazu bewegt, gruppenspezifische Prozesse zu untersuchen, die an der Typisierung und der Entwicklung kognitiver Schemata beteiligt sind. Psychologische und soziologische Forschung hat gezeigt, dass Schemata

---

27 Rosch, »On the Internal Structure of Perceptual and Semantic Categories«; Lakoff, *Women, Fire, and Dangerous Things*.
28 Rosch u. a., »Basic Objects in Natural Categories«.
29 Lakoff, *Women, Fire, and Dangerous Things*, S. 86 f.; Hage / Miller, »›eagle‹ = ›bird‹«.
30 Vgl. Schütz, *Der sinnhafte Aufbau der sozialen Welt*; Goffman, *Rahmen-Analyse*; Zerubavel, *The Fine Line*; Cerulo, *Culture in Mind*; sowie Brekhus, *Culture and Cognition*.
31 Brekhus, »›The Rutgers School‹«, S. 450. Vgl. auch Zerubavel, *Social Mindscapes*.

auch Einfluss auf die Kategorien haben, die von bestimmten sozialen Gruppen und insbesondere von Expertengruppen geteilt werden.[32]

Empirische Forschung über Naturwissenschaftlerinnen hat gezeigt, dass die allgemeinen Erkenntnisse über die Bedeutung von unbewusstem Wissen, das die Kognitionswissenschaftler als »Typ-1-Kognition« bezeichnen, auch für Forschende gelten:[33] Wissenschaftlerinnen verstehen Kategorien ebenfalls schematisch, anstatt explizit vereinbarte Definitionen anzuwenden.[34] Heterodoxe Wissenschaftsphilosophen interessieren sich für die Implikationen der Tatsache, dass Kategorien so verstanden werden, da dies im Widerspruch zur klassischen aristotelischen Logik steht.[35]

In der Auseinandersetzung mit Belegen für die Prägung von Kategorien durch Schemata und privilegierte Mitglieder einer Kategorie unterscheide ich prinzipiell zwischen im menschlichen Verstand angesiedelten generellen oder gruppenspezifischen Schemata, die in Experimenten zutage gefördert werden können, und den für die Forschungspraxis ausgewählten materiellen Stellvertretern, über die Wissen produziert und in Umlauf gebracht wird. Durch diese Unterscheidung wird die Frage nach der Beziehung zwischen beiden möglich.[36] Ich werde im Folgenden die Frage untersuchen, wie die Wahl materieller Forschungsobjekte zum Beispiel von Schemata in der allgemeinen Bevölkerung und von Schemata in spezifischen Forschungsgebieten beeinflusst werden kann. Indem wir den materiellen Charakter von Stellvertretern ernst nehmen, können wir die Unterschiede und Gemeinsamkeiten zwischen einigen oft separat behandelten Phänome-

---

32 Für die psychologische Forschung vgl. Tversky/Kahneman, »Belief in the Law of Small Numbers«; Larkin u. a., »Expert and Novice Performance«; Chi/Feltovich/Glaser, »Categorization and Representation of Physics Problems«; dies., *The Nature of Expertise;* sowie Hoffman, *The Psychology of Expertise.* Für soziologische Forschung vgl. DiMaggio, »Culture and Cognition«; Hodgkinson/Healey, »Cognition in Organizations«; Beer/Coffman, »How Shortcuts Cut Us Short«; Zerubavel, *Social Mindscapes;* sowie Brekhus, »A Sociology of the Unmarked«.

33 Vaisey, »Motivation and Justification«; Lizardo u. a., »What Are Dual Process Models?«.

34 Griffiths/Stotz, »Experimental Philosophy of Science«.

35 Giere, »The Cognitive Structure of Scientific Theories«.

36 Zum Konzept der »materialisierten Schemata« vgl. Dominguez Rubio, »Preserving the Unpreservable«; vgl. auch Taylor/Stolz/McDonnell, »Binding Significance to Form«.

nen behandeln, darunter paradigmatische oder prototypische Beispiele, klassische Fälle, klassische Texte und Kanons und klassische Perioden.

In der Folge werde ich nach den Kategorien fragen, für die Stellvertreter stehen. Die sozialwissenschaftlichen Kategorien sind linguistisch gesprochen keine natürlichen Kategorien, sondern haben relativ kurze und spezielle Geschichten. Es muss nicht nur eingehender untersucht werden, wie sie von der einzelnen Autorin sorgfältig konstruiert werden, sondern auch welche Rolle sie kollektiv in der Strukturierung von Wissen, akademischen Jobs und Karrieren und akademischen Abteilungen spielen. Ich werde zeigen, dass einige Aspekte der sozialen Organisation wissenschaftlicher Arbeit den Bemühungen um eine reflexive Auseinandersetzung mit Kategorien und den Schemata, anhand deren Sozialwissenschaftler diese verstehen, entgegenwirken.

Material und Methoden

Ausgehend von einer Unterscheidung zwischen materiellen Forschungsobjekten und epistemischen Forschungsobjekten oder -zielen frage ich in diesem Buch: Wie werden materielle Forschungsobjekte ausgewählt und beurteilt? Welchen Platz nehmen spezifische Fälle und Orte im Wissen über Klassen von Objekten und Orten und über Phänomene von allgemeinem akademischem Interesse ein? Welche Konventionen gelten für privilegierte materielle Forschungsobjekte? Wie werden privilegierte materielle Objekte reflektiert und reproduziert?

Ich werde anhand von Beispielen aus Soziologie, Anthropologie, Politikwissenschaft und Geschichte untersuchen, wie Fälle und Kategorien in akademischen Beiträgen konstruiert werden. Mein Ziel ist es, Unterscheidungen vorzunehmen, die einen Rahmen für die Beschreibung von Mustern der Verwendung von Stellvertretern in verschiedenen Disziplinen liefern. Ich werde Beobachtungen präsentieren und Hypothesen aufstellen, die relativ unabhängig davon, ob diese Muster »gut« oder »schlecht« sind, empirisch beurteilt werden können, wobei ich diese empirischen Hypothesen auch als Grundlage für eine normative Reflexion heranziehen werde.

Das Projekt verdankt der Kritischen Theorie das Bemühen um einen Vergleich nicht nur mit dem, was ist, sondern auch mit dem, was sein könnte, um die gegenwärtigen Praktiken im Raum der möglichen

Praktiken zu situieren.[37] Ich nähere mich den Sozial- und Geisteswissenschaften mit folgender Frage an: Wie könnte eine andere Forschung aussehen? Ich entwickle Werkzeuge, anhand deren ich bestimmte Elemente in der Produktion der Sozialwissenschaften identifizieren kann, um die Muster in der Verwendung und Kombination dieser Elemente nachzuzeichnen. Das versetzt mich in die Lage, Formen von Duplikation und Wiederholung zu beleuchten und nach ungenutzten Möglichkeiten Ausschau zu halten, die sich in der Forschung als nützlich erweisen könnten.

Es ist mir bewusst, dass viele Leserinnen mit einigen oder vielen Aspekten der sozialwissenschaftlichen Forschung nur allzu gut vertraut sind und meine Darstellung mit ihrer eigenen Einschätzung des Feldes vergleichen werden. Wenn ich erkläre, dass Modellfälle manchmal ohne Abwägen der Alternativen ausgewählt werden, denken sie möglicherweise an die Arbeit einer Kollegin, die sich tatsächlich sehr genau überlegt hat, welcher Fall am besten geeignet ist, um ihre Forschungsziele zu erreichen. Wenn ich erkläre, dass ein bestimmtes Forschungsobjekt vernachlässigt wird, werden einigen Lesern Studien einfallen, die sich mit einem solchen Objekt befasst haben.

Ich hoffe, zumindest einen Teil dieser Leserschaft dazu bewegen zu können, meine Darlegungen nicht als Behauptungen über individuelle Studien, sondern als Hypothesen zu kollektiven Mustern zu betrachten. Von der Wissenschaftssoziologie inspiriert, wende ich das Prinzip der Symmetrie an, das erfordert, der durchschnittlichen und schlechten Arbeit genauso viel Aufmerksamkeit zu widmen wie der guten.[38] Wenn ich von der »Wissensproduktion« spreche, meine ich im Wesentlichen die Produktion veröffentlichter Arbeiten. Ich folge nicht der Tendenz, die »besten Arbeiten« zur Untersuchung heranzuziehen, was in der methodologischen Reflexion und in der Lehre üblich ist. Es lohnt sich, sich für einige Kapitel von dieser Tendenz zu lösen, um zu einem empirisch ausgerichteten Verständnis der Muster in der tatsächlich existierenden sozialwissenschaftlichen Forschung zu gelangen, das auch die Chance haben sollte, Forschung, Lehre und Forschungspolitik zu beeinflussen.

Einige der Studien zu Fällen, die in meinen Augen vernachlässigt werden, sind berühmt, und mit Recht berühmt, was eben daran liegt,

---

37 Calhoun, *Critical Social Theory*.
38 Bloor, *Knowledge and Social Imagery*.

dass sie etablierte Muster sprengen, die trotzdem stark sind. Ich möchte auch darauf hinweisen, dass einige dieser herausragenden Studien auf eine Art aufgenommen und verwendet werden, die meine übergeordnete Argumentation nicht widerlegt, sondern ihr entspricht; das heißt, sie werden als »interessante Fälle« rezipiert, können das Verständnis der übergeordneten Kategorie jedoch nicht beeinflussen.

Zum Aufbau des Buches

In diesem Buch entwickle ich einen Rahmen für die vergleichende Analyse der Rolle materieller Forschungsobjekte und privilegierter materieller Forschungsobjekte in den Sozialwissenschaften und ziehe dafür Beispiele aus der Soziologie, der Geschichtsschreibung, der Politikwissenschaft und der Anthropologie heran.

Ich nehme eine Reihe von Unterscheidungen vor, die es uns erlauben, Muster in der Produktion von Forschungsarbeiten analytisch zu beschreiben. Diese Unterscheidungen werden in spezifischen Kapiteln entwickelt und bauen im Verlauf des Buchs aufeinander auf. Auf die in Kapitel 1 behandelten Unterschiede zwischen materiellen Forschungsobjekten und epistemischen Zielobjekten sowie zwischen materiellen Forschungsobjekten und privilegierten materiellen Forschungsobjekten folgen die Unterscheidung zwischen materiellen Forschungsobjekten und ihren Exemplaren in Kapitel 3 und die Unterscheidung zwischen privilegierten materiellen Forschungsobjekten und paradigmatischen Beispielen in Kapitel 5.

Neben dieser konzeptuellen Struktur beschäftige ich mich mit spezifischen Themen, denen sich Leserinnen mit spezifischen Vorhaben und Interessen direkt zuwenden können. Kapitel 1 dient als erweiterte Einleitung und enthält die grundlegenden Bestandteile der Argumentation. In Kapitel 2 beschäftige ich mich mit rationalistischen Annahmen zu den bei der Auswahl materieller Forschungsgegenstände angewandten Methoden und untersuche einige der Faktoren, die dazu beitragen, dass manchen Stellvertretern der Vorzug gegenüber anderen gegeben wird. Das Thema von Kapitel 3 sind methodologische Überlegungen und die wichtigen Unterschiede zwischen den Forschungspraktiken in den Sozialwissenschaften einerseits und der Biologie andererseits. In Kapitel 4 untersuche ich die Auswirkungen der Institutionalisierung von Kategorien für Forschungsobjekte und theoretische Ansätze durch Teilgebiete. Das Thema von Kapitel 5 sind die Schemata der Sozialtheorie, und in Kapitel 6 untersuche ich die Funktion von Modellfällen mit Blick auf die aktuellen Debatten über das globale Wissen. Am Ende jedes Kapitels befasse ich mich kurz mit den durch die Analyse dieser Muster aufgeworfenen normativen Fragen, die ich in den Schlussfolgerungen eingehender behandle.

Kapitel 1 Materielle Forschungsobjekte und privilegierte materielle Forschungsobjekte

Hier führe ich die Unterscheidung zwischen materiellen Forschungsobjekten einerseits und epistemischen Zielobjekten andererseits sowie die Unterscheidung zwischen materiellen Forschungsobjekten und privilegierten materiellen Forschungsobjekten ein. Ich befasse mich mit der Frage, wie Modellsysteme in der biologischen Forschung verwendet werden, und versuche anhand von Beispielen aus der Stadtsoziologie und Arbeitssoziologie plausibel zu machen, dass wir auch in den Sozialwissenschaften privilegierte materielle Forschungsobjekte haben, nämlich Modellfälle. Ich ordne die Konventionen über privilegierte materielle Forschungsobjekte in die umfassenderen Bewertungsmodi für Stellvertreter ein: Gestützt auf eine Analyse von Zeitschriftenartikeln zu Soziologie, Anthropologie, Literaturwissenschaft sowie biologischer Feld- und Laborforschung unterscheide ich zwischen einer Logik der Modellsysteme und der verwandten Anwendungslogik sowie einer Abdeckungslogik, einer Logik der Repräsentativität und einer Logik formaler Modelle.

Kapitel 2 Wie materielle Forschungsobjekte ausgewählt werden

In diesem Kapitel frage ich, wie Forschende materielle Forschungsobjekte für ihre Studien auswählen. Robert Mertons Darstellung von Forschungsmaterialien und -orten als »strategische Forschungsmaterialien« impliziert, dass materielle Forschungsobjekte von selbstkritischen Forschenden deshalb ausgewählt werden, weil sich diese Objekte ideal für die Verfolgung ihrer Ziele eignen; dies schließt eine Untersuchung der Spannungen zwischen verschiedenen Aspekten der Strategie einschließlich individueller und kollektiver Aspekte der Strategie sowie eine Auseinandersetzung mit nicht strategischen Faktoren aus. Ich beschäftige mich mit der Forschung in Bezug auf die Frage, wie materielle

Forschungsobjekte in der Biologie ausgewählt werden, und führe das Konzept des »gesponserten Stellvertreters« ein. Indem wir zusätzlich zur herkömmlichen Konzentration auf »gesponserte Kategorien«, »gesponserte Methoden« oder »gesponserte Fakten« nach »gesponserten Stellvertretern« fragen, können wir nachverfolgen, wie verschiedene Einflüsse auf populäre Vorstellungen, subkulturelle Faktoren, journalistische Konventionen, Makrohistorizismus, Mikrohistorizismus sowie auf angloamerikanische Zeitschriften und auf ihre Gutachter bei der Förderung von Stellvertretern einwirken. Ich analysiere, wie einige Objekte Lobbying für sich selbst als Stellvertreter betreiben und wie andere Objekte verhindern, dass sie untersucht werden, indem sie keinen Zugang gewähren.

Kapitel 3 Modellfälle und der Traum von kollektiven Methoden

In diesem Kapitel untersuche ich die materielle Infrastruktur der Modellsystemforschung als kollektive Methode. In der Biologie gibt es explizite Konventionen über privilegierte materielle Forschungsobjekte, und die Biologinnen greifen aktiv ein, um die Varianz von Exemplaren privilegierter materieller Forschungsobjekte zu kontrollieren. Hingegen versuchen die Forschenden in den Sozialwissenschaften nicht, kollektiv in das materielle Forschungsobjekt einzugreifen oder es zu standardisieren; eine geringe Varianz der Exemplare ist dort nicht das Ergebnis von gemeinsamen Bemühungen, sondern ein glücklicher Zufall. Das bedeutet, dass Sozialwissenschaftler keine Möglichkeit haben, die Vorteile einer Konzentration der Aufmerksamkeit auf bestimmte Stellvertreter zu nutzen. *Restudies* erweisen sich im Kontext dieses Vergleichs als interessante Praxis. In einer Neuuntersuchung von klassischem ethnografischem Material ordnen die Autorinnen der Studie ihre Forschung explizit in den Kontext bestimmter anderer Forschungsarbeiten ein. Die Bezeichnung einer Studie als *restudy* hebt die Bemühung der Forschenden hervor – eine Art von Brecht'schem Verfremdungseffekt –, anstatt sich explizit oder implizit auf einen behaupteten inhärenten Wert des gewählten Forschungsobjekt zu verlassen.

Kapitel 4 Wie Teilgebietskategorien das Wissen prägen

Man könnte erwarten, dass sich Sozialwissenschaftler mehr Gedanken als Durchschnittspersonen über die Schemata machen, die sich auf ihre Arbeit auswirken: Schließlich unterscheiden die meisten Forschenden ihr Wissen vom Alltagswissen; sie wurden spezifisch dafür ausgebildet, Rechenschaft über einige der Übersetzungen abzulegen, die im Hin und Her zwischen materiellen Forschungsobjekten und epistemischen Zielen eine Rolle spielen; sie beteiligen sich außerdem regelmäßig an Routinen der wechselseitigen Kritik, in denen Annahmen und Schlussfolgerungen hinterfragt werden. Mit Blick auf diese an die Sozialwissenschaftlerinnen gerichtete Erwartung möchte ich plausibel machen, dass diese Bemühungen um Reflexivität bis zu einem gewissen Grad durch Gelegenheiten zunichte gemacht werden, die Forschenden einladen – und manchmal sogar zwingen –, Schemata zu aktivieren, um zu beweisen, dass sie der relevanten akademischen Gemeinde angehören. Teilgebietskategorien wie die »Geschichte des 18. Jahrhunderts«, die »Anthropologie des Islam« und die »Organisationsforschung« institutionalisieren bestimmte Kategorien für epistemische Ziele – Objekte wie »Organisationen« oder den »Islam«, die wir besser zu verstehen versuchen. Diese Kategorien strukturieren auch die Reproduktion wissenschaftlicher Gemeinschaften im Lauf der Zeit als intern diverse und differenzierte Gemeinschaften. Das bedeutet, dass sich die Sozialwissenschaften mittels kategorisierter Gelegenheiten einschließlich Jobgelegenheiten reproduzieren, die, wie ich zeigen werde, ein Einfallstor für Schemata und schemakongruente materielle Forschungsobjekte darstellen.

Kapitel 5 Die Schemata der Sozialtheorie

Die meisten sozialwissenschaftlichen Disziplinen gestehen einigen Autoren und Texten einen besonderen Platz zu. Die kritische Auseinandersetzung mit dem Status »der Klassiker« oder »des Kanons« konzentriert sich bisher auf die kulturelle Funktion dieser Texte. In diesem Kapitel gehe ich von den Beiträgen aus, die begonnen haben, »große Denker« zu entthronen, und untersuche die Voraussetzungen und Konsequenzen der Konsekration von Personen als »Autoren«. Ich rekonstruiere, wie Kollegen in Autoren und Autoren in Untersuchungsgegenstände verwandelt werden, und analysiere diesen Vorgang mit Blick auf Alternativen, die nicht gewählt wurden. Erst wenn Autoren oder Ansätze als Objekte etabliert sind und einen festen Platz als Stellvertreter der neu institutionalisierten Kategorie der »Theorie« einnehmen, können wir fragen, wie Aufmerksamkeit unter Autoren und ihren Texten verteilt wird. Wenn Kolleginnen in Autorinnen verwandelt werden, werden materielle Forschungsobjekte zu paradigmatischen Beispielen. Während privilegierte Forschungsobjekte mit unterschiedlichen Ansätzen und Methoden wieder und wieder untersucht werden sollen, besteht der Zweck paradigmatischer Beispiele darin, einen bestimmten theoretischen Ansatz zu veranschaulichen; ihre Neuuntersuchung ist nur als Anfechtung dieses Ansatzes sinnvoll. Die Transformation materieller Forschungsobjekte in paradigmatische Beispiele führt zur Entstehung einer Anwendungsindustrie, in der die Erkenntnisse über das paradigmatische Beispiel auf andere Fälle übertragen werden, anstatt diese zu vergleichen.

Kapitel 6   Die Modellfälle des globalen Wissens
In diesem Kapitel untersuche ich Modellfälle Im Kontext von Debatten über die Ungleichheit der Produktion und Verbreitung sozialwissenschaftlichen Wissens in einem globalen Kontext. Gestützt auf die postkoloniale Theorie und die Debatte über die »angloamerikanische Hegemonie« in den Sozialwissenschaften zeige ich, dass der Historizismus sowie angloamerikanische Zeitschriften und Gutachter einigen Stellvertretern den Vorzug vor anderen geben, und somit die Rolle verschiedener Weltregionen in der sogenannten internationalen Sozialwissenschaft limitiert. Darüber hinaus behaupte ich, dass die Logik der Modellfälle ihre eigene Auswirkungen hat. Dazu werfe ich zuerst einen Blick auf die spezifischen westlichen Länder, die im Studium verschiedener Aspekte der Moderne als privilegierte materielle Forschungsobjekte gedient haben, beispielsweise England, das der Modellfall für das Studium des Kapitalismus und der Klassenentstehung ist, und Frankreich, dessen Geschichte die Grundlage für unser Verständnis der politischen Moderne ist. Zweitens frage ich nach den Modellfällen und paradigmatischen Beispielen der postkolonialen Theorie selbst und zeige, dass diese als institutionalisierte Kategorie für einen theoretischen Ansatz ebenfalls nicht vollkommen gegen die bei solchen Ansätzen im Allgemeinen beobachtete Tendenz gefeit ist, eine Anwendungsindustrie aufzubauen. Drittens beschäftige ich mich mit der Agenda für die vergleichende Forschung zu als gebietsspezifisch gekennzeichnetem Wissen und analysiere kurz die sogenannten *area studies* mit Blick auf die privilegierten Stellvertreter verschiedener in ihnen enthaltener Disziplinen.

1

Materielle Forschungsobjekte und privilegierte materielle Forschungsobjekte

Ein Ethnograf verbringt einen Tag in einem bestimmten Stadtteil von Boston. Er trifft sich mit zwei oder drei Informanten, begleitet einen von ihnen einen Nachmittag lang und geht nach Hause, um sich Notizen zu seinen Beobachtungen zu machen. Gestützt auf mehrere Hundert Seiten von Notizen zu seinen Feldstudien und mehrjährige Forschungsarbeit wird er später eine These über die Situation von Armen und die Versuche zur Wiederbelebung heruntergekommener Stadtteile entwickeln.

Ein Forscher sammelt Daten über die hundert größten Ballungszentren in den Vereinigten Staaten. Seine Erkenntnisse werden später im Ausland in der Auseinandersetzung mit Fragen von »Segregation« und »Stadtentwicklung« zitiert.

Eine amerikanische Stadt mit 546 000 Einwohnerinnen und Einwohnern ist seit ihrer Gründung nicht ein einziges Mal von einer Ethnografin besucht worden.

Wenn Soziologinnen eine ethnografische Studie in einem bestimmten Stadtteil von Boston durchführen, ist dieser Stadtteil der Ort ihrer Feldforschung. Sie machen sich Notizen zu ihren Beobachtungen, und die Antworten ihrer Interviewpartner sind ihre »Daten«. Wenn sie eine Arbeit veröffentlichen, die zum Verständnis von »Armenvierteln« oder »Nachbarschaftserneuerung« beitragen soll, steht das untersuchte Viertel auch für die Kategorie »amerikanische Stadt« oder »Stadt«.

Natürlich ist unser Forscher aufrichtig bemüht, die Lebenserfahrung der Einwohnerinnen des West End in Boston, von East Harlem in New York oder der South Side von Chicago zu verstehen. Aber das spezifische Umfeld ist teilweise auch Mittel zum Zweck: Es ist ein Stellvertreter für etwas anderes. Gestützt auf eine Unterscheidung, die auf Aristoteles zurückgeht, können wir feststellen, dass die Nachbarschaft zumindest teilweise die Funktion eines materiellen Forschungsobjekts erfüllt: Dabei handelt es sich um den materiellen, konkreten Gegenstand, der über bestimmte Spuren zugänglich ist und der mit bestimmten Werkzeugen und Instrumenten beleuchtet wird. Er unterscheidet sich von einem formalen oder epistemischen Forschungsobjekt – dem vom Forschenden festgelegten Ziel der Untersuchung, das zwangsläufig eine konzeptuelle Einheit ist und von spezifischen intellektuellen und disziplinären Traditionen abhängt.

Sozialwissenschaftler haben darauf hingewiesen, dass die Forschung eine konkrete Aktivität ist, die in bestimmten sozialen Situationen stattfindet. Ausgehend von konkreten sozialen Situationen der situierten Forschung haben sie die Aufmerksamkeit auf die komplexe Arbeit gelenkt, die mit der Herstellung von »Repräsentation« oder »Übersetzungen« einhergeht. Um von situierten Beobachtungen oder konkreten Spuren zu Erkenntnissen zum Beispiel über »die Stadt« zu gelangen, sind einige Schritte erforderlich, die verschiedene Praktiken und Medien beinhalten, die beobachtet und erforscht werden können. Grundsätzlich können wir alle Formen der Forschung – selbst die abstraktesten und die textuellsten – mit Blick auf den konkreten Kontext ihrer Produktion analysieren, und mit Blick auf das, was die Forschenden als Stellvertreter verwenden.

Im Folgenden gehe ich von der Beobachtung aus, dass jegliche Forschung auf die eine oder andere Art Stellvertreter verwendet, um die Rolle zu untersuchen, die implizite oder explizite Konventionen bezüglich materieller Forschungsobjekte und privilegierter materieller Forschungsobjekte in einigen Forschungsgebieten spielen.

Ich beginne mit einer genaueren Untersuchung des Unterschieds zwischen materiellen und epistemischen Forschungsobjekten oder Forschungszielen. Anschließend untersuche ich die Verwendung von Modellsystemen in der Biologie als Beispiel für ein allgemeines Phänomen von Konventionen über privilegierte materielle Forschungsobjekte. Die Biologie ist bereits ein bekannter Bezugspunkt für Diskussionen über materielle Forschungsobjekte; in der biologischen Forschung wird explizit über materielle Forschungsobjekte und privilegierte materielle Forschungsobjekte diskutiert. Aus dieser Selbstbeobachtung der Biologinnen sowie aus den Beschreibungen von Wissenschaftshistorikern und Wissenschaftssoziologinnen können wir einiges lernen. Anschließend werde ich anhand des Falls der Stadt- und Arbeitssoziologie zeigen, dass wir in den Sozialwissenschaften ähnliche Muster beobachten können. Wie wir sehen werden, stellt das mit privilegierten materiellen Forschungsobjekten verbundene Denken nur eine von mehreren Möglichkeiten zur Organisation der wissenschaftlichen Aufmerksamkeit dar. Wir können diese Logik von der Abdeckungslogik unterscheiden. Sie geht oft mit der Anwendungslogik einher; dazu kommen die Logik der Repräsentativität und jene der formalen Modelle.

Materielle Forschungsobjekte und epistemische Zielobjekte

Ich unterscheide zwischen zwei Aspekten oder Dimensionen von Forschungsobjekten, nämlich zwischen dem materiellen Forschungsobjekt und dem formalen Forschungsobjekt, oder epistemischen Zielobjekt. Das materielle Forschungsobjekt ist ein konkreter Gegenstand, dem man sich über bestimmte Spuren oder »Daten« annähern kann, die unter Einsatz bestimmter Werkzeuge und Instrumente zutage gefördert werden. Dieser Gegenstand ist ein Stellvertreter des epistemischen Ziels der Untersuchung – dessen, was eine Studie beleuchten soll und was normalerweise nicht direkt beobachtet werden kann. Das epistemische Ziel ist ein Gegenstand, der in einer bestimmten gelehrten Tradition konzeptualisiert wurde. Es enthält die Perspektive der Studie.

Die Unterscheidung geht auf Aristoteles zurück[1] und wurde in geringfügigen Abwandlungen von verschiedenen Autoren übernommen.[2] Das materielle Forschungsobjekt wird auch als »technisches Forschungsobjekt«, als »Objekt der Erfahrung« oder als »Proxy« bezeichnet, und Robert Merton (mit dessen Darstellung wir uns im nächsten Kapitel genauer befassen werden) bezeichnet es als Sammlung von »Forschungs-

---

1 Vgl. Aristoteles, *Metaphysik*, VI, 1. Vgl. auch Löffler, »Vom Schlechten des Guten«.
2 Rheinberger, *Epistemologie des Konkreten*; ders., »Über den Eigensinn epistemischer Dinge«; Knorr-Cetina, »Sociality with Objects«; Löffler, »Vom Schlechten des Guten«; Kaufmann, »Interdisziplinäre Wissenschaftspraxis«; Padberg, »The Center for Interdisciplinary Research«.

materialien«.[3] Ich stützte mich bei der Unterscheidung auf die Arbeit von Forschenden, die sich mit der interdisziplinären Forschung beschäftigen und beobachtet haben, dass Vertreter verschiedener Disziplinen oft dieselben materiellen Forschungsobjekte untersuchen, dabei jedoch unterschiedliche epistemische Zielobjekte verfolgen, was zu Missverständnissen in einer Arbeitsgruppe oder einem Team führen kann.[4]

In meiner Verwendung des Begriffs handelt es sich beim epistemischen Ziel um ein Ziel, das der Forscher festlegt; dieser Begriff erfordert nicht, dass »dort draußen« ein tatsächliches epistemisches Zielobjekt existiert. Die meisten Sozialwissenschaftlerinnen betrachten ihr epistemisches Forschungsobjekt nicht als physisches Objekt, aber fast alle gelehrten Beiträge haben ein konzeptuelles Analyseziel, den Gegenstand, »von dem ein Text handelt«, ob dieser nun beschrieben oder erklärt, interpretiert oder neuinterpretiert, kontextualisiert oder neu kontextualisiert wird. Sie erzeugen ein Forschungsobjekt, wenn sie etwas als das »Was« einer Untersuchung darstellen: als das, was sie beschreiben, erklären, verstehen oder erforschen möchten. In diesem Sinn sind »das 18. Jahrhundert«, »die Militärgeschichte« und »der Islam« Kategorien für Zielobjekte, und dasselbe gilt für »Emotionalität«, »Globalisierung« und »Kapitalismus«.

Das materielle Forschungsobjekt wird durch eine instrumentelle Beziehung zum epistemischen Zielobjekt konstituiert. Es steht für das epistemische Zielobjekt, da dieses normalerweise nicht verfügbar ist und tatsächlich nur als solches ein epistemisches Ziel sein kann.[5]

Die Unterscheidung nehmen die Forschenden selbst situativ in konkreten Kontexten vor, indem sie eine Beziehung zwischen Mittel und Zweck herstellen. Studien über das Vorgehen von Biologen haben gezeigt, dass sie sich mit dieser Unterscheidung auseinandersetzen und die Bezeichnung materieller und epistemischer oder kategorischer Aspekte ihres Materials im Lauf der Forschungsarbeit anpassen.[6] Jede spe-

3   Merton, »Three Fragments«, S. 10–24.
4   Vgl. Löffler, »Vom Schlechten des Guten«; Kaufmann, »Interdisziplinäre Wissenschaftspraxis«; sowie Padberg, »The Center for Interdisciplinary Research«.
5   Rheinberger, »Epistemic Objects/Material Objects«. Vgl. auch die Kritik von Bloor, »Toward a Sociology of Epistemic Things«; sowie Rheinbergers Antwort, »A Reply to David Bloor«. Bloors Kritik ist erhellend, obwohl sie in meinen Augen nicht ganz zutreffend ist.
6   Rheinberger, *Epistemologie des Konkreten*.

zifische Menge von Materialien kann in eine längere Liste von Instrumentalitäten eingeordnet werden: Eine Biologin kann ein bestimmtes Set von Fruchtfliegen verwenden, um zu untersuchen, wie sich Fruchtfliegen zum Licht hin bewegen oder nicht bewegen, und auf diese Art das Sehvermögen dieser Insekten zu verstehen und sich ein Bild davon zu machen, welche Rolle bestimmte Gene bei der Verhinderung einer Neurodegeneration spielen.[7]

Die situativen und prozessualen Aspekte der Deutung materieller Forschungsobjekte und epistemischer Zielobjekte wird auch in der Soziologie behandelt, wo Forschende sie gestützt auf die Selbstbeobachtung und das Studium anderer als »Casing« bezeichnen.[8] Wenn Forschende ein Projekt in Angriff nehmen, ist nicht immer klar, was ein Fall wofür sein wird, und die Einordnung von Projekten in dieser Hinsicht verschiebt sich im Lauf der Zeit. Die so entstehenden Ketten können lang sein. Beispielsweise wertet eine Soziologin möglicherweise bestimmte Dokumente in einem bestimmten Archiv aus, um sich ein Bild von der Praxis des Wehrdienstes zu machen und genderspezifische Ideologien der Bürgerschaft zu verstehen.[9] Worauf der Akzent gelegt wird, kann sich auch nach der Veröffentlichung noch ändern, wenn andere Forschende im Rahmen neuer Gespräche frühere Studien aufgreifen und interpretieren.[10]

---

7   Vgl. Lessing / Bonini, »Maintaining the Brain«.
8   Vgl. Ragin, »Introduction: Cases«; Platt, »Cases of Cases«; Bergmann, »Der Fall als epistemisches Objekt«; Wagenknecht / Pflüger, »Making Cases«; sowie Tavory / Timmermans, »Two Cases of Ethnography«.
9   Vgl. Geva, *Militär und Familie*.
10 Platt, »Cases of Cases«. Susan Peck MacDonald erklärt, dass das epistemische Objekt in den literarischen Disziplinen relativ offen für den Einzelnen ist, der vom Interesse an einem bestimmten Text ausgeht. »Auf dem Weg zu einer abstrakteren Klassifizierung [...] kann derjenige, der ein Werk interpretiert, mit relativ geringen Einschränkungen durch abstrakte frühere Vereinbarungen zwischen Experten oder in der Disziplin Kategorien wählen. [...] In der sozialwissenschaftlichen Autorenschaft hingegen existieren wahrscheinlich bereits von der akademischen Gemeinschaft festgelegte abstrakten Konzepte.« Damit beleuchtet sie eine wichtige Variable, die eingehender untersucht werden könnte; ich würde hier hervorheben, dass die Formulierung ihrer Hypothese oder die Vorwegnahme von Erkenntnissen über verschiedene Disziplinen eher vom Kontext der studentischen Autorenschaft als von der Forschung bestimmt werden, wie sie selbst einräumt. Vgl. MacDonald, »Data-Driven and Conceptually Driven Academic Discourse«, S. 414.

Ich löse mich von einigen Beiträgen zur Literatur über Modellsysteme in den *social studies of science*, indem ich das materielle Forschungsobjekt von der Gesamtheit der materiellen Werkzeuge isoliere, die Fujimura als »standardisiertes Paket« für die Produktion von Ergebnissen bezeichnet.[11] Das geht zu Lasten der situativen Dimensionen der Wissensproduktion, hat jedoch den Vorteil, dass es eine Diskussion gemeinsamer Muster ermöglicht, die zwischen einem konkreten standardisiertem Paket und einem übergeordneten »Epistem« angesiedelt sind.[12]

In einem grundlegenden Sinn können wir alle Formen von Forschung mit Blick darauf analysieren, was sie als Stellvertreter für das Empirische verwenden. Das beinhaltet sehr abstrakte und textuelle Formen von Forschung, darunter jene in Philosophie und Sozialtheorie, wo Gedankenexperimente[13] oder Beispiele[14] als Stellvertreter verwendet werden. Es beinhaltet sowohl qualitative als auch quantitative Forschung. Quantitative Studien untersuchen ihre epistemischen Zielobjekte ebenfalls nicht direkt: Sie untersuchen abstrakte Spuren einer Population, die auch eine bestimmte Population ist.

Materielle Forschungsobjekte und privilegierte materielle Forschungsobjekte

Wenn ein materielles Forschungsobjekt häufig untersucht wird und breite Anwendung findet, können wir es als privilegiertes materielles Forschungsobjekt bezeichnen. Ich unterscheide ursprünglich gestützt auf den Fall der Biologie zwischen materiellen Forschungsobjekten und privilegierten materiellen Forschungsobjekten. In der Biologie wird in der experimentellen Forschung immer ein bestimmtes System oder organisches Material verwendet – ein bestimmtes Tier oder ein anderer Organismus. Nur in einem Teil der Forschungsprojekte wird ein weithin verwendeter Organismus genutzt, das als Modellsystem anerkannt

---

11 Fujimura, »Standardizing Practices«, S. 28. Vgl. auch Rheinberger, »Difference Machines«.
12 Rheinberger, »Historische Epistemologie«.
13 McAllister, »The Virtual Laboratory«; Sorensen, *Thought Experiments*; Morgan, »The Curious Case of the Prisoner's Dilemma«.
14 Farzin / Laux, *Gründungsszenen soziologischer Theorie*; Nauta, »Historical Roots«; Ruchatz / Willer / Pethes, *Das Beispiel*.

wird; Beispiele sind die Fruchtfliege (*Drosophila*) oder das Tabakmosaik-virus. Die Biologen bezeichnen das generelle materielle Forschungs-objekt – das spezifische organische Material, das in einer bestimmten Studie verwendet wird, um allgemeine Prozesse zu untersuchen – als »experimentelles System«[15] oder »experimentellen Organismus«. Privile-gierte materielle Forschungsobjekte werden in der Biologie »Modellor-ganismen« oder »Modellsysteme« genannt.[16]

Die Biologinnen diskutieren über die Vor- und Nachteile verschie-dener materieller Forschungsobjekte. Die Normen, die zur Bevorzu-gung einiger Stellvertreter führen, werden ebenfalls explizit gemacht. In einer leicht sarkastischen Darstellung erklärt ein Evolutionsbiologe:

> Die sind die privilegierten imperialen Organismen, die als Modell-systeme bezeichnet werden, und dann sind da all die anderen Organismen. Es gibt sieben grundlegende Modellsysteme der Entwicklungsbiologie: die Fruchtfliege *Drosophila melanogaster*, den Fadenwurm *Caenorhabditis elegans*, die Maus *Mus musculus*, den Frosch *Xenopus laevis*, den Zebrabärbling *Danio rerio*, das Huhn *Gallus gallus* und die Gänseraute *Arabidopsis thaliana*. Für viele For-schende ist es ein wichtiges Ziel, dass ihr experimenteller Orga-nismus als Modellsystem anerkannt wird. Die Anerkennung eines Modellorganismus erleichtert die Beantragung von Forschungs-geldern und garantiert einem Forschenden den Rückhalt gleich-gesinnter Kollegen, die in den Augen der Gemeinschaft wichtige Probleme identifiziert haben. Es wird intensives Lobbying für einen Status als Modellsystem betrieben, und derjenige, dessen Organismus nicht als Modell anerkannt wird, muss befürchten, in der Forschung aufs Abstellgleis zu geraten.[17]

Es besteht zumindest der Eindruck, dass die Finanzierung von For-schungsprojekten von der Verwendung des in einem Fachgebiet eta-blierten Modellsystems oder von der Entwicklung eines neuen Modell-systems abhängen kann. Die amerikanische Gesundheitsbehörde NIH

---

15 Rheinberger verwendet denselben Begriff anders; vgl. Kapitel 3.
16 Vgl. jedoch Ankeny/Leonelli für Beobachtungen zur eigennützigen Überbean-spruchung des Begriffs »Modellsysteme«. Während sie auf der normativen Unter-scheidung bestehen, verwende ich ihn, um nach dem sozial attribuierten Privileg zu fragen. Ankeny/Leonelli, »What's So Special about Model Organisms?«.
17 Gilbert, »The Adequacy of Model Systems for Evo-Devo«, S. 57.

(National Institutes of Health) zum Beispiel führt eine Liste der Organismen, die sie als Modellorganismen anerkennt. Gegenwärtig umfasst diese Liste dreizehn Spezies, darunter Maus, Ratte, Zebrabärbling, Fruchtfliege, Fadenwurm und Gänserauke.[18]

Bei den Modellorganismen kann es sich um Tierarten, aber auch um sehr viel »kleinere« und »größere« Lebewesen handeln: Kleinere Einheiten wie Proteine, Viren und Bakterien können anhand von Modellsystemen studiert werden. Ökologinnen und Evolutionsbiologen bilden auch Koalitionen, um die Erforschung »größerer Einheiten« zu koordinieren, wobei sie sich auf bestimmte Orte – normalerweise relativ unberührte Systeme wie Inseln – als Stellvertreter für Ökosysteme konzentrieren, um die Erkenntnisse zahlreicher verschiedener Studien miteinander zu kombinieren und Einblicke in die Dynamik von Ökosystemen im Allgemeinen zu gewinnen.[19]

Privilegierte materielle Forschungsobjekte gibt es nicht nur in der Biologie. Ich habe an anderer Stelle auf die Ähnlichkeiten zwischen biologischen Modellsystemen und dem Kanon der Literaturwissenschaft hingewiesen[20] und würde behaupten, dass wir den Literaturkanon als Ensemble privilegierter materieller Forschungsobjekte betrachten können. In der Geschichte der Literatur (und der Kunst) gibt es seit Langem die Vorgabe, dass wir uns mit bestimmten Autorinnen und Künstlern intensiver beschäftigen sollen als mit anderen – wobei selbstverständlich sehr umstritten ist, welche Werke als Teil des Kanons gelten dürfen. Der Kanon der Literatur kann eine Vielzahl von gesellschaftlichen Einsatzmöglichkeiten und Funktionen haben, darunter die Erziehung von Schulkindern und, wie manche Kritiker einwenden werden, die Reproduktion der sozialen Ungleichheit. Außerdem erfüllt er eine Funktion *innerhalb einer Forschergemeinschaft*.[21] In diesem spezifischen sozialen Kontext dienen literarische Werke als Forschungsobjekte, und kanonische Forschungsobjekte repräsentieren eine größere Klasse von Objekten.

Mary Poovey hat darauf hingewiesen, dass das Konzept des literarischen Genres dem Konzept des Systems in der Biologie entspricht.

18   Ankeny/Leonelli, »What's So Special about Model Organisms?«.
19   Kueffer/Pyšek/Richardson, »Integrative Invasion Science«.
20   Vgl. Guggenheim/Krause, »The Model Systems of Sociology«.
21   Kermode, *Pleasure and Change*; Guillory, *Cultural Capital*.

Beide sind tragende Säulen einer Systematik epistemischer Forschungsobjekte und begründen als solche eine disziplinäre Autorität über die Welt.[22] Ausgehend von dieser Erkenntnis könnten wir sagen, dass Shakespeares *Othello* für das Drama ist, was die Fruchtfliege für die Kategorie der Wirbellosen ist. Keats' *Ode auf eine griechische Urne* steht für Gedichte, und die *Antigone* von Sophokles für die Tragödie.

Mein Konzept des privilegierten materiellen Forschungsobjekts – dies ist der allgemeinste Begriff, der kanonische Objekte und Modellorganismen sowie ihre sozialwissenschaftliche Version umspannt, die ich als »Modellfall« bezeichne – ist eine Hypothese über eine Gruppe impliziter und expliziter Konventionen über die privilegierte Verwendung bestimmter Objekte und die Nichtberücksichtigung anderer. Das bedeutet, dass wir empirische Fragen dazu stellen können, wo und wie in den komplexen Instrumentalisierungsketten Konventionen entstehen und wie sie institutionalisiert werden. Ich werde zeigen, dass die für die Modellfälle in den Sozialwissenschaften geltenden Normen impliziter sind als jene in der Biologie und sogar in der Literaturwissenschaft. In verschiedenen Forschungsfeldern gelten unterschiedliche Normen dafür, was und was nicht als Modellfall zu betrachten ist, wobei manche Konventionen die Definition einer einigermaßen umfassenden Klasse materieller Forschungsobjekte ermöglichen, während andere eine detaillierte Definition der geeigneten Exemplare enthalten.

Die Modellfälle der Stadtsoziologie

Werfen wir einen Blick auf die Rolle verschiedener Städte in der Geschichte des sozialwissenschaftlichen Denkens über Städte. Sogar in der breiten Bevölkerung wird die Vorstellung von der »Stadt« wahrscheinlich von einigen Städten mehr geprägt als von anderen, vermutlich insbesondere von der größten Stadt in einem gegebenen geografischen Raum, von einigen nationalen Metropolen und von einigen wenigen sehr großen oder ikonischen Städten im Ausland. Das könnte experimentell erforscht werden, indem man Personen fragt, was sie mit der Kategorie »Stadt« assoziieren, oder indem man misst, wie schnell die Befragten eine bestimmte Stadt der übergeordneten Kategorie zuordnen.

---

22 Poovey, »The Model System of Contemporary Literary Criticism«.

Die Sozialwissenschaftlerinnen dürften einige der allgemeinen schematischen Vorstellungen von der Stadt teilen, aber es ist auch zu erwarten, dass sie mit einem ganz bestimmten Konzept der Stadt vertraut sind, das von der Geschichte der Stadt in der akademischen Literatur geprägt wird, die aus klassischen Studien über einige, nicht jedoch über andere Städte besteht.

Die Stadtsoziologie hat sich zu verschiedenen Zeiten an verschiedenen Gruppen von Städten konzentriert, aber wie Jennifer Robinson gezeigt hat, wurde bestimmten westlichen Großstädten über weite Strecken des 20. Jahrhunderts ein privilegierter Platz eingeräumt.[23] Die Pariser Ladenpassagen des späten 19. Jahrhunderts lebten dank Walter Benjamin in der Stadtsoziologie weiter. Georg Simmel versuchte in seiner Auseinandersetzung mit der Eigentümlichkeit des modernen gesellschaftlichen Lebens im Wesentlichen, seinen Erfahrungen in Berlin einen Sinn abzugewinnen.

Seit Anfang des 20. Jahrhunderts haben Chicago und die Chicagoer Schule gewaltigen Einfluss auf die urbane Theorie und die soziologische Forschung im Allgemeinen genommen. Die University of Chicago richtete im Jahr 1892 die erste Abteilung für Soziologie ein, wo sich eine große Zahl von Intellektuellen versammelten, die in zahlreichen Bereichen gestützt auf eine Vielzahl verschiedener Methoden Pionierarbeit in der Disziplin leisteten. Thomas Gieryn hat gezeigt, dass die Soziologen im Rahmen ihrer Tätigkeit in Chicago und Umgebung sehr aktiv nicht nur für ihre Studien, sondern auch für Chicago als Ort der Feldforschung warben und die Stadt Chicago dadurch in den kanonischen Forschungsgegenstand der Stadtsoziologie und der neuen soziologischen Disziplin als ganzer verwandelten.[24] Die Wissenschaftler hoben die spezifischen Merkmale Chicagos strategisch hervor oder spielten sie je nach Bedarf auch herunter; sie machten diese Stadt zu einem Ort, der wegen seiner Einzigartigkeit besonders geeignet war, »die Stadt an sich« zu erforschen, dessen Einzigartigkeit aber das Potenzial Chicagos zur Entwicklung der Stadttheorie nicht verringern sollte. Das, was in Chicago untersucht wurde, verwandelte sich dank des »Labor-Feld-Shuttle« in allgemeines Wissen über Städte.[25]

---

23 Robinson, *Ordinary Cities*.
24 Gieryn, »City as Truth-Spot«.
25 Ebenda, S. 10 f.

An die Arbeit von Robert Park und Louis Wirth knüpfte William Julius Wilson an, auf den Wacquant, Venkatesh und Klinenberg folgten.[26] Diese Arbeiten reisten weit über die Grenzen der Vereinigten Staaten hinaus und verwandelten sich in verpflichtende Bezugspunkte für jene, die Städte erforschten und über Städte veröffentlichten. Die Konzentration auf Chicago hat das sozialwissenschaftliche Konzept der »Stadt« geprägt. Chicago war über die meiste Zeit im 20. Jahrhundert eine rasch wachsende Stadt, deren Industrie und Finanzsektor Einwanderer anlockten. Es spielte regional und international eine wichtige Rolle und konnte als ein Endpunkt der Modernisierung dargestellt werden. Die interne räumliche Differenzierung Chicagos konnte herangezogen werden, um das Wechselspiel von »Tradition« und »Modernität«, von Individualisierung und Assimilierung zu beleuchten.

Chicago hat auch als privilegierter Stellvertreter oder materielles Forschungsobjekt für die Auseinandersetzung mit anderen epistemischen Zielen gedient, darunter insbesondere für das Verständnis von *race*. Mario Small hat darauf hingewiesen, dass die Diskussion über *race* und Rassismus in der amerikanischen Soziologie in den letzten drei Jahrzehnten anders verlaufen wäre, hätte sie sich weniger mit Chicago und mehr mit anderen Städten wie zum Beispiel New York beschäftigt.[27] Die Konzentration auf Chicago betont das Problem der sozialen Isolation und institutionellen Benachteiligung, während eine Konzentration auf New York Verkehrsstaus und Luftverschmutzung ins Blickfeld rückt. Eine Auseinandersetzung mit dem gesamten Spektrum der städtischen Erfahrungen oder mit dem gesamten Spektrum der afroamerikanischen Erfahrungen hätte wieder andere Aspekte in den Mittelpunkt gerückt.

Die Fixierung auf Chicago ist in der Stadtsoziologie natürlich durchaus umstritten. Gegen Ende des 20. Jahrhunderts erklärten einige Autoren, nicht das dicht bevölkerte und hektische Amalgam Chicago sei

---

26 Vgl. Park/Burgess/McKenzie, *The City;* Wirth, »Urbanism as a Way of Life«; Wilson, *The Declining Significance of Race;* ders., *The Truly Disadvantaged;* ders., *When Work Disappears;* Wacquant, *Leben für den Ring;* ders., *Die Verdammten der Stadt;* Venkatesh, *American Project;* ders., *Off the Books;* sowie Klinenberg, *Heat Wave.*
27 Small, »Is There Such a Thing as ›the Ghetto‹?«; ders., »No Two Ghettos Are Alike«.

die Stadt des 21. Jahrhunderts, sondern Los Angeles, wo endlose Stadtautobahnen ein weitläufiges Geflecht uniformer, unauffälliger Gebäude zu einem Ballungsraum ohne Zentrum verbinden.[28] Es verrät einiges über die – impliziten aber realen – Konventionen über die Verwendung privilegierter materieller Forschungsobjekte auf diesem Gebiet, dass die Debatte über den Status von Los Angeles und Chicago keine Debatte über die Frage war, wie man die Unterschiede zwischen Städten oder sogar zwischen Siedlungen im Allgemeinen richtig einordnen konnte, sondern eine Auseinandersetzung über die Frage, welche individuelle (amerikanische!) Stadt am ehesten für »die Stadt« steht.

Mit der selbsternannten LA-Schule verbundene Autorinnen bestätigten in gewissem Sinn, dass Chicago »das Gründungsbeispiel für die moderne Stadt« war.[29] In ihren Augen stand Chicago für die dicht besiedelte Stadt des 20. Jahrhunderts. Eine Konzentration auf Los Angeles empfahlen sie alles andere als bescheiden mit Blick auf das 21. Jahrhundert: L.A. solle erforscht werden, um »die Theorie der Stadt neu zu formulieren«, denn es sei ein Ort, an dem »die Zukunft von Städten anderswo« ausgegraben werden könne.[30]

Es ist verblüffend, wie wenig Aufmerksamkeit in der Debatte über die Zukunft »der Stadt« in den Vereinigten Staaten und anderen westlichen Ländern noch zu Beginn des 21. Jahrhunderts dem »globalen Süden« geschenkt wurde. Natürlich haben Forschende ein sehr viel breiteres Spektrum von Städten untersucht, aber ihre Erkenntnisse wurden nicht auf konzeptueller Ebene berücksichtigt. Jennifer Robinson sieht »innerhalb der urbanen Theorie eine tiefe Spaltung zwischen jenen Städten, die als Standorte für die Entwicklung der Theorie der Stadt betrachtet werden, und jenen, die als Ziele für Interventionen zur Stadtentwicklung dargestellt werden«.[31] Untersuchungen über Städte, die Zweifel an den aus dem Studium westlicher Städte abgeleiteten Annahmen wecken, wurden kritisiert, weil sie nicht wirklich »die Stadt« oder »das Urbane« zum Gegenstand hatten.[32]

---

28 Vgl. Dear/Dishman (Hg.), *From Chicago to L.A.*, darin insb. Dear/Flusty, »The Resistible Rise of the L.A. School«; sowie Judd/Simpson, *The City, Revisited.*
29 Dear/Dahmann, »Urban Politics and the Los Angeles School of Urbanism«, S. 280.
30 Ebenda, S. 268 (meine Hervorhebung).
31 Robinson, *Ordinary Cities*, S. 2.
32 Ebenda. Vgl. auch Simone, *For the City Yet to Come*; ders., *Improvising Lives.*

Mittlerweile findet der Globale Süden deutlich mehr Aufmerksamkeit nicht nur in der Stadtforschung, sondern auch in der Stadttheorie. Doch auch diese Aufmerksamkeit ist nicht gleichmäßig verteilt und richtet sich tendenziell auf einige wenige ikonische Großstädte wie Lagos, Mumbai, Peking und Shanghai.[33] Indem die »wichtigen« amerikanischen Städte durch »wichtige« afrikanische und asiatische Städte ergänzt werden, bleibt die Kontinuität einer Literatur gewahrt, die den normativen und ästhetischen Ballast ihrer Vorstellung von »der Stadt«, die auch vielen erklärtermaßen kritischen Arbeiten zugrunde liegt, oft nicht infrage stellt, sondern geradezu zelebriert. Kleinere und mittelgroße Städte werden sowohl im Westen als auch im Globalen Süden sehr viel seltener erforscht.[34] Schrumpfende Städte werden als Anomalie betrachtet.[35] Außerdem erhalten Städte im Allgemeinen den Vorzug vor anderen Formen von Siedlungen, die weitgehend vernachlässigt werden.[36]

Innerhalb der allgemeinen Diskussion über Städte repräsentieren einige Städte oder Stadtteile bestimmte Subkategorien urbaner Phänomene: Einige Städte werden zum Beispiel eher als »globale Städte« identifiziert als andere; manche Stadtteile dienen als klassische Orte für die Erforschung der Gentrifizierung. Man könnte argumentieren, dass Dharavi (Mumbai) und Kibera (Nairobi) als Modellfälle für das Forschungsobjekt »Slum« dienen.[37]

Forschungsorte und Forschungsobjekte der Arbeitssoziologie

Ein Teil der Arbeiten auf dem Gebiet der zeitgenössischen Arbeitssoziologie beruht auf Daten über eine große Zahl von Individuen, die aus jedem Kontext heraus abstrahiert werden; diese Arbeiten stützen sich

---

33 Vgl. z.B. Gandy, »Learning from Lagos«.
34 Hilgers, »Contribution a une anthropologie des villes secondaires«.
35 Oswalt, *Shrinking Cities*.
36 Gans, »Some Problems of and Futures for Urban Sociology«; Krause, »The Ruralization of the World«.
37 Brook, »Slumming It«; Sharma, *Rediscovering Dharavi*; Chatterji, »Plans, Habitation and Slum Redevelopment«; Nandy, »Harvard Students Get Lessons on Dharavi«; Glaeser, *Triumph of the City*; Jacobson, »Dharavi«; Weinstein, *The Durable Slum*.

normalerweise auf auf nationaler Ebene erhobene Beschäftigungsdaten oder auf Erhebungen über bestimmte Gruppen von Beschäftigten. Sie untersuchen zum Beispiel den Zusammenhang zwischen Beschäftigungssituation und Bildungsstand, Geschlecht oder Zahl und Alter der Kinder oder analysieren die Zufriedenheit mit Geschlechterrollen, Gehalt, Arbeitszeit oder Bildung. In anderen Studien werden bestimmte Tätigkeiten in bestimmten Organisationen untersucht.

Historisch spielen einige Orte und Fälle eine größere Rolle in der Arbeitssoziologie als andere. Wir können uns die konkreten Fälle ansehen, die in den klassischen Werken der politischen Ökonomie behandelt werden: Adam Smith stützte sich in seiner klassischen Darstellung der Arbeitsteilung auf den spezifischen Fall der Erzeugung von Stecknadeln. In *Der Wohlstand der Nationen* verglich er gestützt auf französische Quellen traditionelle, auf der Handarbeit beruhende Produktionsmodelle mit den modernen rationalen Verfahren: Wenn die einzelnen Arbeiter jeweils alle achtzehn Schritte durchführen, die zur Erzeugung einer Stecknadel erforderlich sind, muss jeder dieser Arbeiter sämtliche erforderlichen Werkzeuge zur Hand haben (die folglich die meiste Zeit ungenutzt herumliegen), und sämtliche Arbeiter müssen gut ausgebildete Fachkräfte sein.[38] Es ist effizienter, wenn sich die Arbeiter auf eine Tätigkeit spezialisieren und wenn die Produktionsobjekte für die einzelnen Bearbeitungsschritte von einem spezialisierten Arbeiter an den nächsten weitergereicht werden. In der klassischen Diskussion über die politische Ökonomie einschließlich der Arbeit von Karl Marx spielte die Textilindustrie, insbesondere die britische Textilindustrie, eine Schlüsselrolle.[39]

Im 20. Jahrhundert wurde das Konzept der Arbeit die meiste Zeit mit der Industriearbeit verbunden. In den Studien zur Industriearbeit im 20. Jahrhundert nimmt die Autoindustrie einen privilegierten Platz ein. In vielen industrialisierten Ländern konzentriert sich die Forschung auf die Autoindustrie, doch besonders ausgeprägt ist diese Konzentration in Frankreich, wobei Renault die größte Aufmerksamkeit gefunden hat; in der Auseinandersetzung mit diesem Unternehmen wiederum spielte eine bestimmte Fabrik, nämlich jene in Boulogne-Billancourt bei

---

38 Smith, *Der Wohlstand der Nationen*, S. 9 f. Vgl. auch Peaucelle, »Adam Smith's Use of Multiple References«.

39 Rolle, »Compte rendu: La Révolution automobile«, S. 105.

Paris, eine besondere Rolle.[40] Alain Touraine wurde im Jahr 1948 von seinem Mentor Georges Friedmann zu Renault geschickt, um dort die Auswirkungen des technologischen Wandels auf die Arbeit zu untersuchen. Gestützt auf seine Beobachtungen in einer bestimmten Fabrik untersuchte Touraine, wie sich der Übergang von der Massenproduktion zur Automatisierung auf die soziale Integration auswirkte. Rot schreibt dazu: »Obwohl er [Touraine] vorsichtig genug ist, darauf hinzuweisen, dass seine Schlussfolgerungen lediglich ›Hypothesen‹ sind und dass ›weitere Untersuchungen des Gefüges des industriellen Lebens erforderlich sein werden‹, werden seine Forschungsergebnisse in der ›Allgemeinen Geschichte der Arbeit‹ ohne einen Hinweis auf Renault übernommen […]. Sie dienten auch als analytischer Rahmen für Touraines Habilitationsschrift ›La conscience ouvrière‹ [Das Bewusstsein des Arbeiters] […] und verwandelten sich in einen Klassiker der Arbeitssoziologie.«[41]

Das Automobilwerk in Billancourt diente auch als Grundlage für Abhandlungen, die aus der Arbeiterbewegung hervorgingen und ein breiteres Publikum ansprachen.[42] Dieselbe Fabrik spielte eine zentrale Rolle in den Arbeitskonflikten des Jahres 1968 – die Arbeiter hatten einen wilden Streik begonnen, und Billancourt war der Ort, den Sartre wählte, um sich an sie zu wenden – und hatte großen Einfluss auf das Bild, das sich die Intellektuellen vom Arbeiter machten. In den 1970er und 1980er Jahren verschob sich das Augenmerk der Arbeitssoziologie und der Studien über das Renault-Werk in Billancourt teilweise (zum Beispiel von der Automation zu Managementreformen), während andere Themen (Bewusstsein, Widerstand, die Zukunft) Bestand hatten.

Die Autorinnen einiger Studien, die sich auf Billancourt konzentrieren, versuchen zu rechtfertigen, warum dieser Ort besonders gut für die Ableitung einer allgemeinen Analyse geeignet ist, und konstruieren ein »Feld-Labor-Shuttle« wie die Mitglieder der Chicagoer Schule;[43] da-

---

40 Vgl. Perrieux, *Renault et les Sciences sociales;* sowie Rot, *Sociologie de l'atelier.* Ich danke Jörg Potthast dafür, dass er mich auf diese Studien aufmerksam gemacht hat.

41 Rot, *Sociologie de l'atelier,* S. 17.

42 Vgl. z. B. Mothé, *Militant chez Renault;* ders., *Les O. S.;* sowie Fremontier, *Renault, la Forteresse ouvrière,* behandelt in: Rot, *Sociologie de l'atelier,* S. 24 ff.

43 Gieryn, »City as Truth-Spot«, S. 10 f.

bei heben sie jedoch jeweils geringfügig andere Merkmale des empirischen Objekts »Billancourt« hervor. Touraine liefert folgende Erklärung für seine »Wahl des Falls«: »Die Bedeutung der Fabriken von Renault, die Vielfalt ihrer Produktion, ihre progressive Grundhaltung, die uns noch heute erlaubt, Arbeitsumgebungen aus verschiedenen Zeiten zu beobachten und zu vergleichen, versetzen uns in die Lage, den in ihrer Untersuchung entwickelten Konzepten einen allgemeinen Wert beizumessen.«[44] Laure Pitti bezeichnet das Werk in Billancourt als »sozialen und politischen Schaukasten der französischen Regierung« (»une vitrine sociale et politique du gouvernement français«).[45] Sie räumt ein, dass die Fixierung auf eine Fabrik restriktiv wirken kann, »aber die Tatsache, dass wir über das Renault-Werk in Billancourt sprechen, verschafft der Studie augenblicklich einen Geltungsbereich, der über den Raum der Fabrik hinausgeht: Sie ist mehr als ein relevantes Beispiel und dient als Lehrbeispiel für das Studium der Arbeitermobilisierung.«[46]

Neben den intellektuellen Beweggründen – und der eigentümlichen Zirkularität der Bezeichnung eines Beispiels als »Lehrbeispiel« – dürfte auch die Bequemlichkeit eine Rolle gespielt haben: Billancourt liegt nur zehn Kilometer vom Stadtzentrum von Paris entfernt und ist leicht mit zwei U-Bahn-Linien zu erreichen. Darüber hinaus finanzierte Renault gemeinsam mit dem Stromversorger EDF (Électricité de France), der zum Großteil im Staatsbesitz ist, umfassende sozialwissenschaftliche Forschungsprojekte; Alain Touraines große Studie war anscheinend in erster Linie eine Auftragsarbeit, was bei den beteiligten Forschenden zwiespältige Gefühle weckte.[47]

Es wurden immer schon auch Studien zu anderen Renault-Werken[48] und anderen Autofabriken durchgeführt, wobei, wenn es nicht Billancourt war, oft nicht hervorgehoben wurde, um welche es sich genau handelte,[49] Auch andere Orte und Fälle wie Atomkraftwerke, Schlachthöfe, Luxushotels oder Investmentfirmen wurden in Frankreich und

---

44   Touraine, zitiert nach: Rot, *Sociologie de l'atelier*, S.17.
45   Pitti, »Renault, la ›forteresse ouvriere‹«, S.131.
46   Ebenda, S.132.
47   Rot, *Sociologie de l'atelier*.
48   Flins, eine 1951 gegründete modernere Fabrik, behandelt Konczyk, *Gaston*.
49   Volvo: Dhome, »L'Enrichissement du travail humain dans le groupe Volvo«; Volvo und Fiat: Douard, »Innovation industrielle et changement social«; Citroen: Linhart, *Eingespannt*.

anderswo untersucht.[50] Einige Beiträge wiesen dabei explizit auf das Erbe der Schlüsselbegriffe hin und unterwanderten es gleichzeitig: Beispielsweise haben Feministinnen das Augenmerk auf unbezahlte Arbeit gelenkt, und Feministinnen und andere haben auf den mit Konsum und Spiel verbundenen Arbeitsaufwand und auf die kontraschematischen Konzepte von Zerstörungsarbeit und Kriegsarbeit hingewiesen.[51]

Aber mit dem Begriff des »Fordismus« hat die Autoindustrie einen dominanten Rahmen für die Betrachtung von Arbeitsorganisation und sozialen Arrangements im Allgemeinen geliefert.[52] Der Begriff kann sich auf die sozialen Korrelate des Massenkonsums oder auf das gesamte Akkumulationssystem beziehen. Wie in anderen Fällen kann auch hier die Ambiguität zwischen konkretem Referenten und übergeordneten Behauptungen durchaus produktiv und bis zu einem gewissen Grad beabsichtigt sein. Für die Automobilwerke, die durch die Auseinandersetzung mit theoretischen Fragen wie Entfremdung, Automation, Deskilling und Verbürgerlichung zum Schauplatz der Befürchtungen und Hoffnungen marxistischer und postmarxistischer Intellektueller wurden, war dies auch eine Last.

Das Werk in Billancourt wurde 2004 geschlossen. Zu diesem Zeitpunkt wurde die Autoindustrie bereits eher mit der Vergangenheit als mit der Zukunft assoziiert, und die ganze Epoche wurde in Frankreich, Großbritannien und den Vereinigten Staaten mit der Deindustrialisierung und sogar mit dem Post-Fordismus verbunden. Die Produktionsstandorte ehemals ikonischer Industrien hatten weiterhin Bedeutung, wurden von nun an jedoch genutzt, um andere epistemische Zielobjekte wie Männlichkeit, Nostalgie und die Unterstützung für populistische politische Projekte zu untersuchen.

---

50 Vgl. z.B. Trompette, »Un Rayon de soleil dans l'atelier …'«; Thompson, »Hanging Tongues«; Meara, »Honor in Dirty Work«; Sherman, *Class Acts*; Ho, *Liquidated;* sowie Thiel, »Class in Construction«.

51 Vgl. Glazer, »Servants to Capital«; Schwartz Cowan, *More Work for Mother;* Palm, *Technologies of Consumer Labor;* Terranova, »Free Labour«; sowie Downs, »War Work«.

52 Die Konzentration auf die Automobilindustrie bewegt den Autor einer Monografie zu der Anmerkung:»Das Ziel des Kapitels ist eine Auseinandersetzung mit Aufstieg, Entwicklung und Niedergang des Fordismus, insbesondere des Neofordismus und des Postfordismus, in erster Linie mit Blick auf die Autoproduktion, da diese die Quelle und der Hauptgegenstand der Forschung war, die diese Konzepte anwendet.« Edgell, *The Sociology of Work,* S. 91.

Die Bemühungen um das Verständnis der schönen neuen Welt der Arbeit haben neue Modellfälle hervorgebracht, darunter Callcenter und die Fastfood-Industrie (»McJobs«) auf der einen und die neuen Fabriken in China auf der anderen Seite. Es stellt sich die Frage, ob die Arbeitssoziologie den Wandel der Arbeitswelt überbetont, weil die Forschenden ihre Untersuchungsorte ersetzt haben. Wir sehen außerdem eine metaphorische Erweiterung des Falls der (Automobil-)Fabrik, wenn »die Lernfabrik« oder »die fabrikmäßige Produktion von Konsens«[53] beschworen werden, um einen Mangel an Kreativität in anderen Arbeitsformen hervorzuheben.

Die Logik der Modellfälle als eine Logik unter vielen

In der Biologie dienen Modellorganismen dazu, der Forschung eine Richtung zu geben und die Ressourcen zu bündeln. Modellsysteme und das, was ich mit dem umfassenderen Begriff der privilegierten materiellen Forschungsobjekte beschreibe, bringen eine spezifische Logik der Forschungsorganisation hervor, in der ein Großteil der Aufmerksamkeit auf einen bestimmten Forschungsgegenstand gerichtet wird, während andere kaum Beachtung finden. Die Logik der Modellfälle ist das Hauptthema dieses Buches, aber die Forschung kann auch auf andere Art organisiert werden. Im folgenden Abschnitt werde ich mich kurz mit anderen Logiken beschäftigen, unter anderem, um durch den Kontrast herauszuarbeiten, welche Funktion die Modellfälle erfüllen. Außerdem will ich die Analyse der Modellfälle in einer vergleichenden Untersuchung der Frage situieren, wie bestimmte Stellvertreter bewertet und »entspezifiziert«, das heißt mit übergeordneten Debatten und Überlegungen verknüpft werden.[54]

Die Modellfalllogik kann einer *Abdeckungslogik* gegenübergestellt werden, die wir dann vorfinden, wenn Fällen Bedeutung beigemessen wird, weil sie bisher nicht untersucht worden sind. Die Logik der Modellfälle ist oft mit einer *Anwendungslogik* verbunden, die zeigt, dass

---

53 Neuere Arbeiten auf dem Gebiet der Studiostudien verweisen nicht auf Werkshallen, sondern auf Laboratorien; vgl. Farias/Wilkie, *Studio Studies*.

54 Für eine erste Formulierung dieser Analyse vgl. Guggenheim/Krause, »The Model Systems of Sociology«.

Erkenntnisse über einen Modellfall auch für andere Fälle gelten. Gegenstand der *Repräsentativitätslogik* sind die abstrakten Spuren »aller« Fälle (obwohl sie, wie wir sehen werden, natürlich nie wirklich alle Fälle beinhaltet). *Formale Modelle* – die vor allem in der Ökonomie und einigen Formen der Politikwissenschaft zum Einsatz kommen – sind Werkzeuge, die ausdrücklich vom empirischen Inhalt getrennt und so gestaltet werden, dass sie manipuliert und als manipulierte Objekte beobachtet werden können.[55]

Die »Entspezifizierung« wird hier nicht als spezifisches Problem der Forschung anhand von Fallstudien betrachtet, die einer »wahren« Wissenschaft gegenübergestellt werden kann, deren Ziel es ist, Gesetzmäßigkeiten zu finden. Alle zuvor behandelten Logiken verwenden bestimmte Fakten an bestimmten Orten, die anschließend nach einer Reihe von Übersetzungen in allgemeinen Kontexten verwendet werden. In der Erforschung von Modellsystemen wird ein bestimmtes Objekt, das anhand bestimmter materieller Spuren untersucht wird, zur Auseinandersetzung mit einer Art von Objekten und einer Art von Fragen verwendet. In der Anwendungslogik wird ein bestimmtes Objekt, das anhand bestimmter Spuren untersucht wird, durch Bezugnahme auf einen gut bekannten Fall relevant gemacht. In der Logik der Repräsentativität suchen die Forschenden nach Beziehungen zwischen abstrahierten Spuren einer Stichprobe relevanter Einheiten.

Ich möchte darauf hinweisen, dass diese verschiedenen Logiken nicht einfach verschiedenen akademischen Disziplinen zugeordnet werden können. Vielmehr möchte ich behaupten, dass in vielen Disziplinen Elemente dieser Logiken kombiniert werden; tatsächlich können in ein und demselben Forschungsprojekt Elemente verschiedener Logiken angewandt werden. Dennoch werden sie nur selten kombiniert, um einander vollkommen zu ergänzen oder gegenseitig ihre Mängel wettzumachen.

Modellfälle versus die Logik der Abdeckung

Die Logik der Modellfälle gesteht einem bestimmten Objekt einen Wert zu, der teilweise darauf beruht, dass es allgemein bekannt ist und bereits intensiv untersucht worden ist. Einige zeitgenössische Biologen messen

---

55   Morgan / Morrison, *Models as Mediators;* Morgan, *The World in the Model.*

ihren privilegierten experimentellen Systemen derart großen Wert bei, dass sie ausdrücklich die Verwendung bestimmter Tiere in bestimmten Forschungsfeldern vorschreiben. In der Biologie selbst findet man auch eine alternative Logik, die ich als Abdeckungslogik bezeichnen möchte. In dieser Logik zielt die Forschung darauf, die gesamte Bandbreite möglicher Forschungsobjekte abzudecken. Die Erforschung eines bestimmten Objekts x ist dann gerechtfertigt, weil es zuvor niemand untersucht hat oder weil x anscheinend im Vergleich zu anderen Forschungsobjekten vernachlässigt wurde oder in jüngster Zeit nicht untersucht worden ist.[56]

Die Abdeckungslogik ist eng mit der Geschichte des Sammelns verbunden, das in einigen Formen dem individuellen Sammlerobjekt Wert beimisst, weil es noch fehlt oder verglichen mit dem bereits Bekannten oder in einer bestimmten Kategorie von Objekten bereits Gesammelten selten ist.[57] Beispielsweise spielen Sammlerinnen von seltenen Pflanzen und Tieren, archäologischen Objekten,[58] Knochen, Fossilien und Büchern[59] eine wichtige Rolle in der Geschichte der modernen Wissenschaft, die daher eng mit der Geschichte der Museen zusammenhängt.[60]

Naturgeschichte und biologische Feldforschung weisen der Sammlung, Entdeckung und Klassifizierung von Objekten in der Natur eine besondere Rolle zu.[61] Noch heute werden Forschungsartikel, die sich mit dem Verweis auf die Worte »wenig untersucht« oder »vernachlässigt« rechtfertigen, zumeist in Fachpublikationen wie dem regionalen naturgeschichtlichen Journal *Southeastern Naturalist*[62] aus den USA oder der Zeitschrift *Coleopterists Bulletin*[63] veröffentlicht, die sich der Erforschung von Käfern widmet.

56 Bargheer, »Taxonomic Morality«.
57 Pomian, *Collectors and Curiosities*; Thomas, *Entangled Objects*; Elsner / Cardinal, *The Cultures of Collecting*; Findlen, *Possessing Nature*; MacGregor, *Curiosity and Enlightenment*.
58 Coe, »From Huaquero to Connoisseur«; Atwood, *Stealing History*; Rose-Greenland, »Looters, Collectors, and a Passion for Antiquities«; Levine, *The Amateur and the Professional*; Dyson, *In Pursuit of Ancient Pasts*.
59 Besson, »Private Medical Libraries«.
60 Bennett, *The Birth of the Museum*; Arnold, *Cabinets for the Curious*.
61 Heesen / Spary, *Sammeln als Wissen*; Findlen, *Possessing Nature*; Asma, *Stuffed Animals and Pickled Heads*; Kohler, »Finders, Keepers«; Bargheer, »Taxonomic Morality«.
62 Vgl. z. B. Draney / Shultz, »Harvestmen (Opiliones) of the Savannah River Site«.
63 Vgl. z. B. Zhou / Yu, »Rediscovery of the Family Synteliidae«; sowie Zalewska-Gałosz, »*Potamogeton* × *subrufus* Hagstr.«.

Die Abdeckungslogik findet man auch in anderen Disziplinen, insbesondere dort, wo eine Kartierung von Gebieten Tradition hat, die als für die Entdeckung und Wiederentdeckung reif betrachtet werden können. So wie die Biologinnen betrachten Anthropologen und Archäologinnen ihr »Feld« als privilegierte, gleichzeitig jedoch auch erschöpfliche Wissensquelle.[64] In der Vergangenheit wurde die anthropologische Forschung manchmal von dem Wunsch angetrieben, die weißen Flecken auf dieser Karte zu füllen und neue Gruppen zu entdecken (obwohl sich das mittlerweile geändert hat). In der Abdeckungslogik kann die Seltenheit eines Objekts in der Forschung Vorrang vor allen anderen Überlegungen haben, weil die Theorie entweder nicht als wichtig betrachtet wird oder vollkommen vereinheitlicht ist. Empirismus und eine Vormachtstellung einer bestimmten theoretischen Schule können paradoxerweise zum selben Ergebnis führen. Adam Kuper hat die extreme Auswirkung der Abdeckungslogik unter Bedingungen der theoretischen Vereinheitlichung am Beispiel der malinowskischen Anthropologe in Cambridge um das Jahr 1950 beschrieben: »Eine extreme, aber nicht außergewöhnliche Vorstellung besagte, wenn ein Schüler Malinowskis in dieser Region – oder sogar im selben Land – gearbeitet habe, sei diese ›erledigt‹, weshalb man sich am besten ein anderes Gebiet suchen sollte.«[65]

In einer extremen Version der Abdeckungslogik schließt die Tatsache, dass ein Fall, eine Spezies oder eine Kultur bis zu einem gewissen Grad erforscht wurde, diese Forschung ab, weshalb sich andere Forschende anderen Fällen, Spezies oder Kulturen zuwenden. Doch bereits Entdecktes kann als für eine Neuentdeckung geeignet eingestuft werden, weil es insgesamt weniger Aufmerksamkeit gefunden hat oder in jüngster Zeit kaum beachtet wurde: Für die Feldforschung braucht man vor Ort Zugang zu Materialien, und ein schwieriger Zugang kann in Feldwissenschaften den Gegensatz zwischen dem gut Erforschten und dem relativ Vernachlässigten festschreiben. Beispielsweise heißt es in einem Artikel in Science, dass eine »vernachlässigte Zivilisation großes Interesse weckt« und dass »ein erneuter Zugang zu iranischen Fundorten westliche Forscher in die Lage versetzen wird, neues Licht auf

---

64 Kuklick / Kohler (Hg.), Science in the Field.
65 Kuper, »Postmodernism, Cambridge and the Great Kalahari Debate«, S. 20.

eine kaum bekannte Kultur zu werfen, die einst die asiatischen Steppen beherrschte und als Oasenkultur bezeichnet wird«.[66]

Da die Karte dessen, was mehr oder weniger bekannt ist, über unseren Planeten hinaus in den Weltraum erweitert werden kann, können wir nicht nur von »vernachlässigten Zivilisationen«, sondern auch von »vernachlässigten Planeten« reden hören. Beispielsweise heißt es in einer vor Kurzem in *Science* veröffentlichten Notiz: »Seit den frühen 1990er Jahren hat die NASA keine Sonde mehr zur Venus geschickt, die der nächste Nachbar der Erde in unserem Sonnensystem ist, während es weiter immer mehr Missionen zum Mars gibt. Wissenschaftler hatten es für wahrscheinlich gehalten, dass die NASA die Venus für ihre nächste kostengünstige Planetensonde auswählen würde, aber am 4. Januar entschied sich die Raumfahrtbehörde stattdessen für zwei Missionen zu Asteroiden. Es sind noch zahlreiche wissenschaftliche Fragen zu Ursprung, potenzieller vulkanischer Aktivität und Hinweisen auf ursprüngliche Ozeane auf der Venus zu beantworten.«[67]

Modellfalllogik und Abdeckungslogik können einander innerhalb ein und derselben Disziplin ergänzen. Historikerinnen kennen die Unterscheidung zwischen Revisionisten, die Zweifel an den vorherrschenden Interpretationen eines allgemein bekannten Falles äußern, einerseits und Forschern, die neues Archivmaterial oder neue Fälle erschließen, andererseits. In den Literaturwissenschaften steht ein (der ständigen Revision unterworfener) Kanon im Vordergrund, aber es gibt auch Raum für die Auseinandersetzung mit vernachlässigten Autoren sowie Versuche zur Einführung einer Repräsentativitätslogik.[68] Doch es gibt eine grundlegende Spannung zwischen dem, was Stefan Bargheer als »taxonomische Moralität« bezeichnet, also einer Wertschätzung für das Seltene und Vielfältige statt einer Fixierung auf das Durchschnittliche oder Typische, und der ästhetischen Version einer Logik der Modellfälle.[69] Jeanne Fahnestock und Marie Secor weisen darauf hin, dass von einem Artikel in einer Literaturzeitschrift eine Erklärung erwartet wird, warum ein Werk »gut« ist.[70] Deshalb wird in der

---

66 Lawler, »Neglected Civilization Grabs Limelight«, S. 979.
67 Voosen, »Jilted Again, Venus Scientists Pine for Their Neglected Planet«, S. 116.
68 Vgl. Gibbs/Cohen, »A Conversation with Data«.
69 Bargheer, »Taxonomic Morality«.
70 Vgl. Fahnestock/Secor, »The Rhetoric of Literary Criticism«. Ich danke Minna-Kerttu Vienola für ihre Arbeit an einem Forschungsprojekt zu den epistemi-

Auseinandersetzung mit nicht kanonischen Werken oft versucht, solche Arbeiten als kanonisch darzustellen. Der Gegenstand ist in diesem Fall kein Forschungsobjekt, sondern ein Gegenstand der ehrerbietigen Rekonstruktion.

Manche Autorinnen machen von der Möglichkeit Gebrauch, sowohl die Abdeckungslogik als auch die Logik der Modellsysteme abzulehnen, wenn diese ausdrücklich postuliert werden. Sie vertreten stattdessen eine »empirische Logik«. Hier werden die Forschungsobjekte nicht als entweder typisch oder strategisch oder als selten oder »vernachlässigt« gerechtfertigt, sondern sie werden untersucht, »weil es sie gibt«. Manchmal wird jeder Versuch, mögliche Rechtfertigungen zur Sprache zu bringen, in einem inszenierten Widerstand gegen die Instrumentalisierung von Forschungsobjekten durch die Forschung abgelehnt. Doch als kollektive Praxis geht diese philosophische Grundhaltung oft entweder mit einer Logik der Modellsysteme einher, in der einige Objekte mehr als andere existieren, oder mit einer Abdeckungslogik, in der alle Objekte im selben Umfang existieren, einige jedoch weniger untersucht sind und folglich größere Aufmerksamkeit verdienen. Man kann natürlich immer sagen, dass die Französische Revolution nicht als Ereignis oder als Fallbeispiel für eine Revolution untersucht wird, sondern einfach deshalb, weil sie stattfand. Sie ist jedoch ein Ereignis, dem besondere historischer Bedeutung zugeschrieben wird. Umgekehrt werden einige andere Revolutionen untersucht, weil sie bisher nicht eingehend genug erforscht worden sind.

Modellfälle und Anwendungslogik

Die Logik der Modellsysteme steht im Gegensatz zur Abdeckungslogik und geht oft mit einer entsprechenden »Anwendungslogik« einher. Wenn Modellsysteme bevorzugt zur Produktion von Beiträgen zu einer allgemeinen Diskussion genutzt werden, rücken andere Objekte als Orte für die Anwendung der bereits anhand der Modellfälle gewonnenen Erkenntnisse ins Blickfeld. Manchmal werden die Forschungsobjekte explizit oder implizit gerechtfertigt, weil gezeigt werden kann,

---

schen Zielen von literaturwissenschaftlichen Publikationen in wichtigen Zeitschriften.

dass etwas, das bereits als wahr, interessant oder wichtig gilt, auch auf diese Objekte zutrifft. Beispielsweise kann in einem Artikel behauptet werden, dass die Gentrifizierung, die in bestimmten amerikanischen Städten konzeptualisiert wurde, in abgewandelter Form auch in der einen oder anderen europäischen Stadt stattfindet.[71] Möglicherweise finden Forschende heraus, dass etwas, was für die Verwaltungsreformen im Rahmen des britischen New Public Management gilt, auch auf Norwegen anwendbar ist, oder dass die Konzepte, die Bruno Latour auf Forschungslabore anwendet, auch zur Beschreibung der Praktiken in der Durchführung sozialpolitischer Maßnahmen oder in der Stadtplanung verwendet werden können.[72]

Wissenschaftlerinnen, die in der Tradition des postkolonialen Denkens stehen, haben eine Version dieser Logik beobachtet. Sie zeigen, dass Erkenntnisse über eine Metropole auf die Peripherie angewandt werden, während peripheren Kontexten der Status als Orte für Entdeckungen vorenthalten wird. Von Raewyn Connell stammt eine denkwürdige Beschreibung des soziologischen Klischees, das sie als »X in Australien« bezeichnet: »In den drei Jahrzehnten nach 1950 war der häufigste Titel von Berichten australischer Soziologen X in Australien – wobei X ein bereits in der Metropole beschriebenes Phänomen war. [...] Dieses X konnte ›Religion‹, ›Status und Prestige‹, ›soziale Stratifizierung‹, ›Scheidung‹, ›Ehe und Familie‹, ›Verstädterung‹, ›Prostitution‹, ›politische Führung‹, ›Frauen‹, ›Massenmedien‹, ›Einwanderer‹ oder die ›Soziologie‹ an sich sein.« Die australischen Forscher sahen die Notwendigkeit, kanonische Studien in einem anderen Umfeld zu wiederholen: »Der australische Soziologe hatte die Aufgabe, die Forschungstechniken aus der Metropole anzuwenden, nachzuweisen, dass das betreffende Phänomen auch in Australien existierte, und empirisch zu zeigen, welche Form es hier annahm.«[73]

Connell hebt die privilegierte Position der »Metropole« hervor – in diesem Fall in erster Linie Großbritannien und die Vereinigten Staaten. Tatsächlich wird Stellvertretern im Norden anscheinend eher die Fähigkeit zugesprochen, zum allgemeinen Wissen beizutragen. Connell

---

71 Zur Debatte in der Geografie vgl. Aalbers, »Creative Destruction«.
72 Für eine Diskussion der Verbreitung von Analysen verschiedenster Orte als »Laboratorien« vgl. Guggenheim, »Laboratizing and De-laboratizing«.
73 Connell, *Southern Theory*, S. 81.

argumentiert überzeugend für das Innovationspotenzial der Südlichen Theorie im Gegensatz zur Nördlichen Theorie. Aber wir können festhalten, dass die Kritik an der Hegemonie des Nordens oder am »Metrozentrismus«[74] das Problem der Modellfälle nicht erschöpfend behandelt. Nicht alle nördlichen Forschungsobjekte sind gleich, und wir finden auch in nördlichen Kontexten die Anwendungslogik.

Die Anwendungslogik gilt sowohl für Modellfälle als auch für Modellstudien: Wenn das, was in Bezug auf die Französische Revolution herausgefunden wird, auch bei der Untersuchung einer anderen Revolution entdeckt wird, ist dies ein Beispiel für die von einem Modellfall ausgehende Anwendung. Wenn das, was ein berühmter Autor oder eine bekannte Studie an einem Ort oder in einem Umfeld nachweist, auf einen anderen Ort oder ein anderes Umfeld angewandt wird, ist dies ein Beispiel für die Anwendung eines theoretischen Ansatzes.

Wie ich später genauer erklären werde, prägt die Theorie die Sozialwissenschaften nicht zuletzt dadurch, dass sie Modellstudien bereitstellt, die andernorts wiederholt werden können. Wenn das, was Pierre Bourdieu in Frankreich beobachtete, auch in zahlreichen anderen Umgebungen nachgewiesen wird, kommt die Anwendungslogik zum Einsatz. Die Anwendungslogik kommt auch in den Publikationstiteln in zahlreichen Gebieten zum Ausdruck, die auf Foucault Bezug nehmen, darunter, um nur einige Beispiele zu nennen »Foucault in der Bildung«, »Foucault und die Psychotherapie«, »Foucault im virtuellen Raum«, »Foucault in Guantanamo«, »Foucault im Zoo«, und »Foucault im Schlachthof«.

Modellsysteme und Repräsentativität

Die Wissenschaftsphilosophinnen Angela Creager und Elizabeth Lunbeck und ihr Kollege Norton Wise haben unsere Aufmerksamkeit auf die Tatsache gelenkt, dass Forschende, die sich mit Modellsystemen beschäftigen, ihre Exemplare nicht als Repräsentationen *von* etwas Anderem, sondern als Repräsentanten *für* etwas Anderes betrachten.[75] Modellsysteme stehen für umfassendere Kategorien von Objekten und dienen als Gelegenheiten zur Forschung. Selbst wenn es als Stellvertreter

---

74 Go, »For a Postcolonial Sociology«.
75 Creager / Lunbeck / Wise, *Science without Laws*, S. 2.

ausgewählt wird, bleibt ein Modellsystem bis zu einem gewissen Grad als spezifisches Objekt anerkannt. Insofern können wir die Erforschung von Modellsystemen in der Sprache eines Teils der Sozialwissenschaft als wissentlich »fallorientiert« bezeichnen.

Dies steht im Gegensatz zu Formen der Forschung, die sich auf Datensätze stützen, die im Wesentlichen als Repräsentationen des relevanten Aspekts der realen Welt insgesamt betrachtet werden. Das gilt für die Sozialforschung, in der Stichproben der Bevölkerung verwendet werden, die Daten zu allen als relevant eingestuften Exemplaren enthalten. Und es gilt für Forschung, in der repräsentative Stichproben verwendet werden, um die Eigentümlichkeit der Fälle zu beseitigen, indem die Unterschiede zwischen ihnen als jene Art von Unterschieden betrachtet werden, die, so die Annahme, genauso in einer kleineren Gruppe zu finden wären, würde man sie durch Randomisierung aus der größeren Gruppe gewinnen.

In der Vergangenheit waren die Volkszählungen in verschiedenen Ländern das wichtigste Beispiel für Bevölkerungsstichproben.[76] In Forschungsarbeiten zu Organisationen werden manchmal Daten zu allen Organisationen einer bestimmten Art in einem bestimmten geografischen Gebiet verwendet.[77] Eine Studie über sämtliche statistischen Metropolräume in den Vereinigten Staaten mit einer Bevölkerung von mehr als 500 000 Menschen liefert in gewissem Sinn eine Stichprobe der Gesamtbevölkerung von Städten.[78] Wenn verschiedene Arten von gesellschaftlichen Prozessen und verschiedene Kommunikationsformen digital aufgezeichnet werden, entstehen neuartige »Bevölkerungsstichproben«.[79]

Für manche Forschungsarbeiten, die sich auf Volkszählungsdaten stützen, werden Stichproben dieser Daten verwendet.[80] Andere Daten-

---

76 Ventresca, »When States Count«; Ruppert, »Becoming Peoples«; Ruppert, »Population Objects«.
77 In der Bildungsforschung beispielsweise werden manchmal Daten zu sämtlichen Schulen in England, zu allen Schulen in Texas oder zu allen Sekundarschulen in Finnland ausgewertet. Für einen Überblick über Studien zum Zusammenhang zwischen Schulgröße und Schulerfolg vgl. Garrett u. a., *Secondary School Size*.
78 Vgl. Logan / Schneider, »Racial Segregation and Racial Change in American Suburbs«.
79 Savage / Burrows, »The Coming Crisis of Empirical Sociology«.
80 Vgl. z. B. Mandel / Semyonov, »Going Back in Time?«.

sätze, die auf Stichproben beruhen, werden so gestaltet, dass sie die Erhebung bestimmter Arten von Daten oder eine Verfolgung des Status der befragten Personen über einen bestimmten Zeitraum hinweg ermöglichen. Ein Beispiel aus den Vereinigten Staaten ist die Längsschnittstudie National Longitudinal Survey of Youth, an der zwischen 1958 und 1965 geborene Personen teilnahmen, die im Lauf ihres Erwachsenenlebens wiederholt zu ihrer familiären und Beschäftigungssituation befragt wurden. Ein weiteres ist das deutsche Sozioökonomische Panel, eine Wiederholungsbefragung, an der seit 1984 rund 12 000 Haushalte teilnehmen.

Zu beachten ist, dass die anhand solcher Datensätze angewandte Repräsentativitätslogik nicht vollkommen für sich steht, sondern oft mit anderen Logiken kombiniert wird. Die Wisconsin Longitudinal Study, für die eine randomisierte Stichprobe von 10 137 Männern und Frauen herangezogen wurde, die in Wisconsin die Sekundarschule abschlossen, beruht auf den Daten zu Männern und Frauen, die ihren Schulabschluss *in Wisconsin* erworben haben. Eine Studie, für die 4,7 Millionen zeit- und geokodierte Anfragen zu städtischen Diensten in New York City ausgewertet werden, stützt sich auf eine Bevölkerungsstichprobe, ist zugleich jedoch auch eine Fallstudie über die Stadt New York.[81] Es muss darauf hingewiesen werden, dass sogar landesweit erhobene Daten zu einem Stellvertreter oder Exemplar werden, wenn die Arbeit international in Umlauf gebracht wird. Blau und Duncan nutzten für ihre berühmte Studie zur sozialen Mobilität Daten von rund 20 700 Personen, die im Rahmen von Einwohnerhebungen in den gesamten Vereinigten Staaten, aber eben nur in den Vereinigten Staaten befragt wurden.[82]

Modellfälle und formale Modelle

Modellfälle in dem Sinn, in dem ich den Begriff in diesem Buch verwende, unterscheiden sich von anderen formalen Modellen wie jenen, die in den Wirtschaftswissenschaften, vielen Bereichen der Politikwissenschaft und Teilen der Soziologie verwendet werden. Der Modellfall wird normalerweise als ein empirisches Objekt betrachtet und anhand

---

81 Vgl. Legewie/Schaeffer, »Contested Boundaries«.
82 Blau/Duncan, *The American Occupational Structure*.

verschiedener methodologischer Mittel untersucht, die eine Vielzahl von empirischen Spuren zutage fördern. Das formale Modell, das auch als mathematisches Modell bezeichnet wird, wird von Forschenden unter Einsatz verschiedener Medien einschließlich der Sprache der Mathematik konstruiert und ausdrücklich von allen spezifischen Daten abgekoppelt.[83] Formale Modelle stellen wir uns am besten als Artefakte vor, die für verschiedene heuristische Zwecke entwickelt werden, und tatsächlich sind sie Abkömmlinge physischer Objekte, mit denen gespielt und experimentiert werden kann. Beispielsweise behandeln Morgan und Boumans das Phillips-Newlyn-Modell: ein physisches Objekt, das die Gesamtwirtschaft repräsentiert, wobei Wasser verwendet wird, um die Geldströme in einer Volkswirtschaft zu simulieren.[84]

Modellfälle führen ein unabhängiges Dasein in der Welt und werden eben deshalb studiert. Sie sind Modelle *für* eine Klasse von Objekten, nicht Modelle *von* diesen Objekten.[85] Modelle stehen in gewissem Sinn für die zu erforschende Welt, aber das liegt nicht daran, dass sie typisch oder repräsentativ sind, sondern daran, dass sie leicht manipuliert werden können; die Resultate der Manipulation können anschließend mit der Welt verglichen werden. Beobachtet werden die Resultate verschiedener Manipulationen eines konstruierten Objekts, nicht das Phänomen an sich. Ich möchte für die Zwecke dieser Untersuchung an dieser Unterscheidung festhalten, obwohl mir bewusst ist, dass einige Modellsysteme in der Biologie formalen Modellen insofern nahe kommen, als sie gezielt als derivative Werkzeuge entworfen und in Umlauf gebracht werden.[86]

In Anbetracht der Tatsache, dass Begriffe wie »positivistisch«, »quantitativ« oder »wissenschaftlich« Unterschiede zwischen wissenschaftlichen Praktiken beseitigen – vor allem, wenn sie zur Beschreibung von Praktiken verwendet werden, die mit den »exakten« Wissenschaften verbunden werden –, lohnt es sich, auf den Unterschied zwischen der Arbeit mit erhobenen Daten und der Arbeit mit auf hypothetischen Da-

83   Morgan/Knuuttila, »Models and Modelling in Economics«.
84   Morgan/Boumans, »Secrets Hidden by Two-Dimensionality«. Vgl. auch Morgan, *The World in the Model*.
85   Creager/Lunbeck/Wise, *Science without Laws*, S. 2. Vgl. auch Keller, »Models Of and Models For«.
86   Vgl. Amann, »Menschen, Mäuse und Fliegen«; sowie Bellen/Chao/Tsuda, »100 Years of *Drosophila* Research«.

ten beruhenden Artefakten hinzuweisen, obwohl diese Unterscheidung ebenfalls versagen kann.[87] Die Forschung anhand erhobener quantitativer Daten bedient sich statistischer Modelle, um verschiedene Beschreibungsmuster in diesen Daten zu testen. Im Gegensatz dazu werden in der mathematischen Modellierung hypothetische Daten verwendet, um Muster besser beschreiben zu können und die Auswirkungen verschiedenster möglicher Muster zu untersuchen. Beispielsweise haben Bearman und Kollegen analysiert, wie sich verschiedene hypothetische Muster der sexuellen Kontakte in einer Sekundarschule auf die Ausbreitung von Geschlechtskrankheiten auswirken würden.[88] Es kann ohne reale Daten gezeigt werden, dass einander überschneidende sexuelle Beziehungen zu einer sehr viel schnelleren und weiterreichenden Ausbreitung von Geschlechtskrankheiten führen als serielle Beziehungen, selbst wenn alle diese seriellen Beziehungen nur kurze Zeit dauern und die Zahl der Partner sehr hoch ist.

Was Modellfälle tun

Wenn materielle Forschungsobjekte zu Modellfällen werden, schlagen die Gespräche explizit oder implizit eine bestimmte Richtung ein. Es ist zu erwarten, dass Modellfälle die Aufmerksamkeit bündeln und dass andere Fälle in den Hintergrund gedrängt werden. Aber das sollte nicht einfach als eine Frage der quantitativen Verteilung der Aufmerksamkeit zum Beispiel in Forschungsarbeiten oder Lehrplänen betrachtet werden. Modellfälle richten die Aufmerksamkeit auf bestimmte Forschungsobjekte, aber sie wirken sich auch auf das Verständnis »ihrer« Kategorien aus.

Das ist einer der Gründe dafür, dass den aus Modellfällen gewonnenen Erkenntnissen eher zugeschrieben wird, dass sie zum allgemeinen Wissen beitragen, während die Beschäftigung mit anderen Forschungsobjekten expliziter gerechtfertigt werden muss. Demnach kann eine

---

87 Morgan und Knuuttila erklären in »Models and Modelling in Economics« letzten Endes, dass es keine Unterscheidung zwischen statistischer und mathematischer Modellierung gibt wie in komplexen statistischen Arbeiten und dass Tests von Modellen auch die Verwendung von Artefakten beinhalten, die ein Eigenleben entwickeln.
88 Bearman / Moody / Stovel, »Chains of Affection«.

Neuinterpretation eines klassischen Falls den beteiligten Forschenden beträchtliche Aufmerksamkeit und Anerkennung sichern, während es schwieriger ist zu erreichen, dass die Arbeit an einem ausgefallenen oder unkenntlichen Fall als theoretisch relevant anerkannt wird.

Privilegierte materielle Forschungsobjekte prägen Kategorien auch und gerade dann, wenn die Beziehung zwischen Konzept und zentralem Fall unklar und wechselhaft ist. Es ist nicht anzunehmen, dass Klarheit oder Einigkeit in der Frage bestehen wird, welcher Forschungsgegenstand das beste Beispiel für eine Kategorie ist. Es gibt häufig Spannungen zwischen verschiedenen Arten von Stellvertretern, die nur teilweise offen verhandelt werden; beispielsweise wandeln und überschneiden sich in Diskussionen über die »Urbanisierung« die Bezugnahmen auf bestimmte räumliche Strukturen, soziale Charakteristika und normative Annahmen.[89]

Wir können festhalten, dass auch in Forschungsfeldern, in denen es klare Konventionen über Modellfälle gibt, durchaus Forschung zu Fällen betrieben wird, die nicht als Modelle anerkannt sind. Die Konventionen über Modelfälle haben dann aber oft zur Folge, dass die Untersuchung von Nichtstandardfällen in einer Grammatik anderer Forschung situiert ist, die sie als vom Standard abweichend kennzeichnet. Beispielsweise ragt ein Projekt über schrumpfende Städte als Beitrag heraus, weil auf dem Gebiet der Stadtforschung dem Wachstum Vorrang eingeräumt wird.[90] Ein solches Projekt ermöglicht weitere Beiträge, wird sich jedoch möglicherweise nicht wesentlich darauf auswirken, wie sich die Forschenden Städte vorstellen.

Fazit

Ich habe die Funktion materieller Forschungsobjekte in den Sozialwissenschaften untersucht und zwischen materiellen Forschungsobjekten auf der einen und epistemischen Zielobjekten auf der anderen Seite unterschieden. Manche materiellen Forschungsobjekte werden wiederholt untersucht, was sich auf die Definition von Kategorien und Konzepten auswirkt. Kategorien und Konzepte können mit nicht eingestandenem

---

89 Krause, »The Ruralization of the World«.
90 Vgl. Oswalt, *Shrinking Cities*.

Ballast eines bestimmten Modellfalls befrachtet sein, und den Erkenntnissen, die an einem Modellfall gewonnen wurden, wird eher Allgemeingültigkeit zugesprochen.

Als Logik zur Bewertung materieller Forschungsobjekte ist die Logik der Modellfälle geeignet, die Forschungsarbeit zu organisieren. Diese Logik ist mit der Anwendungslogik verwandt, in der die aus Modellfällen gewonnenen Erkenntnisse auf andere Fälle angewandt werden. Weitere Alternativen sind die Abdeckungslogik, die Logik der Repräsentativität und die Logik des formalen Modells.

An diesem Punkt lohnt es sich darauf hinzuweisen, dass die Bevorzugung mancher materieller Forschungsobjekte gegenüber anderen an sich nichts »Schlechtes« ist. In den Diskussionen zwischen Biologen werden mehrere Vorteile der Erforschung von Modellorganismen genannt: Modellsysteme erleichtern die Koordinierung der biologischen Forschung. Die Konzentration auf bestimmte Forschungsobjekte erleichtert die Kommunikation zwischen den Forschenden, insbesondere zwischen Forschenden in verschiedenen Teilgebieten und Ländern. Diese Konzentration kann die Klärung theoretischer Meinungsverschiedenheiten erleichtern, indem sie die zu berücksichtigenden Dimensionen empirischer Variation begrenzt. Darüber hinaus kann sie zur theoretischen Klärung der relevanten empirischen Variationen beitragen, indem sie andere Arten der Variation begrenzt. Sie kann die Interpretation neuer Forschungsergebnisse unter Nutzung der eingehenden Kenntnis des untersuchten Systems ermöglichen. So kann die Konzentration auf Modellsysteme eine kumulative Wirkung andernfalls isolierter Forschungsarbeiten ermöglichen.

Modellfälle können auch in den Sozialwissenschaften von Nutzen sein. Wenn Autorinnen über denselben Fall diskutieren, kann dies einem Gespräch über theoretische und empirische Meinungsverschiedenheiten zur Fokussierung dienen. Automobilwerke haben als empirisches Ziel für die marxistischen Debatten über Arbeit, Technologie, Freiheit und soziale Kontrolle gedient. Der erschöpfend untersuchte Fall der Französischen Revolution wird herangezogen, um theoretische Debatten über die Rolle von Kultur, Praxis und Staat zu klären und zu kommunizieren.[91]

---

91 Vgl. Skocpol, *States and Social Revolutions;* dies., »Cultural Idioms and Political Ideologies«; sowie Sewell, »Ideologies and Social Revolutions«.

Diese Konzentration der Aufmerksamkeit hat jedoch auch Nachteile, die ebenfalls in der Biologie diskutiert werden. Wenn sich Forschende auf Modellsysteme konzentrieren, berücksichtigen sie nicht die gesamte Bandbreite der Variationen zwischen den Fällen. Die aus der Erforschung von Modellsystemen abgeleiteten Annahmen können nicht leicht auf andere Objekte übertragen werden, werden jedoch möglicherweise unabsichtlich auf andere Fälle angewandt. Einige an sich wertvolle Objekte werden möglicherweise nie untersucht und verstanden.

Meine These ist, dass wir die Vorteile der Modellfalllogik besser nutzen und ihre Nachteile verringern können, indem wir uns expliziter mit ihrer Rolle in verschiedenen Forschungsgebieten beschäftigen. In den folgenden Kapiteln werde ich verschiedene Aspekte dieses Arguments behandeln und in den Schlussfolgerungen auch darauf zurückkommen. Wir können aber schon jetzt einige Vorschläge in Betracht ziehen, die zu bestimmen suchen, wovon wir mehr brauchen und wovon wir genug haben.

Im nächsten Kapitel werde ich mich der Frage zuwenden, wie materielle Forschungsobjekte ausgewählt werden, um mich ausgehend davon mit der rationalistischen Annahme auseinanderzusetzen, Stellvertreter würden stets ausgewählt, weil sie »das beste Werkzeug« für die anstehende Aufgabe seien.

Wovon wir mehr brauchen	Wovon wir genug haben
• Studien zu Modellfällen, die sich nicht auf das angebliche inhärente Interesse und die inhärente Bedeutung ihres Falles verlassen und den Fall ausdrücklich als einen unter vielen möglichen Fällen rechtfertigen	• Unreflektierte Studien zu Modellfällen
• Studien zu Modellfällen, die sämtliche vorhandenen Forschungsergebnisse zu ihrem Fall nutzen	• Anwendung der an einem Modellfall gewonnenen Erkenntnisse auf einen anderen
• Studien zu vernachlässigten Fällen	

2
Wie materielle Forschungsobjekte ausgewählt werden

Ein Präsidentenarchiv in den Vereinigten Staaten schreibt einen Zuschuss von bis zu 2000 Dollar für Forschende aus, die mit der Einrichtung zusammenarbeiten wollen.

Eine Universität richtet einen Fonds ein, um ihre Wissenschaftler angesichts des nahenden 100. Jahrestags des Kriegsausbruchs im Jahr 1914 zu ermutigen, den Ersten Weltkrieg zu studieren.

Eine angesehene niederländische Universität bietet einen Lehrstuhl für Wissenschaftlerinnen an, die sich mit bestimmten Aspekten von nationalen Lotterien und deren gesellschaftlicher Funktion beschäftigen.

Ein Technologieunternehmen gewährt Anthropologen und Soziologinnen, welche sich für »Innovation« interessieren, umfassenden Zugang zu seinen Einrichtungen.

Ich habe zwischen dem materiellen Forschungsobjekt auf der einen und dem epistemischen Forschungsziel auf der anderen Seite unterschieden. Das materielle Forschungsobjekt besteht aus konkretem Material, dem man sich mittels spezifischer Spuren annähert und das mit bestimmten Werkzeugen und Instrumenten beleuchtet wird. Es steht für das, was als epistemisches Ziel der Untersuchung bezeichnet wird – was immer es ist, worüber die Forschenden letzten Endes etwas herausfinden möchten.

Wie werden materielle Forschungsobjekte ausgewählt? Diese Frage unterscheidet sich von der häufig in der Wissenschaftssoziologie gestellten Frage, wie Theorien, Methoden oder Forschungsprobleme ausgewählt werden. Und sie unterscheidet sich von der Frage, wie materielle Forschungsobjekte ausgewählt werden *sollten*, eine Frage, die

Gegenstand methodologischer Diskussionen in verschiedenen Disziplinen ist.

Wenn ich frage, wie materielle Forschungsobjekte ausgewählt werden, setze ich mich mit der – manchmal explizit geäußerten und manchmal implizit gehegten – Einschätzung auseinander, die Auswahl materieller Forschungsobjekte sei in erster Linie das Ergebnis strategischer, methodologischer Entscheidungen von Forschenden. Ich möchte zeigen, dass die Auswahl materieller Forschungsobjekte von zahlreichen Fragen und Überlegungen abhängt, von denen manche strategisch sind – und zwar auf verschiedene Arten – und andere eher nicht. Ich möchte Sie davon überzeugen, dass die Auswahl materieller Forschungsobjekte ein sozialer Vorgang ist und einer soziologischen Analyse unterzogen werden kann.

Selbstverständlich fällen die einzelnen Forschenden und Forschungsteams durchdachte Entscheidungen über ihre materiellen Forschungsobjekte. Aber wie ich zeigen werde, fallen diese Entscheidungen nicht in einem Vakuum. Entscheidungen haben auch eine iterative Dimension, denn jede Entscheidung hängt von verschiedenen vorangegangenen anderen Entscheidungen des individuellen Forschenden und der Forschergemeinschaft ab. Wenn mein grundlegendes Argument richtig ist und die Wahl der Stellvertreter von verschiedenen Faktoren beeinflusst wird, müssen wir mehr über diese Faktoren wissen, um verstehen zu können, wie sie sich auf das produzierte Wissen auswirken.

Zunächst werde ich mich mit Robert Mertons Darstellung der materiellen Forschungsobjekte befassen, für die er die in meinen Augen irreführende Bezeichnung »strategisches Forschungsmaterial« wählte. Anschließend werde ich mich einigen Ergebnissen der Forschung zuwenden, die empirisch untersucht hat, wie in der Biologie materielle Forschungsobjekte als Stellvertreter ausgewählt werden.

Ich werde mich mit dem Konzept der »gesponserten Stellvertreter« beschäftigen und zwischen gesponserten *Stellvertretern* und gesponserten Fakten, Kategorien und Ansätzen unterscheiden. So kann ich Fragen dazu stellen, welche Faktoren einem potenziellen Stellvertreter in seiner Karriere helfen. Ich werde eine Reihe der Faktoren identifizieren, die eine Rolle in den Sozialwissenschaften spielen, darunter verschiedene Aspekte der Zweckmäßigkeit oder Bequemlichkeit, die Rolle allgemeiner kognitiver Vorteile und subkulturspezifischer kognitiver Vorteile, Varianten des Historizismus und einige Merkmale unserer Publikationsinfrastruktur. Ich werde mich mit den »Looping-Effekten«[1] materieller Forschungsobjekte auseinandersetzen, die für ihre Aufnahme in die Forschungspraxis Lobbyarbeit beitreiben, wenn beispielsweise Gesellschaftsgruppen dagegen protestieren, dass sie von der Arbeit über bestimmte Kategorien ausgeschlossen werden, oder wenn Organisationen symbolischen Nutzen aus der Assoziation mit positiv konnotierten epistemischen Zielen wie der »Innovation« zu ziehen versuchen.

Die Antwort Robert Mertons

Der führende Soziologe und Gründer der amerikanischen Wissenschaftssoziologie, Robert Merton, hat die Aufmerksamkeit auf die Rolle materieller Forschungsobjekte gelenkt, die er als »strategische Forschungsmaterialien« bezeichnet.[2] Wie heutige Kommentatoren in der Wissenschaftsphilosophie geht Merton von der Auseinandersetzung mit Beispielen aus der Biologie aus. Er geht die Liste einiger experimenteller Systeme durch, die in der Biologie häufig Verwendung finden, darunter Fruchtfliegen und Schnecken. Er bezieht sich insbesondere auf den Wissenschaftler Marcello Malpighi, der im 17. Jahrhundert die damals neue Technologie des Mikroskops einsetzte, um die Lungen von Fröschen zu untersuchen, und der als Entdecker der Kapillargefäße gilt.[3]

Merton untersucht einige Praktiken der Soziologie, die er als analog zur Verwendung experimenteller Systeme in der Biologie betrachtet, darunter Beispiele aus eigenen Arbeiten und aus Beiträgen anderer Wissenschaftlerinnen. Er führt das Beispiel von Karl Marx an, der die Industrialisierung Englands studierte, um die Entwicklung des Kapitalismus im Allgemeinen zu verstehen. Merton erklärt, in seiner eigenen Forschung mit Paul Lazarsfeld über die Publikumsreaktion auf eine Spendenaktion in einer Radiosendung einen strategischen Untersuchungsgegenstand genutzt zu haben, weil die Stichprobe von Hörern einen vielfältigeren Bevölkerungsquerschnitt enthielt als übliche psychologische Experimente, weil die Aktion ein tatsächliches Ereignis war und weil das Material anders als spontane Versionen kollektiven Ver-

---

1   Hacking, »The Looping Effects of Human Kinds«.
2   Merton, »Three Fragments«, S. 10 ff.
3   Holmes, »The Old Martyr of Science«.

haltens wie Rassenunruhen eine Ex-post-Analyse der Programmgestaltung erlaubte.[4]

Aus heutiger Sicht können wir die Liste der Beispiele von Autoren in Soziologie und Politikwissenschaft, die »strategisches Forschungsmaterial« verwenden, zweifellos erweitern. Beispielsweise kann man Pierre Bourdieus Arbeit über das Bildungswesen so deuten, dass er Frankreich als extremen Fall heranzieht, um zu zeigen, dass *sogar* ein Land, in dem die Bildung einschließlich der Eliteausbildung kostenlos ist und von staatlichen Einrichtungen angeboten wird, die den Egalitarismus und universalistische Vorstellungen verfechten, zur Reproduktion der sozialen Ungleichheit beiträgt.[5] Ein aktuelleres Beispiel sind Hechter und Kollegen, die Meutereien von Schiffsbesatzungen als strategischen Untersuchungsort betrachten, um kollektives Handeln zu verstehen, weil Dissens an einem Ort, der Wind und Wellen ausgesetzt und zugleich gesellschaftlich isoliert ist, extrem riskant ist.[6]

Den Leserinnen werden weitere Beispiele aus ihrem Spezialgebiet und vielleicht sogar aus ihrer eigenen Arbeit einfallen. Tatsächlich ist die Auseinandersetzung mit der Auswahl von Forschungsmaterial ein wichtiger Bestandteil der soziologischen und politikwissenschaftlichen Tradition. Das Konzept des »Falls« an sich ist Ausdruck einer strategischen Orientierung, die in der methodologischen Literatur und in einigen Aspekten der wissenschaftlichen Ausbildung verstärkt wird.[7] Weniger verbreitet ist dieses Denken in Geschichtsforschung und den Geisteswissenschaften, aber auch dort bemühen sich die Forschenden gestützt auf die intrinsischen Merkmale ihres Forschungsgegenstands um eine rationale Begründung ihrer Entscheidungen, wenn sie über die »Bedeutung« von historischen Figuren und Ereignissen oder von Kunstwerken diskutieren.[8]

---

4   Merton, »Three Fragments«, S. 20; ders., *Mass Persuasion*. Vgl. auch Simonson, »The Serendipity of Merton's Communication Research«.

5   Bourdieu/Passeron, *Reproduction in Education, Society and Culture*.

6   Hechter/Pfaff/Underwood, »Grievances and the Genesis of Rebellion«. Vgl. auch Ermakoff, *Ruling Oneself Out*.

7   Ragin/Becker, *What Is a Case?*; Burawoy, »The Extended Case Method«; Passeron/Revel, *Penser par Cas*; Flyvbjerg, »Five Misunderstandings«; Chen, »Using Extreme Cases«; Ermakoff, »Exceptional Cases«; Tavory/Timmermans, *Abductive Analysis*. Für einen Überblick vgl. Gerring/Cojocaru, »Selecting Cases for Intensive Analysis«.

8   Wieviorka, »Case Studies«.

Ich bin jedoch der Ansicht, dass es aus Sicht einer Soziologie der Sozialwissenschaften nicht hilfreich ist, Forschungsmaterial generell als »strategisches Forschungsmaterial« zu bezeichnen. Wenn Sozialwissenschaftler untereinander über sozialwissenschaftliche Arbeiten sprechen, vor allem aber wenn sie unterrichten, gilt ihr Hauptinteresse mit Recht den »besten Arbeiten«: Oft gilt ihr legitimes Hauptinteresse der »besten Version der besten Arbeiten«, die oft auch das Ergebnis einer retrospektiven geistigen Bearbeitung ist. Im Gegensatz dazu muss die Soziologie der Sozial- und Geisteswissenschaften auch empirische Fragen zur Gesamtproduktion der Sozial- und Geisteswissenschaften stellen. Das, was ich als materielle Forschungsobjekte oder Stellvertreter bezeichne, als »strategisches Forschungsmaterial« zu bezeichnen, impliziert eine voreilige Beantwortung der Frage, wie Stellvertreter tatsächlich ausgewählt werden, denn es suggeriert, dass die Beteiligten diese Forschungsgegenstände aus für sie transparenten Gründen wählen, um den epistemischen Gewinn zu maximieren. Es unterdrückt die Diskussion über die Abwägung zwischen verschiedenen strategischen Faktoren und die Diskussion nicht strategischer Faktoren auf individueller Ebene. Außerdem lässt es strategische oder nicht strategische Faktoren auf kollektiver Ebene außer Acht.

Natürlich räumte Merton ein, dass die Forschung »opportunistisch« sei, und das schloss seine eigene Radiostudie mit Lazarsfeld ein. Dies war kein Projekt, in dem zwei Forscher eine Frage formulierten und das am besten geeignete Forschungsmaterial auswählten. Das Projekt wurde im Zweiten Weltkrieg im Rahmen der Bemühungen der amerikanischen Regierung finanziert, das Radio als Propagandawerkzeug zu nutzen; es war ursprünglich Lazarsfelds Projekt; und Merton strebte nicht nur einen epistemischen Gewinn an, sondern erklärte sich teilweise aus Patriotismus zur Teilnahme bereit.[9] Doch obwohl er den Opportunismus eingestand und sogar begrüßte – Merton ist dafür bekannt, dass er der Rolle zufälliger glücklicher Entdeckungen in der Wissenschaft im Allgemeinen große Bedeutung beimaß[10] –, untersuchte er nicht, wie die vom Forschungsmaterial eröffneten Möglichkeiten auf

---

9   Simonson, »The Serendipity of Merton's Communication Research«, S. 10 f.
10   Vgl. Merton, »The Bearing of Sociological Theory on Research«; sowie Merton / Barber, The Travels and Adventures of Serendipity.

kollektiver Ebene strukturiert sind und welche Auswirkungen dies auf das gewonnene Wissen hat.

Das richtige Werkzeug für die anstehende Aufgabe?

Sehen wir uns den Fall der Biologie an, die Merton als »selbsterklärenden Fall« der Auswahl »strategischen Forschungsmaterials« bezeichnete.[11] Die Wahl des materiellen Forschungsobjekts und eines Modellsystems oder eines kollektiv privilegierten materiellen Forschungsobjekts wird in der Biologie expliziter diskutiert als in den Sozialwissenschaften. Sie wurde außerdem von Wissenschaftssoziologinnen empirisch untersucht, in Arbeiten, die sich nicht darauf beschränken, die heroische Entdeckungen in den besten Arbeiten nachzuvollziehen.

In einer Selbstdarstellung der biologischen Forschung, die Merton in seinem Essay über das strategische Forschungsmaterial aufgreift, werden experimentelle Systeme aufgrund einer inhärenten Verbindung zum wissenschaftlichen Problem oder zur gegenständlichen Frage ausgewählt. Der dänische Physiologe August Krogh machte die berühmte Aussage, für viele Probleme gebe es »ein Tier der Wahl oder mehrere solche Tiere, die am zweckmäßigsten für die Untersuchung dieses Problems sind«. Diese Aussage wird als »Kroghs Prinzip« bezeichnet.[12] In der entsprechenden Arbeit schreibt Krogh:

> Als sich mein Lehrer Christian Bohr [der Vater von Nils Bohr] vor vielen Jahren für den Atmungsmechanismus der Lunge interessierte und die Methode für das Studium des getrennten Austauschs durch beide Lungenflügel entwarf, stellte er fest, dass eine bestimmte Schildkrötenart eine Luftröhre besaß, die sich ganz oben im Hals in die Hauptbronchien teilte, und im Labor pflegten wir zu scherzen, dieses Tier habe die Schöpfung gezielt für die Zwecke der Atmungsphysiologie hervorgebracht. Ich habe keinen Zweifel daran, dass es zahlreiche Tiere gibt, die ebenfalls für besondere physiologische Zwecke »erschaffen« wurden, aber ich fürchte, dass die meisten von ihnen den Menschen, für die

---

11 Merton, »Three Fragments«, S. 2.
12 Krebs, »The August Krogh Principle«. Zur Bedeutung spezifischer Beispiele vgl. Huxley, »Letter on Agriculture«.

sie »erschaffen« wurden, unbekannt sind, und wir müssen uns an die Zoologen wenden, um sie zu finden und ihrer habhaft zu werden.[13]

Eine vereinfachte Version von Kroghs Prinzip besagt, dass man »das richtige Werkzeug für die anstehende Aufgabe« finden muss. Die Versuchung ist groß, dem Wort »richtig« in diesem Satz einen Sinn zu geben, der aus dem Kontext anderer Gespräche stammt. Man könnte es so verstehen, dass »richtig« hier »in jeder Hinsicht richtig« bedeutet. Man könnte interpretieren, das »richtige Werkzeug« sei »das Werkzeug, das unter den gegebenen Umständen ausgewählt wird, um größtmöglichen epistemischen Gewinn zu erzielen, weshalb sich eine weitere Diskussion über seine epistemischen Implikationen erübrigt«.

Zunächst möchte ich darauf hinweisen, dass empirisch nachgewiesen wurde, dass nicht alle Forschenden große Mühen auf sich nehmen, um »das beste Werkzeug für die anstehende Aufgabe« zu finden: Nicht alle Forschenden nehmen eine reflexive strategische Haltung gegenüber ihrem Forschungsmaterial ein. Die Wissenschaftssoziologin Harriet Zuckerman, die eng mit Merton zusammenarbeitete, führte gemeinsam mit Jonathan Cole eine Studie durch, in der gewöhnliche Forschende mit Nobelpreisträgern verglichen wurden. Zu den untersuchten Dimensionen zählte die Methode zur Auswahl materieller Forschungsobjekte. Die Ergebnisse der Studie deuten darauf hin, dass vor allem die Nobelpreisträger auf einer engen Übereinstimmung zwischen Forschungsproblem und Forschungsmaterial beharrten; durchschnittliche Forschende gingen mit Blick auf ihre epistemischen Ziele sehr viel weniger strategisch vor.[14]

Zuckerman und Cole geben ein extremes Beispiel für den Gegensatz zwischen den beiden Gruppen. Sie zitieren einen »gewöhnlichen Zoologen« mit folgender Aussage: »Ich entschloss mich […], eine Gruppe von Schnecken zu untersuchen, der weltbeste Experte für diese Schnecken zu werden und alles in Erfahrung zu bringen, was man über sie herausfinden konnte. Eigentlich entschied ich mich für diese Art

---

13 Krogh, »The Progress of Physiology«, S. 247. Für eine Analyse epistemologischer Verschiebungen zwischen Krogh und Krebs vgl. Logan, »Before There Were Standards«.
14 Zuckerman / Cole, »Research Strategies in Science«.

von Schnecke, weil ich der Meinung war, dass sie die schönste war [...],
nichts weiter. [...] Diese Schnecken sind relativ verbreitet. Sie sind allgemein bekannt. Sie sind ziemlich groß [...] und viele Leute interessieren
sich für sie. Es ist keine Randgruppe, um die sich niemand kümmert
und von der man nie ein Exemplar finden kann.«[15]

Nach Einschätzung von Zuckerman und Cole beurteilen nur die
herausragenden Wissenschaftlerinnen das »strategische Forschungsmaterial« entsprechend Mertons Beschreibung des zugrunde liegenden
Phänomens. Dies erzeugt eine unangenehme Spannung in einem Text,
der sich zur Bezeichnung des Untersuchungsgegenstands an Mertons
Begriff des »strategischen Forschungsmaterials« hält, anstatt einen Begriff zu wählen, der alle in der Studie empirisch beobachteten Mani-
festationen symmetrisch umfassen würde.

Es sollte auch erwähnt werden, dass die Richtigkeit des Werkzeugs
selbst für jene Forschenden in der Biologie, die sich sehr um die beste
epistemische Entscheidung bemühen, zahlreiche Dimensionen hat.
Wenn eine Forscherin verschiedene Organismen vergleicht, die für
eine Untersuchung infrage kommen, muss sie verschiedene Vorteile
berücksichtigen und Abwägungen vornehmen. Wir sehen, dass selbst
in Kroghs ursprünglicher Formulierung die epistemischen Vorteile mit
praktischen Überlegungen verschmelzen. Man beachte, dass Krogh das
Wort »zweckmäßig« verwendet und sagt, für viele Probleme gebe es »ein
Tier der Wahl oder mehrere solche Tiere, die am *zweckmäßigsten* für die
Untersuchung dieses Problems sind«.[16]

Es ist wichtig, dass die Merkmale eines Tiers das Forschungsproblem sichtbar machen können, wie einige Beispiele aus der Wissenschaftsgeschichte veranschaulichen. Die Anatomie von Christian Bohrs
Schildkröte erlaubte es den Forschenden aufgrund der Trennung der
Bronchien, den Luftstrom in und aus den beiden Lungenflügeln getrennt zu beobachten. Ratten haben den Vorteil, dass sie sich langsam
entwickeln, weshalb »Merkmale der physiologischen, neuronalen und
psychologischen Entwicklung für die experimentelle Methode zugänglich sind«.[17] Einer der Vorteile des häufig verwendeten Fadenwurms

---

15   Ebenda, S. 400.
16   Krogh, »The Progress«, S. 247 (meine Hervorhebung).
17   Logan, »[A]re Norway Rats ... Things?«, S. 287.

C. Elegans ist seine Transparenz, welche die Beobachtung des Verhaltens einzelner Zellen erleichtert.[18]

Tabelle 2.1 Vorteile von Xenopus als Modellorganismus

Kategorie	Faden-wurm	Frucht-fliege	Zebra-bärbling	Krallen frosch	Huhn	Maus
Zahl der Nach-kommenschaft	250 – 300	80 – 100	100 – 200	500 – 3000+	1	5 – 8
Kosten pro Embryo	Gering	Gering	Gering	Gering	Mittel	Hoch
Hochdurchsatz-Screening, Multiwell	Gut	Gut	Gut	Gut	Schlecht	Schlecht
Zugang zu Embryos	Gut	Gut	Gut	Gut	Schlecht	Schlecht
Mikromanipulation von Embryos	Einge-schränkt	Einge-schränkt	Akzeptabel	Gut	Gut	Schlecht
Genom	Bekannt	Bekannt	Bekannt	Bekannt	Bekannt	Bekannt
Genetik	Gut	Gut	Gut	Akzeptabel	Nein	Gut
Knockdown (RNAi, Morpholinos)	Gut	Gut	Gut	Gut	Begrenzt	Begrenzt
Transgenese	Gut	Gut	Gut	Gut	Schlecht	Gut
Evolutionäre Entfernung zum Menschen	Sehr groß	Sehr groß	Groß	Mittel	Mittel	Gering

Quelle: »Introduction to *Xenopus*, the Frog Model«, in: *Xenbase*, o. D., http://www.xenbase.org/anatomy/intro.do [17.1.2023], nach Wheeler/Brändli, »Simple Vertebrate Models«, S. 1290

Die Sichtbarkeit, das heißt die Eignung für Untersuchungen, ändert sich abhängig vom Entwicklungsstand der Forschungstechnologie – Malpighis Arbeit wurde durch den Frosch *und* das Mikroskop ermöglicht –, aber sie hängt mit dem zu untersuchenden Phänomen zusammen. Einige andere Aspekte der Zweckmäßigkeit sind relativ unabhängig vom spezifischen Forschungsthema – um zweckmäßig zu sein, sollten Mo-

---

18 »Why Use the Worm in Research?«, in: *Yourgenome*, zuletzt aktualisiert am 19.6.2015, https://www.yourgenome.org/facts/why-use-the-worm-in-research [17.1.2023].

dellorganismen zum Beispiel leicht reproduzierbar und in der Erhaltung billig sein.

Die verschiedenen Dimensionen der Zweckmäßigkeit führen zu Zielkonflikten; zudem hängen diese Aspekte der Zweckmäßigkeit nicht damit zusammen, ob die über ein materielles Objekt gewonnen Erkenntnisse auf andere Objekte im Allgemeinen oder auf den Menschen im Besonderen übertragbar sind – was oft ein Ziel in der biologischen und medizinischen Forschung ist. Die Tabelle 2.1, in der der Frosch mit Huhn, Maus, Fruchtfliege, Zebrabärbling und Fadenwurm verglichen wird, zeigt, dass zahlreiche Faktoren zu berücksichtigen sind.

Zu beachten ist, dass die Eignung für die Verallgemeinerung nicht zu den berücksichtigten Merkmalen zählt. Dies steht im Gegensatz zu den Diskussionen des Samplings in einigen Formen von quantitativer Forschung (auf diesen Punkt werde ich im nächsten Kapitel zurückkommen).[19] Die Ähnlichkeit mit dem Menschen ist nur eines von vielen Kriterien. Beispielsweise hat der Frosch besondere Vorteile, ist jedoch evolutionär ziemlich weit vom Menschen entfernt. Die Maus ist dem Menschen nahe, aber teuer, und Mausembryonen sind nicht leicht verfügbar.

Abgesehen von den Zielkonflikten zwischen verschiedenen Aspekten der Eignung auf Ebene des individuellen Forschungsprojekts hängt die Eignung eines materiellen Objekts für ein individuelles Forschungsprojekt teilweise davon ab, was Forschende in anderen Projekten tun. Merton beschäftigt sich nicht mit dieser kollektiven Dimension, aber in der Biologie spielt sie eine wichtige Rolle in der Diskussion und Rechtfertigung der Verwendung von Modellorganismen. Die Wissenschaftlerinnen sind der Ansicht, die Tatsache, dass sich Forschende koordinieren und sich auf dasselbe materielle Forschungsobjekt konzentrieren, habe an sich kumulative Vorteile für die Forschung. In einer Version dieser Argumentation heißt es:»Wir werden wohl nie alles über sämtliche Organismen wissen. Daher sollten wir uns auf einige zweckmäßige Organismen einigen, die eingehend studiert werden können, damit wir in Zukunft auf der Erfahrung (mit diesen Organismen) aufbauen kön-

---

19 Firebaugh z.B. schreibt:»Wenn man sich darüber klar ist, *was* man untersuchen möchte, muss man entscheiden, *wen* man untersuchen soll. Zunächst muss man feststellen, welche Zielpopulation die Befunde beschreiben sollen.« Firebaugh, *Seven Rules for Social Research*, S.18 (Hervorhebung im Original).

nen. So werden wir Wissen über diese ›Modellsysteme‹ anhäufen, das uns in die Lage versetzen wird, geeignete Studien über Nicht-Modellsysteme zu entwerfen, um wichtige Fragen zu ihrer Biologie beantworten zu können.«[20] Eine andere Gruppe von Autoren drückt es so aus: »Die Erforschung von Modellsystemen ermöglicht es, bestimmte Untersuchungssysteme sehr eingehend und umfassend zu studieren, und ebnet den Weg für Synergien durch Anhäufung und Austausch von großen Datensätzen, Werkzeugen, Infrastrukturen, standardisierten Forschungsprotokollen und Wissen aus zahlreichen Disziplinen.«[21]

Beispielsweise zeigt Tabelle 2.1, dass es relativ unabhängig vom spezifischen Ziel einer bestimmten Studie ein Vorteil ist, wenn das Genom eines experimentellen Systems bekannt ist; und selbstverständlich ist ein Genom deswegen bekannt, weil andere bereits Zeit und Ressourcen aufgewandt haben, um es zu erforschen. Zu beachten ist, dass eine Spannung zwischen diesem kollektiven Argument und dem Argument besteht, das ausgewählte Tier sei das am besten geeignete für jede einzelne Studie – Forschende und Geldgeber sprechen sich eben deshalb für die Koordinierung aus, weil sich die individuellen Forschenden nicht zwangsläufig für dasselbe Tier entscheiden würden, wenn diese Entscheidung von ihren individuellen rationalen Überlegungen ihr Forschungsprojekt betreffend abhinge.

In der kollektiven Logik der Modellsysteme gibt es also eine geplante und erwünschte Trägheit: Die gewissenhafte Berücksichtigung vergangener Investitionen wird gefördert. Es gibt auch eine ungeplante und in gewissem Maß unerwünschte Trägheit. Wissenschaftssoziologen haben beobachtet: »[s]obald die Forschung ein bestimmtes Forschungsmaterial beherrschte, wurde die zukünftige Arbeit in vielen Fällen so konstruiert, dass die Verwendung eben dieses Materials als selbstverständlich betrachtet wurde. Das bedeutet, dass bestimmtes Material an bestimmten Forschungsstandorten – sogar über Generationen von Forschenden hinweg – eine unveränderliche Ressource wurde und rund um die Organisation des Forschungsmaterials berufliche Netzwerke entstanden. So wurden nicht nur Geschwindigkeit und Ausrichtung der Forschung verändert, sondern die Definition der For-

---

20 Kunkel, »What Makes a Good Model System?«.
21 Kueffer/Pyšek/Richardson, »Integrative Invasion Science«, S. 618.

schungsprobleme selbst hing manchmal nicht von Technologien oder Theorien, sondern vom verfügbaren Material ab.«[22] Diese Trägheit ist in die materiellen wissenschaftlichen Infrastrukturen eingebaut, die in einer gegebenen Institution zu einem gegebenen Zeitpunkt so organisiert sind, dass sie einen spezifischen Organismus oder eine bestimmte Gruppe von Organismen beherbergen und verwenden werden. Experimentelle Organismen sind in ein Gefüge von Werkzeugen und Messinstrumenten eingebettet, die Joan Fujimura als »standardisierte Pakete« bezeichnet. Sie erleichtern die Koordinierung zwischen Labor, Experiment und Welt, ermöglichen das fortgesetzte Experimentieren und tragen dazu bei, machbare Probleme« herzustellen, die dem Labor eine kontinuierliche Publikationsaktivität ermöglichen.[23]

Die Trägheit in der Verwendung eines Modellsystems wird auch durch die Struktur der wissenschaftlichen Karrieren verstärkt: Die individuellen Wissenschaftlerinnen investieren in Wissen über spezifische experimentelle Stellvertreter und sammeln Erfahrung. Es ist vorteilhaft für eine Wissenschaftlerin, sich auf einen bestimmten Organismus zu konzentrieren. Wie Bonnie Clause erklärt: »Datenbanken und die von den Forschenden angehäufte Erfahrung tragen wesentlich dazu bei, dass bestimmte Organismen dauerhaft für die Forschung verwendet werden, was scheinbar bestätigt, dass sie als ›richtig‹ für die anstehende Aufgabe erscheinen.«[24]

Wissenschaftler bilden Gruppen rund um einen Organismus, die zum Beispiel über Newsletter – »Der Mais-Newsletter«, der »Der Maus-Newsletter«[25] – und in Konferenzen miteinander kommunizieren; es ist nicht ungewöhnlich, dass Forschergruppen anhand des von ihnen gewählten Organismus identifiziert werden und sich selbst so identifizieren und beispielsweise als »die Fliegenleute« oder die »Mäuseleute« bezeichnet werden.[26]

---

22 Clarke/Fujimura, »What Tools?«, S. 9.
23 Fujimura, »Standardizing Practices«; dies., »Constructing ›Do-able‹ Problems«. Rheinberger behandelt das, was Fujimura als standardisiertes Paket bezeichnet, als »experimentelles System«. Vgl. Rheinberger, *Experimental Systems;* sowie ders., *Towards a History of Epistemic Things.*
24 Clause, »The Wistar Rat«, S. 330.
25 Rader, »›The Mouse People‹«, S. 351; Kimmelman, »Organisms and Interests«, S. 223.
26 Vgl. Kohler, *Lords of the Fly;* sowie Rader, »›The Mouse People‹«.

Wissenschaftlerinnen sammeln Ressourcen zu bestimmten experimentellen Organismen als Service für die Gemeinschaft; sie betreiben auch Lobbying, um die wissenschaftliche Gemeine dazu zu bewegen, »ihr« Modellsystem zu verwenden, indem sie seine Vorteile beschreiben. In dieser Form des »Boosterismus«, das heißt des Einsatzes für spezifische materielle Forschungsobjekte, kommen verschiedene Mittel und Strategien zum Einsatz, und er wird von einem eigenen Genre von Publikationen unterstützt. Auf einer Website über die Kakerlake findet man zum Beispiel ein Gedicht sowie gesammelte Quellenhinweise.[27] Am Ende eines Artikels über das Huhn mit dem Titel »Das Huhn: ein großartiger Modellorganismus wird noch großartiger« findet man einen Hinweis auf die Finanzierung durch große Geldgeber in den Vereinigten Staaten, Großbritannien und China: »Wir wollen hoffen, dass diese Investitionen fortgesetzt werden und dass schließlich andere dazu bewegt werden, sich unserer Forschung anzuschließen, die jetzt richtig spannend wird.«[28]

Die Geldgeber nehmen Einfluss darauf, welche experimentellen Systeme verwendet werden; die Finanzierung kann das Resultat intrawissenschaftlicher Überlegungen sein, zum Beispiel in Fällen, in denen sich die Geldgeber für eine Koordinierung mittels Nutzung gemeinsamer Modellsysteme aussprechen. Aber die Förderung durch Geldgeber außerhalb der Wissenschaft kann sich auch darauf auswirken, welche materiellen Forschungsobjekte verwendet werden. In der Geschichte der Biologie ist dieser Einfluss vermutlich im Fall der Landwirtschaft am klarsten zu sehen. Die Interessen der Landwirtschaft haben bestimmte Formen von Forschung zweckmäßiger gemacht; Adele Clarke hat darauf hingewiesen, dass Agrarwissenschaftler einen Vorteil hatten, als der Zugang zu lebenden Tieren für die Reproduktionsforschung wichtig wurde und zu Beginn des 20. Jahrhunderts schrittweise die Arbeit mit toten Exemplaren ersetzte.[29] Barbara Kimmelman hat in ihrer Studie über Agrargenetiker gezeigt, wie Geldgeber mittels der Wahl der materiellen Forschungsobjekte und darüber hinaus die wissenschaftliche Forschung subtil beeinflussen können. Als sich Forschende an Eliteforschungseinrichtungen für die Genetik zu interessieren begannen, erlaubte die Konzentration auf die besonderen Vorteile von Mais als expe-

27 Kunkel, »The Cockroach«.
28 Stern, »The Chick«.
29 Clarke, »Research Materials and Reproductive Science«.

rimentellem System Forschende in landwirtschaftlichen Institutionen, trotz des Drucks, kommerziell relevante Ergebnisse zu liefern, an einer wirklich wissenschaftlichen Ausrichtung festzuhalten.[30] Neben dem Einsatz spezifischen Materials lag das Augenmerk auf physiologischen und biochemischen Ergebnissen, die nicht immer zwangsläufig nützlich für die Landwirtschaft waren, jedoch als Wegbereiter für die Konzentration auf einen solchen Nutzen betrachtet werden konnten. Die Bemühungen von Agrargenetikern brachen die Vormachtstellung der Forschung mit Fruchtfliegen zu jener Zeit nicht, hatten aber trotzdem dauerhafte Folgen.[31] Zu den weiteren Spezies, die von landwirtschaftlichem Interesse sind und umfassend zum Einsatz kommen, zählen Hefe, Weizen, Reis und das Huhn.[32]

Gesponserte Fakten, gesponserte Kategorien, gesponserte Ansätze und gesponserte Stellvertreter

Ausgehend von dieser Analyse der Naturwissenschaften stelle ich die These auf, dass verschiedene Optionen für materielle Forschungsobjekte, mit denen sich ein Sozialwissenschaftler beschäftigt, in seinen Augen nicht gleichwertig sind und dass diese Ungleichheit nicht einfach eine Frage der Eignung dieser Objekte für das fragliche Forschungsproblem ist. Im Folgenden werde ich anhand des Konzepts des Sponsoring Faktoren untersuchen, die bestimmten potenziellen Stellvertretern einen Vorteil gegenüber anderen verschaffen.

Das Konzept des Sponsoring – das vor allem mit dem Sport assoziiert wird – besagt, dass einzelne Einheiten mit Ressourcen ausgestattet werden, ohne dass der Sponsor diese Einheiten vollkommen übernimmt. Vielmehr setzt die Idee des Sponsoring voraus, dass sich die geförderte Einheit weiterhin in gewissen Maß unabhängig verhält; das gesponserte Team spielt also weiter in einer Liga, die Sportlerin nimmt weiterhin an Wettkämpfen mit anderen Sportlerinnen teil.

Mit Ressourcen meine ich nicht nur finanzielle, sondern viele Formen von Ressourcen: Die Vorteile eines bestimmten materiellen For-

---

30 Kimmelman, »Organisms and Interests«, S. 212.
31 Keller, A Feeling for the Organism.
32 Burt, »Emergence of the Chicken«.

schungsobjekts können praktischer, finanzieller oder symbolischer Natur sein; sie können ihre Ursprünge in der Wissenschaft oder außerhalb von ihr haben. In der Auseinandersetzung mit den Quellen des Sponsoring sollten wir die gesamte Bandbreite an Quellen berücksichtigen und uns nicht auf wirtschaftliche oder staatliche Interessen beschränken, deren Existenz wir mit Blick auf generelle politische Diskussionen bereitwilliger anerkennen. Auch Beziehungen zu anderen Arten von Akteuren und alltägliche Verbindungen – etwa zu Aktivisten, Journalistinnen oder Interessengruppen – können als Formen des Sponsoring betrachtet werden, wenn sie mit dem Versprechen einer Belohnung einhergehen und eine Wirkung auf die Forschenden haben.

Bevor ich auf einige der Faktoren zu sprechen komme, die beim Sponsoring von Stellvertretern in den Sozialwissenschaften eine Rolle spielen, möchte ich klären, was bei der Konzentration auf gesponserte Stellvertreter im Unterschied zu gesponserten Fakten, gesponserten Kategorien oder gesponserten Ansätzen, die häufiger thematisiert werden, auf dem Spiel steht. In den Natur- und Sozialwissenschaften kreist die Diskussion über die wissenschaftliche Integrität im Wesentlichen um die Möglichkeit, Fakten zu sponsern. Mit gesponserten Fakten haben wir es dann zu tun, wenn wir über Voreingenommenheit in Bezug auf wissenschaftliche Fragen wie »Verursacht das Rauchen Lungenkrebs?«[33], »Wird die Erderwärmung vom Menschen verursacht?«[34] oder »Wirken Antidepressiva?«[35] sprechen. Es gibt Belege dafür, dass interessierte Parteien wie die Tabakindustrie, die Ölindustrie oder die Pharmaindustrie versucht haben, einer bestimmten Antwort auf diese Frage durch Sponsoring einen Vorteil gegenüber anderen Antworten zu verschaffen. Es gibt (insbesondere im Fall der Antidepressiva) Hinweise darauf, dass die Antworten auf Fragen zu Wirksamkeit durch eine selektive Veröffentlichung gesponsert werden.[36]

Im Fall der Sozialwissenschaften können wir auch fragen, wie genau Antworten auf Fragen wie »Sind unterschiedliche Intelligenzquotienten verschiedener Gruppen genetisch angelegt?« oder »Sind he-

---

33 Vgl. Troyer/Markle, *Cigarettes.*
34 Vgl. Keller, »Climate Science, Truth, and Democracy«.
35 Vgl. McGoey, »Profitable Failure«.
36 McGoey/Jackson, »Seroxat and the Suppression of Clinical Trial Data«; Swann, *Academic Scientists.*

terosexuelle Paare am besten für die Kinder geeignet?« mit Ressourcen verbunden sind.[37] In beiden Fällen findet eine komplexe soziologische Debatte darüber statt, wie diese Fragen eingeordnet, wie die Kategorien angewandt und wie die unabhängigen und abhängigen Variablen gemessen werden. Aber Wissenschaftler diskutieren auch über die Fakten selbst. In einem subtilen Beitrag zu unserem Verständnis gesponserter Fakten hat Dan Hirschman hervorgehoben, dass manche Fakten bis zu einem gewissen Grad zum Selbstläufer werden und als »stilisierte Fakten« in Umlauf sind.[38]

Neben gesponserten Fakten beschäftigen sich Beobachter der Wissenschaften auch mit der Wirkung »gesponserter Kategorien«. Es ist allgemein bekannt, dass Pharmaunternehmen und öffentliche Einrichtungen die Erforschung mancher Kategorien von Krankheiten finanzieren, während andere Krankheiten vernachlässigt werden.[39] Wir wissen auch, dass Lobbyisten für die Erforschung »ihrer« Krankheiten werben und dass das Lobbying für die Beschäftigung mit bestimmten Krankheiten den Schwerpunkt der Gespräche in der Forschung verschoben hat: Statt über die Verteilung der Ressourcen zwischen den Forschenden wird über die Verteilung der Ressourcen zwischen Krankheiten diskutiert.[40]

Wir alle kennen gesponserte Kategorien von Forschungsgebieten in den Sozialwissenschaften.[41] Historisch wurde die Kriminologie von Staaten gefördert, und das staatliche Interesse an der Kontrolle von abweichendem Verhalten trug entscheidend zur Entstehung der Sozialwissenschaften bei.[42] Heute wird die Kriminologie in Großbritannien nicht zuletzt vom Interesse der Studierenden getragen. Die Kategorie der Kriminologie ist für die Studierenden attraktiv, und die soziologischen Institute haben gemeinsame Studiengänge für Soziologie und

---

37 Vgl. Allen/Burrell, »Comparing the Impact«; Stacey/Biblarz, »Does the Sexual Orientation of Parents Matter?«; sowie Jacoby/Glauberman, The Bell Curve Debate.
38 Hirschman, »Stylized Facts in the Social Sciences«. Vgl. auch Morgan, »Glass Ceilings«.
39 Vgl. Yamey, »The World's Most Neglected Diseases«; Pedrique u. a., »The Drug and Vaccine Landscape«. Wir wissen auch, dass es innerhalb von gut erforschten Krankheiten vernachlässigte Formen gibt; beispielsweise werden einige Malariaformen vernachlässigt. Vgl. Kelly/Beisel, »Neglected Malarias«.
40 Best, »Disease Politics«.
41 Für eine formale Kartierung vgl. Moody/Light, »A View from Above«.
42 Foucault, Überwachen und Strafen; Garland, »The Criminal«.

Kriminologie ins Leben gerufen, um ihre Studierendenzahlen zu stabilisieren. Das erhöht den Bedarf an Lehrkräften für diese Bereiche und gibt Mitarbeiterinnen, die Forschung auf potenziell zuordbaren Gebieten betreiben, einen Anreiz zu zeigen, dass sie *ebenfalls* zur Kriminologie beitragen.

Die Bildungssoziologie und die Medizinsoziologie werden zumindest teilweise durch ein stabiles Interesse von Staat und Dienstleistern an diesen Bereichen sowie durch die Möglichkeit gefördert, Studierende zu informieren, die eine Karriere in der Bildung oder der Medizin anstreben. Die Stadtsoziologie wird in einer Zeit, in der die Hoffnung auf politische Lösungen auf nationalstaatlicher Ebene schwindet, von philanthropischen Stiftungen gefördert. Forschung mit Big Data und in den Digital Humanities werden anscheinend von Universitätsadministratoren und Fördereinrichtungen gesponsert, die auf der Suche nach dem nächsten wichtigen Trend sind.

Die Geschichtsschreibung ist eng mit dem Nationalismus und nationalstaatlichen Bestrebungen verbunden. Dies ist nicht auf abstrakte Ideologie oder die Förderung staatlicher Vorhaben beschränkt, sondern umfasst auch profanere institutionelle und materielle Vektoren in der Ausbildung von Lehrkräften und in der Gestaltung von Lehrplänen.[43] Die Verbindung zwischen Geschichte und Schulunterricht verstärkt die Konzentration auf die nationale Geschichte unabhängig von der gewählten Methode.[44] Nationale und kulturelle Minderheiten fordern eine Berücksichtigung ihrer eigenen Geschichte, und auch Gruppen, die sich um Berufe, Hobbies und Orte bilden, verlangen eine historische Einordnung. Die Liste der mit der American Historical Association verbundenen Gesellschaften – darunter Vereinigungen für die Geschichte der

---

43 Novick berichtet, dass die amerikanischen Historiker Ende des 19. Jahrhunderts aufmerksam verfolgten, wie sich Altphilologen und die Modern Language Association organisierten, um Forderungen an die Schulbildung zu richten, und einander aufforderten, dasselbe zu tun: »Wie lange wollen wir tatenlos zusehen, wie die Geschichte in den Schulen vernachlässigt wird. [...] Es muss klar sein, dass das Geschichtsstudium an den Universitäten davon abhängt, dass die Schulen die Tatsache anerkennen, dass ausgebildete Männer benötigt werden, um das Fach zu unterrichten. Wo wären die deutschen Universitäten, wenn sie keine Lehrer für die Gymnasien ausbildeten?« McLaughlin, zitiert nach: Novick, *That Noble Dream*, S. 70.

44 Hausen, »Die Nicht-Einheit der Geschichte«; Geiss, »Wozu brauche ich das alles im Unterricht?‹«.

Mormonen, die ungarische Geschichte und die Militärgeschichte – gibt
Aufschluss über diese äußeren Einflüsse.[45]

Die Medien fördern mittels der Institution von Jahrestagen Veranstaltungen und Personen als Objekte der historischen Untersuchung.[46]
Jahrestage wecken öffentliches Interesse an Arbeiten über wichtige Figuren oder Ereignisse wie den Ersten Weltkrieg. In den Jahren vor dem
100. Jahrestag des Ausbruchs des Ersten Weltkriegs im Jahr 2014 wurden unter anderem die folgenden englischsprachige Werke veröffentlicht: »The First World War: A New Illustrated History«, »New History of
America's Entry into World War I«, »New History of the Western Front
in World War I« und »New History of the German Invasion of 1914«.[47]
Nicht alle, aber viele der zahlreichen Bücher über den Ersten Weltkrieg,
die alljährlich erscheinen, werden von Berufshistorikern verfasst.

Natürlich sollte der Erste Weltkrieg für jede und jeden große »Signi-
fikanz« haben: In diesem Konflikt starben viele Menschen, und er hatte
gewaltigen Auswirkungen auf die politische Ordnung der Welt und auf
die Kultur. Dennoch ist unbestreitbar, dass die Form, welche die Aufmerksamkeit für den Ersten Weltkrieg annimmt, nicht nur vom großen
allgemeinen Interesse an diesem Krieg geprägt wird, sondern auch von
der Vermittlung dieses spezifischen Interesses durch die journalistische
und staatliche Institution des Jahrestags, durch die Schulen und durch
Gruppen von Liebhabern, die das Publikum für diese Bücher bilden.

Es ist klar, dass das Wissen in zahlreichen Disziplinen auch von
»gesponserten Ansätzen« geprägt wird. Wissenschaftlerinnen, die sich
mit der Geschichte der Soziologie beschäftigen, diskutieren zum Beispiel über die Zusammenhänge zwischen der Philanthropie in den Vereinigten Staaten und bestimmten Methoden. Es gibt die Einschätzung,
die Finanzierung durch Stiftungen habe zur Einführung bestimmter
quantitativer Methoden in der amerikanischen Soziologie geführt.[48] Es

---

45 Vgl. American Historical Association, »Affiliated Societies«, o. D., https://www.
historians.org/about-aha-and-membership/affiliated-societies [15.8.2020].

46 Johnston, *Celebrations.*

47 Strachan, *Der Erste Weltkrieg;* Doenecke, *Nothing Less than War;* Mayhew, *Wounded;*
Senior, *Home Before the Leaves Fall.*

48 Vgl. Fisher, »American Philanthropy«; ders., »The Role of Philanthropic Foundations«; Fisher, »Philanthropic Foundations«; sowie Bulmer/Bulmer, »Philanthropy and Social Science in the 1920s«. Aber vgl. auch Platt, »Has Funding Made
a Difference to Research Methods?«; sowie Bulmer, »Philanthropic Foundations«.

ist gezeigt worden, dass die Eugenik als Schlüsselbereich der Sozialwissenschaften in den 1920er und 1930er Jahren des vergangenen Jahrhunderts von Stiftungen finanziert wurde. Wissenschaftler haben auch eine Homologie zwischen den Sozialwissenschaften und einem administrativen Interesse an sozialer Kontrolle im Bündnis mit dem Kolonialismus und der Kulturpolitik im Kalten Krieg beschrieben.[49]

Die Verfügbarkeit von Daten in bestimmten Formen kann spezifische Zugänge fördern. Ein neueres Beispiel dafür ist die Wirkung von Big Data auf quantitative Methodologien. Durch Online-Interaktionen erzeugte Daten erleichtern den Aufstieg relationaler deskriptiver Zugänge auf Kosten von auf Umfragedaten beruhenden Korrelationsanalysen.[50]

Was können wir lernen, indem wir zusätzlich zu diesen anderen Formen des Sponsoring spezifisch nach gesponserten Stellvertretern fragen? Selbstverständlich erfüllen Stellvertreter ihre Funktion in der Forschung stets in Verbindung mit Fragen, sich verschiebenden epistemischen Zielen und methodischen und theoretischen Ansätzen. Aber sie wirken sich sehr wohl auf die Forschung aus: Sie sind eine eigene Quelle von Voreingenommenheit, die ansonsten nicht über die sozialwissenschaftlichen Forschungsfelder hinweg reflektiert wird. Die Auseinandersetzung mit gesponserten Stellvertretern bringt uns möglicherweise eher als andere Aspekte des Sponsoring dem Inhalt wissenschaftlicher Arbeiten näher und betrifft die Entscheidungen, die individuelle Forschende im Verlauf von Forschungsprojekten fällen und überdenken. Im Folgenden beschäftige ich mich mit einigen Faktoren, die dazu beitragen, dass bestimmte Stellvertreter in den Sozialwissenschaften wichtig werden.

Sponsoren von Stellvertretern

Meine Liste der Quellen des Sponsoring, die praktische und diskursive Faktoren auf Makro- und Mesoebene beinhaltet, ist theoretisch bewusst eklektisch und nimmt nicht für sich in Anspruch, erschöpfend zu sein.

---

49   Vgl. Steinmetz, »American Sociology«; sowie Go, »Sociology's Imperial Unconscious«.
50   Savage/Burrows, »The Coming Crisis of Empirical Sociology«.

Ich möchte die Annahme entkräften, dass materielle Forschungsobjekte aus intrinsischen oder strategischen Gründen ausgewählt werden. Ich beabsichtige nicht, eine Theorie dazu zu entwickeln, welche der von mir erwähnten Faktoren wichtiger oder am wichtigsten sind. Ich wähle einen explorativen Zugang, weil das Sponsoring von Stellvertretern in den Sozialwissenschaften bisher nicht systematisch konzeptualisiert worden ist.

Bequemlichkeit

Einige Stellvertreter werden durch die leichte Verfügbarkeit von Exemplaren, Quellen oder Daten gefördert. Das bekannteste Beispiel für einen Stellvertreter, der seine Nutzung der Bequemlichkeit verdankt, ist der Studierende im Grundstudium, der Forschenden an großen Universitäten zur Verfügung steht und oft in psychologischen Experimenten eingesetzt wird, deren Ergebnisse dann als allgemeingültige Erkenntnisse in Umlauf gebracht werden. Eine Studie über sechs international führende Psychologiezeitschriften zeigte, dass 95 Prozent der Studien auf amerikanischen, englischsprachigen oder europäischen Stichproben beruhten. Nicht nur, dass die Stichproben im Fall des *Journal of Personality and Social Psychology* normalerweise aus Amerikanern bestanden, sondern sie bestanden »aus amerikanischen Psychologiestudierenden im Grundstudium an Forschungsuniversitäten, womit der untersuchte Teil der Menschheit noch kleiner wurde«.[51] Psychologiestudierende sind nicht nur bereits an der Universität und über deren Kommunikationskanäle erreichbar, sie erhalten oft auch zusätzliche Anreize in Form von gutgeschriebenen Kursen und »Scheinen«, eine Währung, die Wissenschaftlerinnen selbst prägen und kontrollieren. Amerikanische Studierende sind nicht repräsentativ für die Menschheit der Menschen, und Paul Rozin erklärt, sie seien nicht einmal repräsentativ für Nordamerikaner, denn »der Student im ersten oder zweiten Studienjahr ist sehr untypisch, weil sich diese Person in einer einzigartigen Übergangsphase zwischen dem Familienleben und einem Leben umgeben von Gleichaltrigen befindet«.[52]

---

51 Arnett, »The Neglected 95%«, S. 604; Heinrich/Heine/Norenzayan, »The Weirdest People in the World«. Vgl. auch die Kommentare zu Heinrich/Heine/Norenzayan, in: *Behavioural and Brain Science* 33/2−3 (2010).
52 Rozin, »What Is Really Wrong with A Priori Claims of Universality?«, S. 48.

Die Bequemlichkeit ist eine Quelle des Sponsoring, die zugleich banal – Forscher können nur untersuchen, was sie untersuchen können – und beinahe unendlich komplex ist: Die meisten anderen Faktoren von den ausgesprochen strategischen oder intrinsischen (»die einfachste Möglichkeit, das wichtige Phänomen X zu erforschen«) bis zu den vollkommen extrinsischen (»die Finanzierung übernahm das Militär«) können unter dem Gesichtspunkt der Bequemlichkeit behandelt werden. Der Begriff lenkt die Aufmerksamkeit auf die alltäglichen, logistischen Aspekte der Forschungspraxis. Einige davon möchte ich im Folgenden beleuchten.

Forschungsstandorte und -objekte in zahlreichen substanziellen Bereichen werden durch die Tatsache gesponsert, dass sie sich an einem Ort befinden, an dem sich Universitäten und Forschende konzentrieren: Doktorandinnen, die nicht tun, was in Bezug auf den Standort der Universität als »Forschung im Ausland« oder »internationale Feldforschung« bezeichnet wird, führen selten qualitative Studien an einem weit von ihrer Universität entfernten Ort durch, wenn sie dort nicht Partner oder Familie haben. Kirchen, Kindertagesstätten, Familien, Nachbarschaften und Protestbewegungen sind allesamt innerhalb eines von der Universität aus leicht erreichbaren Gebiets einfacher zu untersuchen. Das Renault-Werk in Billancourt, mit dem wir uns in Kapitel 1 beschäftigt haben, war nur eine kurze Zugfahrt vom Stadtzentrum von Paris entfernt und daher leicht erreichbar für zahlreiche dort lebende Sozialforscher sowie für Journalistinnen und Intellektuelle, die streikende Arbeiter unterstützen wollten.

Für Archivrecherchen unternehmen Wissenschaftlerinnen Reisen, aber wie Historiker im informellen Gespräch verraten, befinden sich manche Archive an schöneren Orten als andere. Es ist vorteilhaft für ein Forschungsobjekt, wenn sich das dafür benötigte Material in einem Archiv befindet, das Zuschüsse für das Studium seines Materials gewährt; hingegen ist es ein Nachteil, wenn das betreffende Archiv Forschenden strikte Beschränkungen auferlegt oder von einem launischen Erben oder einem schwierigen Nachlassverwalter kontrolliert wird.[53] Es

---

53 Die Nachlässe von James Joyce und Sylvia Plath (zu seinen Lebzeiten von Ted Hughes kontrolliert) sind berühmte Beispiele, vgl. z. B. Rose, »This Is Not a Biography«. Vgl. auch die Warnung von Louis Zukofskys Erbe an Forscher: »Ich fordere Sie auf, nicht über Louis Zukofsky zu arbeiten, und ziehe es vor, dass Sie es

ist ein Vorteil für ein Forschungsobjekt, wenn das Material an einem Ort konzentriert ist, anstatt über zahlreiche kleine Standorte verteilt zu sein. Es ist ein Nachteil, wenn nur wenige Quellen erhalten sind. Die Verfügbarkeit großer Datensätze sponsert manche quantitative Studien im Vergleich zu anderen. Datensätze fördern methodische Zugänge und die Kategorien, die zur Datenerhebung herangezogen werden. Sie fördern auch bestimmte Stellvertreter eher als andere: Beispielsweise sponsert die Tatsache, dass die Behörden mancher Länder – etwa der skandinavischen Länder und Österreichs – Forschenden hochwertige Verwaltungsdaten zur Verfügung stellen, diese Länder als Fälle für das Studium von wirtschaftlichen und sozialpolitischen Reformen.[54] Diese Länder werden bis zu einem gewissen Grad unabhängig vom inhärenten Forschungsinteresse der dort durchgeführten Reformen studiert; die einschlägige Forschung hat Einfluss erlangt, obwohl die als international führend betrachteten angloamerikanischen Fachzeitschriften amerikanische Daten bevorzugen.

Schemata in der allgemeinen Bevölkerung

Kognitionspsychologinnen erklären, die breite Bevölkerung verstehe Kategorien schematisch. Das bedeutet, dass verbreitete Vorstellungen insofern, als sozialwissenschaftliche Kategorien auch gängige Kategorien sind, die Fallauswahl von Wissenschaftlern beeinflussen. Das kann daran liegen, dass die Wissenschaftlerinnen selbst dieselben Schemata anwenden, da sie ja ebenfalls der breiteren Bevölkerung angehören. Auch können sich gängige Vorstellungen auf die wissenschaftliche Arbeit auswirken, weil Forschende bemüht sind, besser mit anderen Forschenden und mit einem größeren Publikum zu kommunizieren, indem sie Stellvertreter verwenden, die verbreiteten Stereotypen entsprechen. Beispielsweise wurde nachgewiesen, dass in den Vereinigten Staaten ansässige multinationale Unternehmen, die starke Marken besitzen, in der internationalen Managementforschung deutlich überre-

---

nicht tun. Der Ärger, den die Arbeit über LZ mit sich bringen wird, ist die Mühe nicht wert.« »Copyright Notice by PZ«, Z-site: A Companion to the Works of Louis Zukofsky, 17.9.2009, https://web.archive.org/web/20120219114302/http:/ www.z-site.net/copyright-notice-by-pz/ [17.1.2023].

54 Vgl. z. B. Nekoei/Weber, »Does Extending Unemployment Benefits Improve Job Quality?«.

präsentiert sind.[55] Diese Voreingenommenheit in der Forschung könnte mit der in der breiten Öffentlichkeit verbreiteten kognitiven Verzerrung bezüglich der Kategorie »Konzern« zusammenhängen.

In einem meiner Forschungsgebiete, dem Studium der humanitären Hilfe, konzentriert sich die Forschung auf die Nichtregierungsorganisationen (im Gegensatz zu den Staaten in den betroffenen Regionen oder auch den Vereinten Nationen), und unter den NRO bevorzugen die Forschenden insbesondere die Organisation »Ärzte ohne Grenzen«.[56] Dafür gibt es mehrere Gründe einschließlich einiger guter wissenschaftlicher Gründe in den einzelnen Studien, aber das Interesse für diese Organisation ist unverhältnismäßig groß, weil sie unter den internationalen Hilfsorganisationen einen besonders großen Bekanntheitsgrad in der breiten Öffentlichkeit genießt. »Ärzte ohne Grenzen« erhält die meisten Spenden aus der Bevölkerung im Unterschied zu Spenden von institutionellen Geldgebern.

Es ist auch zu vermuten, dass die Assoziation des Begriffs »Einwanderer« in der sozialwissenschaftlichen Forschung mit Männern, die auf der Suche nach Arbeit aus ärmeren in reichere Länder einwandern – im Gegensatz zu Frauen im Allgemeinen, und zu Männern und Frauen, die wegen der Liebe in ein anderes Land gehen, oder zu Personen, die aus reicheren Ländern in ärmere emigrieren[57] –, dem Ballast der Kategorie »Einwanderer« in Experimenten mit der allgemeinen Bevölkerung entsprechen würde. In verschiedenen Ländern werden verschiedene ethnische Gruppen mit dem Begriff »Einwanderer« verbunden, und das könnte auf Forschende in diesen Ländern einen Einfluss haben, der in der internationalen Diskussion über die Einwanderung, in der diese Fälle zusammengeführt werden, nicht umfassend berücksichtigt wird.

Subkulturelle Faktoren

Eine weitere Gruppe von Hypothesen betrifft den Einfluss von Schemata, die Forscher nicht übernehmen, weil sie der breiten Bevölkerung

---

55 Collinson/Rugman, »Case Selection Biases«.

56 Vgl. z. B. Fox, »Medical Humanitarianism«; Fassin, »Inequalities of Lives«; sowie Redfield, *Life in Crisis*.

57 Für eine kritische Auseinandersetzung mit diesem und anderen Fällen vgl. Benson/O'Reilly, »From Lifestyle Migration«; Benson, *The British in Rural France*; Favell, *Eurostars and Eurocities*; Brickell, »Geographies of Contemporary Christian Mission(aries)«; sowie Williams, *Global Marriage*.

angehören, sondern weil sie Teil einer bestimmten sozialen Welt sind oder eine bestimmte Position einnehmen. Dies können wir als Klassenposition, kulturelles Milieu oder berufsspezifische Disposition konzeptualisieren. Bourdieu hat darauf hingewiesen, dass die Privilegierung der Sprache und eine nicht reflektierte Projektion der Distanz des Intellektuellen zu praktischen Überlegungen auf andere Teil der Disposition des Intellektuellen sind.[58] Damit beschreibt er die Merkmale eines Zugangs zu Forschungsobjekten. Wir können auch fragen, wie sich der gruppenspezifische Hintergrund auf die Wahl bestimmter Stellvertreter auswirken könnte.

Bis vor Kurzem haben Wissenschaftlerinnen, die sich mit gesellschaftlichen Bewegungen beschäftigen, beispielsweise eine Tendenz gezeigt, sich übermäßig intensiv mit Bewegungen zu befassen, die ihnen nahestehen. In Anbetracht des Einflusses der gegenkulturellen Bewegungen der 1960er Jahre auf die demografische Gruppe der Sozialwissenschaftler – in den Vereinigten Staaten, aber auch in vielen europäischen Ländern – hat das dazu geführt, dass über Arbeiterbewegungen, Umweltschutzgruppen und feministische Gruppen mehr Studien durchgeführt wurden als über rechtsextreme oder rassistische Bewegungen. Expertinnen für Revolutionen haben linken Revolutionen wie denen in Nicaragua und Kuba größere Aufmerksamkeit geschenkt als komplizierteren Fällen wie der iranischen.[59]

Die Stadtsoziologie wird auch davon beeinflusst, welche Städte Soziologen cool finden. Die Erforschung von Gentrifizierung ist auch von Stadtvierteln geprägt, in denen Sozialwissenschaftler gerne leben; »langweilige Orte« werden eher vernachlässigt.[60] Zu den einschlägigen Städten, die in einer gleichnamigen deutschen Anthologie (Bitburg! Fulda! Siegen! Ulm!) genannt werden, können wir weitere hinzufügen: Monroe, Boise und Hinesville (Vereinigte Staaten), Chester, Castleford und Hull (Großbritannien), Bahía Blanca (Argentinien), Akita, Niigata und Takamatsu (Japan).

Die Erfahrungen, die Forschende an ihrem eigenen Arbeitsplatz machen, haben das Interesse am Managerialism geweckt, und die Universität nimmt einen zentralen Platz in Diskussionen über Auditkultur,

---

58 Bourdieu, *Meditationen*.
59 Beck, »The Comparative Method in Practice«.
60 Roth / Wieland, *Öde Orte*.

Rankings und Neoliberalismus ein.[61] Wenn wir uns mit Hypothesen zum Einfluss wissenschaftlicher Subkulturen beschäftigen, können wir auch die Unterschiede innerhalb von wissenschaftlichen Gemeinschaften und zwischen Gemeinschaften in verschiedenen Disziplinen und in verschiedenen Teilen der Welt untersuchen (auf diesen Punkt werde ich später in diesem Kapitel sowie in Kapitel 6 zurückkommen).

Makro- und Mikrohistorizismus

Ich habe damit begonnen, praktische und kognitive Faktoren zu diskutieren. Der nächste Faktor kann nur als makrokulturell oder ideologisch beschrieben werden: Es gibt wohl eine starke Bevorzugung materieller Forschungsobjekte, die als die »am weitesten fortgeschrittenen« in ihrer Kategorie bezeichnet werden können – auf jeden Fall in der Soziologie und der Politikwissenschaft. Vertreter der postkolonialen Theorie haben eine Version dieser Voreingenommenheit identifiziert, die erhebliche Auswirkungen hat und die ich als »Makrohistorizismus« bezeichnen möchte: Gemeint ist die Bevorzugung bestimmter Länder, die als »besonders weit entwickelt« betrachtet werden.

Die Konzepte von »Moderne« und »Entwicklung« postulieren eine Bewegung in der Geschichte und ordnen Fälle in diese Geschichte ein, auch wenn sie in der Gegenwart koexistieren. So wird eine Konzentration auf einige Länder auf Kosten anderer gerechtfertigt und impliziert, die aus dem Studium dieser Länder gezogenen Lehren könnten auf andere Fälle übertragen werden, wenn man nur lange genug wartet.

Dipesh Chakrabarty diagnostiziert die intellektuelle Struktur, die dieser Ideologie zugrunde liegt, folgendermaßen: »Diese auf der Idee ›Erst in Europa, dann anderswo‹ beruhende Struktur der globalen historischen Zeit war historizistisch; verschiedene nichtwestliche Nationalismen brachten später lokale Versionen desselben Narrativs hervor und ersetzten ›Europa‹ durch ein lokal konstruiertes Zentrum. Der Historizismus erlaubte es Marx zu sagen, ›das industriell entwickeltere Land‹ zeige ›dem minder entwickelten nur das Bild der eignen Zukunft‹.«[62] Diese Ideologie führte zu einer Bevorzugung bestimmter westlicher Länder in Soziologie und Politikwissenschaft. In einer Umkehrung dieser Logik wurde der Anthropologie die Aufgabe übertragen,

61 Vgl. z. B. Strathern (Hg.), *Audit Cultures;* sowie Espeland / Sauder, *Engines of Anxiety.*
62 Chakrabarty, *Provincializing Europe,* S. 7 (Dt: *Europa als Provinz*).

die am wenigsten entwickelten, unverdorbenen und unberührten Zivilisationen zu studieren.[63]

Es gibt eine weitere Version der Konzentration auf »weiter entwickelte Fälle«, die ich als »Mikrohistorizimus« bezeichnen möchte: die Konzentration auf die »am weitesten entwickelten« Fälle in einer Vielzahl von Teilgebieten. Es ist erwähnenswert, dass ein allgemeines Merkmal von Städten, denen besonders große Aufmerksamkeit zuteilwird, darin besteht, dass sie wachsen. Wer wachsende Städte untersucht, so die Annahme, erforscht die Zukunft und findet heraus, wie sich andere Städte entwickeln werden. Diese Annahme ist auf seine Art modernisierungstheoretischen Ursprungs und hat nichtwestlichen Kontexten Aufmerksamkeit entzogen; es hilft aber auch zu erklären, warum schließlich Städte im »Globalen Süden« in den Mittelpunkt des Interesses rücken mussten: Aufgrund eines hohen Bevölkerungswachstums werden diese Riesenstädte zu geeigneten Orten für das Studium »der Zukunft aller Städte«.

Auf ähnliche Weise wurde die Erforschung der Arbeit lange mit der Erforschung der fortgeschrittensten Formen der Arbeit und folglich der fortgeschrittensten Organisationsformen gleichgesetzt. Das gilt für die Untersuchung der manuellen Arbeit, die zumeist den neuesten technologischen Entwicklungen folgte und sich von Fabriken im Westen zu Callcentern und Fabriken in Südostasien verlagerte. Einen Widerhall fand dies in der Erforschung der Büroarbeit, beispielsweise als sich Richard Sennett in *Der flexible Mensch* auf IBM konzentrierte, wo die seinerzeit angeblich fortschrittlichste Form der Arbeitsorganisation zu finden war.[64]

Die developmentalistische Orientierung ist oft normativ aufgeladen und kann je nach Temperament der beteiligten Forschenden eine utopische oder dystopische Tendenz haben. In der marxistischen Version des Mikrohistorizismus untersuchen Forschende vielleicht zum Beispiel einige Gruppen von Arbeitern auf der Suche nach den Ursprüngen der kommenden Revolution oder betrachten die fortschrittlichsten Formen der Arbeit mit Blick darauf, welche Widersprüche oder Widerstände sie erzeugen könnten. In einer anderen Version der kritischen Arbeit – die

---

63 Bausinger, *Volkskultur in der technischen Welt*; Fabian, *Time and the Other*; Ardener, »Remote Areas«.
64 Vgl. Sennett, *Der flexible Mensch*.

eher von Foucault inspiriert ist – werden die fortschrittlichsten Formen der Gouvernementalität untersucht, um eine Vorstellung von der Zukunft einer Überwachungsgesellschaft zu gewinnen.

Wir können die Vorliebe der Sozialwissenschaften für das Neue in diesem Kontext betrachten: Das Neue kann gemäß der Abdeckungslogik bewertet werden. Wenn eine Wissenschaftlerin schnell genug ist, kann sie das Studium eines neueren Phänomens nutzen, um für sich in Anspruch zu nehmen, etwas zu untersuchen, das zuvor noch nicht erforscht worden ist. Sie kann auch versuchen, das Neue als fortgeschrittensten Stellvertreter für eine schon länger etablierte Kategorie durchzusetzen, was es ihr erlauben wird, die beste oder schlechteste Version der Zukunft zu erforschen.

Zeitschriften als Sponsoren

Ausgehend von der kritischen Literatur zur globalen Organisation der Sozialwissenschaften, kann man das Zeitschriftensystem als wichtigen Sponsor materieller Forschungsobjekte in den Vereinigten Staaten und Großbritannien bezeichnen.[65] In den USA oder Großbritannien ansässige Wissenschaftlerinnen, die sich teilweise mit ausschließlich lokalen Fragen beschäftigen (»amerikanische Soziologie«) und nur in lokalen Netzwerken arbeiten, haben gestützt auf überwiegend lokale Gutachter (darunter ihnen bekannte Studierende) Fachzeitschriften aufgebaut, die teilweise dank der Vorteile der englischen Sprache ein großes Publikum finden.[66] Da diese Zeitschriften zahlreiche Leser anlocken, werden sie in formalen Messungen und Rankings bevorzugt. Auch die für die Vergabe von Lehrstühlen verantwortlichen Kommissionen in Hongkong, Chile und Deutschland akzeptieren diese Zeitschriften als vorrangige Veröffentlichungsorte.[67]

Forschende, die Artikel bei diesen Zeitschriften einreichen, berichten, dass die Gutachterinnen sehr viel gründlicher prüfen, ob Fälle außerhalb der Vereinigten Staaten oder Großbritanniens für das allgemeine Wissen relevant sind. Autorinnen berichten auch, dass sie aufge-

---

65   Vgl. Aalbers, »Creative Destruction«; Beigel, »Current Tensions and Trends«; Alatas, »Academic Dependency«; Keim / Celik / Wohrer, Global Knowledge Production in the Social Sciences.

66   Wolters, »Globalized Parochialism«.

67   Beigel, »Current Tensions and Trends«, S. 617.

fordert werden, zusätzliche Informationen zu Material aus Kontexten außerhalb der Vereinigten Staaten und Großbritanniens bereitzustellen, da die Gutachter, die zwar sehr gut ausgebildet sind, aber mit größerer Wahrscheinlichkeit als die Durchschnittsperson in anderen Weltregionen nur eine Sprache sprechen, eine große Unkenntnis »anderer« Länder (und der Theoretiker anderer Länder) für völlig legitim erklären.[68] Möglicherweise wird Forschenden empfohlen, ihren Artikel nicht in einer Zeitschrift für allgemeine Soziologie oder Politik, sondern in einer Zeitschrift im Feld der *area studies* zu veröffentlichen.[69] Das bedeutet, dass es vorteilhaft ist, mit Daten aus Ländern zu arbeiten, mit denen die Gutachter vertraut sind. Alternativ dazu bedeutet es, dass es auch vorteilhaft sein kann, keine Daten zu haben: Abstrakte Artikel können die Gefahr umgehen, als Arbeiten von abweichender Spezifität »gebrandmarkt« zu werden.

Bruno Latour sprach in einer Fußnote zu einem Artikel, den er unter dem Pseudonym Jim Johnson in einer amerikanischen Zeitschrift veröffentlichte, über diese Erfahrung: »Der Grund für diese Verwendung eines Pseudonyms war die Meinung des Herausgebers, dass kein amerikanischer Soziologe willens ist, Dinge zu lesen, die sich auf bestimmte Orte und Zeiten beziehen, die nicht amerikanisch sind. Daher inskribierte ich amerikanische Szenen in meinen Text, um die Kluft zwischen dem vorgeschriebenen Leser und dem in den Text hineingeschriebenen Leser zu vermindern.«[70]

Selbstverständlich geht die Wahl der Stellvertreter durch die Forschenden normalerweise der Einreichung einer Arbeit zur Publikation voraus, aber man kann annehmen, dass sich die Erwartung einer bestimmten Reaktion der Gutachter führender Zeitschriften auf das Verhalten von Forschenden schon vor der Veröffentlichung auswirken wird. Die Reaktion der Gutachter wirkt sich auch auf das Echo aus, das verschiedene Fälle nach der Veröffentlichung finden.

---

68 Merilainen u. a., »Hegemonic Academic Practices«; Stockelova, »Frame against the Grain«; Bourdieu / Wacquant, »On the Cunning of Imperialist Reason«; Kennedy / Centeno, »Internationalism and Global Transformations in American Sociology«.

69 Kennedy / Centeno, »Internationalism and Global Transformations in American Sociology«, S. 671.

70 Johnson [Bruno Latour] »Die Vermischung von Menschen und Nicht-Menschen«, S. 248.

Proteste von Aktivisten und Wissenschaftlerinnen
gegen die Nichtberücksichtigung

Die feministische Soziologin Joan Acker schrieb im Jahr 1973: »Verallgemeinerungen über Muster der sozialen Mobilität und gesellschaftliche Muster beruhen in erster Linie auf Studien über männliche Weiße (Blau und Duncan 1967). Da diese Gruppe nicht einmal die Hälfte der Bevölkerung stellt, sind Zweifel an der Gültigkeit der Verallgemeinerungen angebracht.«[71] Acker argumentierte, Männer seien ein privilegierter Stellvertreter für die Kategorie »Mensch«. Dasselbe haben andere Feministinnen in Bezug auf verschiedene Bereiche beobachtet, von der medizinischen Forschung, in der ein von den »Ablenkungen« durch weibliche Hormone befreiter männlicher Körper privilegiert wird,[72] bis zur politischen Theorie, die sich den Bürger als Angehörigen einer brüderlichen Gemeinschaft vorstellt.[73] Männer als Stellvertreter werden durch einen populären Prototyp gesponsert, der das »Menschliche« mit dem »Männlichen« assoziiert. In Reaktion darauf fördern wissenschaftliche Aktivisten Frauen als Forschungsobjekte.[74] Vielleicht sollte darauf hingewiesen werden, dass man das Erste mit ebenso gutem Grund als »politische« oder »wissenschaftsexterne« Intervention bezeichnen kann wie das Zweite.

Diese Art des Lobbying für die Anerkennung als Forschungsobjekte ist auch bei anderen Gesellschaftsgruppen zu beobachten, die verlangen, explizit in die sozialwissenschaftliche Forschung einbezogen zu werden. LGBTQ-Aktivist*innen fordern, dass schwule, lesbische und queere Familien in der Erforschung von Elternschaft und Familie berücksichtigt werden.[75] Amerikanische Minderheiten verlangen von Wissenschaftlern, ihrer Geschichte und ihren Erfahrungen Aufmerksamkeit zu schenken. In vielen solchen Fällen gab es schon früher Forschung zu diesen Gruppen, aber nur als Teilgruppen *anderer* Kategorien,

---

71 Acker, »Women and Social Stratification«, S. 943. Im Original wird verwiesen auf Blau/Duncan, *The American Occupational Structure.*
72 Shansky, »Are Hormones a ›Female Problem‹?«. Vgl. auch Criado Perez, *Invisible Women.*
73 Pateman, *The Sexual Contract.*
74 Vgl. jedoch Brekhus, »Sociology of the Unmarked«, zur Tendenz der Soziologie, Teilgebiet anhand gekennzeichneter Versionen allgemeinerer, ungekennzeichneter Kategorien zu artikulieren.
75 Vgl. z. B. Stacey, *Brave New Families.*

was die kognitive Wirkung ihrer Besonderheit einschränkte. Zum Beispiel wurden Frauen in der Erforschung von Familien berücksichtigt, nicht jedoch in Studien über Ungleichheit oder Arbeit. Queere Personen wurden in die Sexualforschung (und davor in kriminologische Studien) einbezogen, nicht jedoch in die Familienforschung. Asiatischstämmige Amerikanerinnen wurden in die Geschichte und Soziologie der Einwanderung einbezogen, nicht jedoch in die allgemeine politische Geschichte der Vereinigten Staaten.

So waren diese Gruppen in den Sozialwissenschaften als materielle Forschungsobjekte »mitten im Sichtfeld versteckt«, um eine Redewendung zu zitieren, mit der Eviatar Zerubavel die Bedeutung der Beziehung zwischen Figuren und Hintergrund und zwischen den Suchkategorien und der Struktur unserer Aufmerksamkeit hervorhob.[76]

Stellvertreter, die sich selbst sponsern

In der Organisationssoziologie gibt es Belege dafür, dass sich Organisationen selbst als Forschungsobjekte fördern. Die wichtigste Ressource, die Organisationen Wissenschaftlerinnen bereitstellen – oder vorenthalten –, dürfte der Zugang sein. Organisationen können Forschende, die sie untersuchen, finanzielle Unterstützung anbieten; verschiedene große Organisationen haben zu verschiedenen Zeiten große Forschungsabteilungen unterhalten, denen auch Sozialwissenschaftler angehörten, die teilweise Forschung betrieben, deren Gegenstand ihr eigener Arbeitgeber war. Automobilbauer betreiben Forschungseinheiten. Forschungslabore von großen Internet- und Computerfirmen, Xerox PARC, haben ebenfalls die sozialwissenschaftliche Forschung geprägt. (Lucy Suchmans bahnbrechende Studie »Plans und Situated Action« wurde bei Xerox durchgeführt, und weitere Studien folgten.[77])

Organisationen können teilweise mit den symbolischen Vorteilen motiviert werden, die mit der Aura eines nachahmenswerten Modells verbunden sind. Insofern als Stellvertreter implizit und explizit als »am weitesten entwickelt« gerechtfertigt werden, kann sich ein Unternehmen als zukunftsweisend positionieren, indem es Forschenden Zugang zu seiner Organisation gibt. In einigen Bereichen sind die positiven

---

76   Zerubavel, *Hidden in Plain Sight*.
77   Suchman, *Plans and Situated Actions*; Heath/Knoblauch/Luff, »Technology and Social Interaction«.

Konnotationen einer Funktion als Stellvertreter besonders ausgeprägt. Das gilt immer dann, wenn das epistemische Zielobjekt positiv dargestellt wird, was die Wissenschaftssoziologinnen als »asymmetrisch« bezeichnen würden. Organisationssoziologie und Managementstudien sind von zahlreichen positiv konnotierten epistemischen Zielen wie der »Innovation«, der »Effizienz« und der »Führung« geprägt.

In der Literatur zur Stadtplanung spielen positive epistemische Zielobjekte wie die »Stadterneuerung« eine wichtige Rolle. Mehr als in der Soziologie des urbanen Lebens haben die Städte selbst hier aktiv Lobbying betrieben, um den Status einer Modellstadt zu erlangen. Baltimore zum Beispiel wurde als Beispiel für die Erneuerung von Hafenvierteln gefeiert: Es war »eine Stadt mit einer Uferzone und einem Hafen, über deren positive Entwicklung gesprochen und geschrieben wurde. [...] ›Mit Unterstützung der aktiven Werbung jener, die wesentlich zur Erfahrung Baltimores beitrugen‹ (Ward 2006: S. 272), wurde es zu einem Modell, dem andere amerikanische Küstenstädte in den Vereinigten Staaten (und anderswo in der Welt) nacheiferten und mit dem sie ihre eigenen Erfahrungen verglichen.«[78]

Fazit

Ich habe mich in den vorangehenden Kapiteln mit der Rolle beschäftigt, die materielle Forschungsobjekte in der Forschung spielen. Da das epistemische Ziel normalerweise nicht zur Verfügung steht, bedienen sich alle Formen der Forschung wie auch immer gearteter Stellvertreter. Ich habe untersucht, wie materielle Forschungsobjekte zu Stellvertretern werden, und mich mit übermäßig rationalistischen Darstellungen auseinandergesetzt, die annehmen, Forschungsmaterialien seien in erster Linie strategische Forschungsmaterialien.

Ich habe versucht zu zeigen, dass verschiedene Formen des Sponsoring eine Rolle in der Auswahl materieller Forschungsobjekte spielen. Einige Stellvertreter haben allgemeine oder für eine Subkultur spezifische kognitive Vorteile; der Historizismus privilegiert bestimmte Länder und verschiedene andere Fälle, die als »besonders fortgeschritten«

---

78 Cook/Ward, »Relational Comparisons«. Im Original wird verwiesen auf Ward, »Cities Are Fun!«.

dargestellt werden können; und einige potenzielle Stellvertreter betreiben aktives Lobbying, um zu Stellvertretern zu werden. Wenn wir uns mit Stellvertretern beschäftigen, die Lobbying betreiben, können wir uns auch mit potenziellen Forschungsobjekten auseinandersetzen, die Forschenden den Zugang verwehren, um sich nicht in Forschungsobjekte zu verwandeln. Das gilt für Eliten in einigen Kontexten sowie für bestimmte Organisationen, darunter Scientology oder Google.

Die Frage nach dem Sponsoring von Stellvertretern – im Gegensatz zum Sponsoring von Fakten, Kategorien und Zugängen – beleuchtet die Forschungspraktiken, die sozialwissenschaftlichen Erkenntnissen zugrunde liegen, und damit einen besonderen Vektor für die gesellschaftliche Formung des gesellschaftlichen Wissens. Innerhalb einer Debatte, die oft die internen Normen und Werte der Wissenschaft externen politischen oder wirtschaftlichen Interessen oder Ideologien gegenüberstellt, versetzt uns die Frage nach dem Sponsoring von Stellvertretern in die Lage, die Aufmerksamkeit auf alltäglichere Aspekte der sozialen Natur der Sozialwissenschaften zu lenken, darunter Bequemlichkeit, im Denken der breiten Bevölkerung und spezifischer Subkulturen verankerte Schemata sowie Forschungsobjekte, die Lobbying betreiben. So gewinnen wir Erkenntnisse über den Einfluss der Verbindungen zu Berufsgruppen und Organisationen sowie zu paraprofessionellen Gruppierungen wie Liebhabern von verschiedenen Fachgebieten.

Wovon wir mehr brauchen

- Studien, welche die »besonders fortgeschrittenen Fälle« im gegenwärtigen Universum von Fällen kontextualisieren
- Studien, die subkultureller Voreingenommenheit in der Auswahl der Fälle entgegenwirken
- Studien verbotener Fälle

Wovon wir genug haben

- Studien, die in der Fallauswahl Ausdruck der Zugehörigkeit zu einer Subkultur sind
- Isolierte Studien der fortgeschrittensten oder erfolgreichsten Fälle

3

Modellfälle und der Traum von kollektiven Methoden

Eine Kiste mit 20 jungen Wistar-Ratten wird gekauft und per Botendienst quer durch die Vereinigten Staaten verschickt.

Die Diskussion über »Professionen« geht vom Fall der Ärzte aus und stützt sich auf Studien, die in Krankenhäusern in den Vereinigten Staaten durchgeführt wurden.

Mehrere Studien konzentrieren sich nacheinander auf die Bevölkerung einer als »Middletown« bezeichneten mittelgroßen Stadt in Indiana.

Eine Biologin, die in ihrer Forschung Ratten einsetzt, hat es mit einzigartigen, sterblichen Einzelstücken zu tun, die wir als Exemplare bezeichnen können. Biologen, die Ratten untersuchen, erforschen in gewissem Sinn alle das gleiche Tier (die »Ratte«), aber nicht dasselbe oder identische Tier (sondern »eine einzigartige, individuelle Ratte, die zu einem bestimmten Zeitpunkt geboren wurde und die wir Maggie nennen können«).

In diesem Kapitel möchte ich ausgehend vom Umgang der Biologinnen mit den Beziehungen zwischen einzigartigen Ausprägungen materieller Forschungsobjekte die kollektive Dimension der Erforschung von Modellsystemen in der Biologie und ihrer materiellen Infrastruktur untersuchen. Anschließend werde ich einen Vergleich mit den Praktiken und Diskussionen in den Sozial- und Geisteswissenschaften anstellen.

Ich habe betont, dass in der Biologie offen über experimentelle Systeme diskutiert wird und dass die Konventionen, die bestimmte experimentelle Systeme zu Modellsystemen machen, explizit sind. Ausgehend von der Unterscheidung zwischen materiellen Forschungsobjekten einerseits und Exemplaren von materiellen Forschungsobjekten andererseits können wir des Weiteren festhalten, dass es in der Biologie auch explizite Diskussionen über die Exemplare sowie explizite Konventionen für den Einsatz dieser Exemplare gibt. Die Biologen versuchen aktiv, die Unterschiede zwischen den Exemplaren von Modellorganismen zu beschränken. Das macht eine materielle Infrastruktur erforderlich, welche die Erforschung von Modellsystemen als kollektive Methode ermöglicht.

Insofern, als die Sozialwissenschaftlerinnen als Gruppe ebenfalls bestimmten materiellen Forschungsobjekten den Vorzug vor anderen geben, sind die Konventionen implizit und folglich oft nicht sehr genau. Abgesehen von einigen Ausnahmen, mit denen ich mich beschäftigen werde, greifen die meisten Sozialwissenschaftler nicht aktiv in das materielle Forschungsobjekt ein und versuchen nicht, seine Exemplare zu vereinheitlichen.[1]

Im Folgenden werde ich die Unterschiede zwischen einigen Praktiken in den Sozial- und Naturwissenschaften beleuchten. Ich möchte jedoch vermeiden, dass diese Untersuchung in eine der beiden Richtungen führt, in der solche Übungen normalerweise enden: Ich werde die Vergleiche zwischen Sozial- und Naturwissenschaften nicht nutzen, um (1) zu behaupten, die Sozialwissenschaften sollten den Naturwissenschaften ähnlicher werden, oder um (2) die Praktiken der Sozialwissenschaften mit der Begründung zu verteidigen, sie seien inhärent anders.

Anstatt gestützt auf einen Vergleich mit anderen Praktiken die Schwächen der Sozialwissenschaften herauszuarbeiten, möchte ich den Vergleich mit der Biologie nutzen, um innere Spannungen in den Sozialwissenschaften zu beleuchten – nicht zwischen sozialwissenschaftlichen Praktiken und (natur)wissenschaftlichen Idealen, sondern zwischen sozialwissenschaftlichen Praktiken und den Bedingungen ihrer Nützlichkeit.

Exemplare und Modellorganismen in der Biologie

Die in biologischen Experimenten eingesetzten Tiere werden nicht in der freien Wildbahn oder in den Gärten der Forschenden gefangen. Die heute in der Forschung verwendeten Tiere sind das Produkt einer lan-

---

1 Vgl. Guggenheim/Krause, »The Model Systems of Sociology«.

gen Sozialgeschichte, die Ende des 19. Jahrhunderts begann und sich bis heute fortsetzt. Im vorangegangenen Kapitel habe ich mich mit Arbeiten aus der Wissenschaftssoziologie und -geschichte beschäftigt, in denen die Arbeit von Forschenden mit Fröschen, Mäusen, Ratten, Fruchtfliegen und Tabakviren untersucht wurde. Wenn wir diese Arbeit für sich genommen betrachten, stellen wir fest, dass die Autoren oft nicht fragen, wie materielle Forschungsobjekte ausgewählt werden, sondern untersuchen, wie Wissenschaftlerinnen ihre materiellen Forschungsobjekte einerseits und die Forschungsprobleme oder -fragen andererseits koordinieren.

In der Auseinandersetzung mit dieser Koordinierung weisen Wissenschaftssoziologinnen und -historiker darauf hin, dass Forschende große Mühe darauf verwenden, materielle Forschungsobjekte zu manipulieren, um sie ihren Zwecken anzupassen. Experimentelle Systeme sind das Produkt »gezielter und systematischer Eingriffe«.[2] Die Koordinierungsbemühungen zielen nicht nur auf die allgemeine Kategorie des materiellen Forschungsobjekts (»Wir sollten alle mit Ratten arbeiten«), sondern beinhalten auch Versuche, das individuelle Tier oder die Tiere, die untersucht werden (die Exemplare), in Relation zu anderen solchen Tieren zu kontrollieren und zu stabilisieren. Das bedeutet, dass beispielsweise Forschende, die Ratten zum Studium von Lernprozessen einsetzen, die Unterschiede zwischen den Tieren zu kontrollieren versuchen. In ihrer Studie über die Wistar-Ratte weist Bonnie Clause darauf hin, dass die Kontrolle über die Exemplare anfangs gewährleistet wurde, indem die Umweltbedingungen kontrolliert und die Zucht nur innerhalb eines Labors betrieben wurde; später begann man, Tiere auszutauschen, mit Etiketten zu versehen und unter Markenschutz zu stellen: »Im Jahr 1942 – 46 Jahre, bevor das erste Patent für ein gentechnisch erzeugtes Versuchstier erteilt wurde – ergriff das Wistar Institute Maßnahmen, um seine kommerziellen Rechte an Laborratten zu schützen und die Verwendung des Namens Wistar auf im Institut gezüchtete Ratten zu beschränken. Die Bezeichnung WISTARAT wurde als Marke geschützt und von da an auf die Etiketten gedruckt, mit denen die Kisten für den Versand der Tiere versehen wurden.«[3]

---

2   Clause, »The Wistar Rat as a Right Choice«, S. 330.
3   Ebenda, S. 331.

Ich möchte einen Aspekt dieser Standardisierung hervorheben: In Anlehnung an Ian Hacking können wir zwischen einem Datengenerator (einem materiellen Forschungsobjekt) und dem unterscheiden, was dieser erzeugt (den Daten).[4] Standardisiert werden in der Biologie die materiellen Forschungsobjekte, nicht jedoch die Daten, die anhand des materiellen Forschungsobjekts oder zu diesem Objekt gewonnen werden – auf diesen Punkt werde ich in der Diskussion der Verbreitung von Datensätzen in den Sozialwissenschaften zurückkommen.

Standardisierung und die Geburt der kollektiven Methode

Laut Erkenntnissen der Wissenschaftshistorikerinnen wirkten sich verschiedene Faktoren auf die Bemühungen zur Standardisierung von Exemplaren seit Beginn des 20. Jahrhunderts aus. Zunächst einmal machten sich die Forschende einfach Gedanken über das verfügbare Angebot an Tieren: Um neue experimentelle Methoden entwickeln zu können, brauchte man größere Mengen an lebenden Exemplaren des Versuchstiers. Da für die Bereitstellung dieser Versuchstiere eine große Infrastruktur benötigt wurde, schien eine Zentralisierung der Produktion sinnvoll.[5]

Zweitens wird die Transformation der Biologie zu Beginn des 20. Jahrhunderts manchmal als »Industrialisierung der Wissenschaft« bezeichnet,[6] ein Ausdruck, der die Wahlverwandtschaft zwischen wissenschaftlichen Entwicklungen und umfassenderen kulturellen Trends herausstellt. Frühe Bemühungen um eine Vereinheitlichung wurden auch von dem inspiriert, was wir als »kulturellen Taylorismus« bezeichnen können.[7] Historische Darstellungen nationaler und internationaler

4   Hacking, »The Self-Vindication of the Laboratory Sciences«, S. 48.
5   Kirk, »A Brave New Animal for a Brave New World«; Clarke, »Research Materials and Reproductive Science«; Fujimura, »Standardizing Practices«.
6   Logan, »Before There Were Standards«; Pauly, Controlling Life; Star, »Craft vs. Commodity«; Fujimura, »Standardizing Practices«; Todes, »Pavlov's Physiology Factory«.
7   Clause, »The Wistar Rat as a Right Choice«. Clause, S. 333 f., weist auch auf die institutionellen Interessen hinter der Produktion der Wistar-Ratte hin: Das Wistar Institute war eine kleine Einrichtung, die angesichts des sich wandelnden wissenschaftlichen Umfelds nach einer neuen Identität suchte.

Initiativen zur Koordinierung der Produktion von Versuchstieren zeigen, dass dort die Qualitätskontrolle im Mittelpunkt stand, die kein spezifisch wissenschaftliches Anliegen ist.[8]

Wie Robert Kohler in seiner Studie zur Koevolution der Fruchtfliege und zu ihrer Erforschung durch den Menschen beobachtet hat, entwickelte sich die Standardisierung drittens, weil sie wichtig war, um Abweichungen innerhalb der individuellen Studien, die sich auf quantitative Techniken stützten, unter Kontrolle zu bringen.[9]

Schließlich sollten wir bedenken, dass diese graduelle Standardisierung auch ein Symptom der Tatsache ist, dass die Biologinnen die Verwendung von Modellorganismen als Bestandteil einer kollektiven Methode betrachten. Dieser Punkt ist von besonderer Bedeutung für meine Auseinandersetzung mit den Sozial- und Geisteswissenschaften. Joan Fujimura schreibt, die Standardisierung sei »das Resultat des kollektiven Handelns und des gemeinsamen Engagements«.[10] Es wurde akzeptiert, dass die Standardisierung ein »bekanntes« Tier hervorbrachte[11] – dass sie es ermöglichte, an verschiedenen Forschungsstandorten gewonnene Erkenntnisse miteinander zu kombinieren.[12] Versuchstiere wurden durch die Veröffentlichung von Referenztabellen »bekannt«, die grundlegende Daten zu zahlreichen physiologischen, anatomischen und biochemischen Indikatoren enthielten. Fujimura schreibt:

> Diese *standardisierten* Tiere wurden verwendet, um Repräsentationen zu entwickeln, welche die Labore untereinander vergleichen konnten. Sie wurden eingesetzt, um die Laborpraktiken zu rekonstruieren, und brachten umgekehrt experimentell erzeugte Repräsentationen hervor. Es wurde davon ausgegangen, dass diese Praktiken und Repräsentationen über die Labore hinweg dauerhaft homogen sein würden.[13]

Wenden wir uns erneut den vermeintlichen Vorteilen der Erforschung von Modellorganismen zu: Eine gemeinsame Konzentration auf ein bestimmtes materielles Forschungsobjekt erleichtert die Kommunikation

---

8   Kirk, »A Brave New Animal«; Druglitro/Kirk, »Building Transnational Bodies«.
9   Kohler, *Lords of the Fly*, S. 71.
10   Fujimura, »Standardizing Practices«, S. 14.
11   Clause, »The Wistar Rat as a Right Choice«, S. 344.
12   Vgl. auch Leonelli, »Circulating Evidence across Research Contexts«.
13   Fujimura, »Standardizing Practices«, S. 12.

zwischen den Forschenden und insbesondere zwischen Forschenden in verschiedenen Teilgebieten und unterschiedlichen nationalen Umfeldern. Sie kann die Klärung theoretischer Meinungsverschiedenheiten erleichtern, indem sie die zu berücksichtigenden Dimensionen empirischer Variation begrenzt, und sie kann zur Klärung der theoretisch relevanten empirischen Verschiedenheiten beitragen, indem sie andere Formen der Verschiedenheit ausgrenzt. So kann eine Konzentration auf Modellsysteme zur Erzeugung kumulativer Effekte beitragen, die andernfalls isolierte Forschungsbeiträge wären. Um diese Vorteile zu nutzen, bedarf es einer Standardisierung.

Die Infrastruktur der kollektiven Methode

Diese Bemühung um eine Standardisierung materieller Forschungsobjekte ist eine Form der Koordinierung zwischen Forschenden. Diese Art der Koordinierung unterscheidet sich von der Standardisierung von Konzepten mittels gemeinsamer Definitionen innerhalb eines Paradigmas, die in der Philosophie der Sozialwissenschaften häufiger diskutiert wird.

Die Soziologen beklagen sich oft über die mangelnde Standardisierung der sozialwissenschaftlichen Konzepte.[14] Das verdeutlicht, dass Sozialwissenschaftlerinnen, die sich in Auseinandersetzungen untereinander oft auf die Naturwissenschaften berufen, diese selektiv verstehen. Die Standardisierung in den Naturwissenschaften sollte nicht einfach als philosophisches Bekenntnis zur wissenschaftlichen Methode betrachtet werden: Sie ist auch eine Investition in eine Forschungsinfrastruktur. Klaus Amann hat einige infrastrukturelle Vorbedingungen für die Standardisierung von Modellsystemen aufgelistet, welche die Forschenden heute als selbstverständlich betrachten, wenn sie Versuchstiere für die Forschung züchten oder bestellen:

• die Systematisierung der Züchtung durch professionelle und kommerzielle Labors
• die Erzeugung von »reinen« Rassen durch Züchtungsverfahren
• die Standardisierung von Haltungsbedingungen

---

14 Vgl. z.B. Smith, »The Conceptual Incoherence of Culture in American Sociology«.

- die Dokumentation von Forschungsergebnissen an und mit Varianten
- die Erhaltung und »Pflege« der Varianten
- die rigorose Kontrolle des Zugangs von »neuem« Material in die forschungsinterne Prozessierung.[15]

Fujimura hat die Bandbreite der Interessen beleuchtet, die anhand dieser Bemühungen koordiniert werden: Geldgeber, Politikerinnen, Forschende, Hersteller und Ordnungsbehörden nehmen allesamt an der Produktion und Wartung eines »standardisierten Pakets« teil.[16] Die aus dieser Arbeit hervorgehenden standardisierten Pakete sind eine Maschine zur Erzeugung »machbarer‹ Probleme«, welche die Wissenschaftlerinnen für ihre Publikationen brauchen.[17]

Standardisierte Pakete sind die Grundlage dessen, was Hacking als »Selbstrechtfertigung« der Sozialwissenschaften bezeichnet hat.[18] Und sie tragen laut Hans-Jörg Rheinberger dazu bei, »das Neue« zu erzeugen. Rheinberger verwendet für Fujimuras »standardisierte Pakete« den Begriff der »Experimentalsysteme« und schreibt: »Experimentalsysteme sind genau die Art von Aufbau, die es ermöglicht, in unseren Wissensräumen Singularitäten zu erzeugen. Um es als Paradox auszudrücken, ermöglichen sie eine geregelte Erzeugung neuer Wissenseffekte, die zugleich jedoch unsere Antizipationsfähigkeit übersteigt.«[19]

Textuelle Kanons und Standardisierung

Ich habe dargelegt, dass die Biologinnen standardisierte Kopien von Exemplaren privilegierter materieller Forschungsobjekte in Umlauf bringen. Eine solche Standardisierung ist nicht auf die Biologie beschränkt; auch der literarische Kanon ist sowohl eine Liste von Autoren oder Texten als auch eine Reihe von Konventionen über physische Objekte. Literaturwissenschaftler beschäftigen sich mit James Joyces *Ulysses*, um

---

15 Amann, »Menschen, Mäuse und Fliegen«, S. 30. Vgl. auch Landecker, »It Is What It Eats«.

16 Fujimura, »Standardizing Practices«, S. 287.

17 Fujimura, »Constructing ›Do-able‹ Problems«.

18 Hacking, »The Self-Vindication of the Laboratory Sciences«.

19 Rheinberger, »Experimental Systems«, S. 8. Vgl. auch Rheinberger, *Experimentalsysteme und epistemische Dinge*.

»den modernen Roman« zu erforschen. In diesem Fall ist *Ulysses* das materielle Forschungsobjekt und »der moderne Roman« das epistemische Forschungsobjekt. Das Exemplar ist hier die einzigartige physische Kopie einer bestimmten Ausgabe einer literarischen Arbeit, mit der ein Forscher arbeitet. Literarische Texte werden kopiert und in großen Stückzahlen produziert. Sie sind oft in verschiedenen Ausgaben und Versionen in Umlauf. In einigen Kontexten werden die materiellen Merkmale des Textes als gegeben betrachtet, aber manchmal schenken Literaturwissenschaftler der Geschichte bestimmter Versionen eines Textes große Aufmerksamkeit.[20] Sie diskutieren über verschiedene Ausgaben und denken mittels textueller Methoden und der Verlagswissenschaft über die Verlagspraxis nach, was sie teilweise deshalb tun, um beispielsweise die Version zu finden, die dem »wahren« *Ulysses* oder dem »von Joyce für den Druck vorgesehenen« Werk am nächsten kommt.[21] Sie berücksichtigen verschiedene Fassungen eines Manuskripts sowie frühere veröffentlichte Versionen, wobei sie beispielsweise eine Spannung zwischen eingereichten und veröffentlichten Manuskripten entdecken und verschiedene Varianten und Fehler zutage fördern.

Wie in der Forschung mit Modellorganismen werden Kopie und Vervielfältigung materieller Forschungsobjekte für die Zwecke der Standardisierung und Koordinierung genutzt. Wie Grégoire Mallard erklärt: »Kritische Ausgaben und das Korrespondenzsystem stabilisieren die kanonische Repräsentation eines Texts auf Jahre hinaus, sofern nicht andere Literaturwissenschaftler versuchen, diese Ausgaben direkt in Zweifel zu ziehen und neue zu produzieren.«[22] Intellektuelle nehmen auf bestimmte Ausgaben Bezug, um klarzustellen, welche Interpretationsunterschiede auf verschiedene Versionen des Textes zurückzuführen sind. Standardausgaben tragen dazu bei zu gewährleisten, dass die Forschungsobjekte identisch sind und Abweichungen identifiziert und benannt werden können.

---

20 Vgl. z. B. Rossmann, »The New *Ulysses*«; Taylor/Warren, *The Division of the Kingdoms*; Nutt-Kofoth u. a., *Text und Edition*; sowie Mallard, »Interpreters of the Literary Canon«.
21 Rossmann, »The New *Ulysses*«.
22 Mallard, »Interpreters of the Literary Canon«, S. 1000 f.

Grenzen der Standardisierung

Natürlich sollten wir nicht annehmen, dass Standardisierungsbemühungen »erfolgreich« in dem Bemühen sind, die Unterschiede zwischen den Exemplaren zu beseitigen. Die Vorstellung, die Unterschiede könnten beseitigt werden, hängt immer davon ab, wie die Abweichungen zwischen den Exemplaren verstanden werden. Immer wenn neue Erkenntnisse über Quellen der Varianz, wie zum Beispiel von genetischen oder Umweltquellen der Varianz, produziert werden, zeigt sich, dass die früheren Versuche zur Standardisierung vermutlich nicht erfolgreich waren.

Die Verwendung von Stellvertretern wie Fröschen oder Mäusen wirft die Frage auf, in welcher Beziehung solche Stellvertreter zu den epistemischen Zielobjekten einerseits und zu anderen möglichen Stellvertretern wie Menschen andererseits stehen.[23] Ankenny und Leonelli bezeichnen dies als Fragen nach dem »abzubildenden Ziel« einerseits und nach dem »abbildenden Geltungsbereich« andererseits.[24] Insoweit, wie die Standardisierung von Exemplaren erfolgreich ist, wirft sie die Frage auf, in welcher Beziehung Labortiere zu ihren Verwandten stehen, die manche als »natürlich« bezeichnen würden. Modellorganismen sind Laborprodukte. Amann bezeichnet den Übergang »von der Maus als lebensweltlichem Organismus zu einem Modellsystem *mit dem Namen Maus*« als Übergang von der »Natur« zur »zweiten Natur«.[25] Die Laborarbeit nimmt Organismen ihren Kontext. Es wird schwierig, zwischen Merkmalen des Organismus und Merkmalen des Stabilisierungsverfahrens zu unterscheiden.

Bedenken bezüglich der Auswirkungen der Stabilisierung werden in zahlreichen Forschungsbereichen geäußert, obwohl sie nicht zwangsläufig die Durchführung der Routineforschung und die Art und Weise verändern, wie Schlüsse gezogen werden. Beispielsweise weisen Leavens und Kollegen darauf hin, dass in der Primatenforschung Be-

---

23 Anisimov/Ukraintseva/Yashin, »Cancer in Rodents«; Caldwell, »Problems and Opportunities in Toxicity Testing«; Horrobin, »Modern Biomedical Research«; Knight/Bailey/Balcombe, »Animal Carcinogenicity Studies«; Wall/Shani, »Are Animal Models as Good as We Think?«; Goodyear, »Learning from the TGN1412 Trial«; Shank u. a., »Animals and Medicine«.

24 Ankeny/Leonelli, »What's So Special«.

25 Amann, »Menschen, Mäuse und Fliegen«, S. 29 (Hervorhebung im Original).

hauptungen über das Verhalten von Schimpansen oft auf der Beobachtung dieser Tiere in institutionellen Umgebungen beruhen, obwohl klar ist, dass Verhaltensweisen wie das Zeigen mit dem Finger je nachdem, ob man es mit Schimpansen in freier Wildbahn, in Institutionen aufgezogenen Tieren oder in einem Privathaushalt aufgewachsenen Schimpansen zu tun hat, sehr unterschiedlich sind.[26] Ähnliche Fragen bezüglich des Gegensatzes zwischen »Labor« einerseits und »Feld« anderseits werden in Debatten über die Rolle von Beispielsätzen aufgeworfen, die in der Erforschung der Grammatik und im Sprachunterricht Verwendung finden. Kritikerinnen beklagen die im Sprachunterricht eingesetzten »häufig läppischen, manchmal sogar scheußlichen Beispielsätze«,[27] die »sehr simpel und vor allem isoliert von der tatsächlichen Sprechsituation« seien.[28] In einem Text aus dem Jahr 1975, der den zeitgenössischen Forschungsstand in den Laborstudien der STS vorwegnimmt, heißt es, man müsse »für jeden kleinen Beispielsatz die Reduktionsbedingungen mitbeschreiben, unter denen man ihn aus einem Text und einer komplexen Kommunikations-Situation herauspräpariert hat«.[29]

Die ungenügend spezifizierten Exemplare von Modellfällen

Die Sozialwissenschaftlerinnen geben einigen materiellen Forschungsobjekten den Vorzug vor anderen, gestehen dies jedoch nicht ausdrücklich ein. Die unausgesprochenen Konventionen über privilegierte materielle Forschungsobjekte sind nicht sehr spezifisch und geben oft kaum Hinweise darauf, welches Exemplar eine Forscherin verwenden sollte. Nehmen wir zum Beispiel die Konvention, in der Auseinandersetzung mit Professionen Ärzte zu studieren. Ärzte sind oft das erste Beispiel in einer allgemeinen Diskussion über Fachberufe, etwa im Klappentext

---

26 Leavens/Bard/Hopkins, »Bizarre Chimpanzees«.
27 Weinrich, zitiert nach: Willer/Ruchatz/Pethes, »Zur Systematik des Beispiels«, S. 22.
28 Wellershof, zitiert nach: Willer/Ruchatz/Pethes, »Zur Systematik des Beispiels«, S. 22.
29 Weinrich, zitiert nach: Willer/Ruchatz/Pethes, »Zur Systematik des Beispiels«, S. 22.

eines Lehrbuchs, in dem für eine »sorgfältig mit Beispielen aus der Medizin und anderen Berufsbereichen wie Recht und Architektur« belegte Darstellung geworben wird.[30]

Die Professionssoziologie kann bis Talcott Parsons und Everett Hughes[31] zurückverfolgt werden (die wiederum auf Webers Auseinandersetzung mit den Statusgruppen aufbaut). Parsons setzt sich abstrakt mit »den Professionen« auseinander, aber sein erstes Beispiel für einen zeitgenössischen Fachmann in »The Professions and Social Structure« ist ein Arzt.[32] Everett Hughes, der andere Gründer dieses Forschungsgebiets, bezeichnet die Medizin als »die Königin der Professionen«.[33] Viele von Hughes prominenten Schülern – Howard Becker, Anselm Strauss und Eliot Freidson – studierten die Arbeit von Ärzten. Diese Bevorzugung ist nicht unbemerkt geblieben. Dingwall erklärt, die empirische Basis des Feldes sei zugunsten der Medizin verzerrt, und zitiert Darstellungen, in denen ein so zentraler Fall wie jener der Rechtsanwälte als »vernachlässigt« bezeichnet wird.[34]

Es ist jedoch nicht klar, auf welche Ärzte genau sich die Forscher beziehen, und es gibt keine Normen dafür, welche Ärzte studiert werden sollen – wenn man von einer gewissen Bevorzugung amerikanischer Fälle absieht, die offensichtlich wird, wenn man berücksichtigt, dass amerikanische Soziologen Studien über Fachkräfte außerhalb der Vereinigten Staaten normalerweise nicht berücksichtigen und dass einige amerikanische Studien über dortige Ärzte auch im Ausland gelesen werden.[35]

Verschiedene Forschende auf dem Gebiet der Professionssoziologie studieren verschiedene Ärzte. Zu den bekanntesten empirischen Arbeiten zählen Studien unterschiedlicher Krankenhäuser in verschiedenen Teilen der Vereinigten Staaten. Es gibt einige bekannte Studien über mit

---

30 MacDonald, *The Sociology of the Professions.* Zumindest sind die Ärzte das zweite Beispiel, etwa in dem aufschlussreichen Titel des Buchs von Dingwall/Lewis, *The Sociology of the Professions.*

31 Dingwall, »Introduction«, S. 2.

32 Vgl. Parsons, »The Professions and Social Structure«. Parsons war an einer Studie über medizinische Praxen im Großraum Boston beteiligt; vgl. Dingwall, »Introduction«, S. 2.

33 Hughes, »The Professions«.

34 Dingwall, »Introduction«, S. 6.

35 Rüschemeyer, »Professional Autonomy«.

Eliteuniversitäten verbundene Krankenhäuser, darunter Renée Fox' *Experiment Perilous*, Charles Bosks *Forgive and Remember* und Frederic Haffertys *Into the Valley*.[36] Es gibt auch wichtige Studien über weniger elitäre Einrichtungen und städtische Krankenhäuser, darunter die wichtige Arbeit *Boys in White* von Becker und Kollegen sowie Anspachs *Deciding Who Lives*.[37] Einige Studien, darunter jene über den »Medizinstudenten« von Merton und Kollegen, haben ein vergleichendes Design, das auf Ebene der individuellen Studien eine Vielzahl organisatorischer Faktoren beleuchtet.[38]

Obwohl die Wissenschaftlerinnen normalerweise Informationen dazu geben, wo sie ihre Forschung durchgeführt haben, sind Sozialwissenschaftler nicht verpflichtet, ein bestimmtes Exemplar zu verwenden, um von den Vorteilen der Verwendung eines privilegierten materiellen Forschungsobjekts zu profitieren. Die Exemplare privilegierter materieller Forschungsobjekte reisen nicht und werden nicht kopiert. Beispielsweise werden Krankenhäuser nicht von einem Forscher an den anderen weitergereicht, und Wissenschaftlerinnen bringen keine Ärzte in Umlauf. Anders als Biologen im Umgang mit ihren Exemplaren greifen Soziologinnen nicht ein, um Ärzte einander anzugleichen, und normalerweise manipulieren sie die Umwelt nicht, um ihre Auswirkungen auf die Tätigkeit der Ärztinnen zu untersuchen.

Die gemeinschaftliche Nutzung von Fällen

Das Gespräch über Methoden, wie sie gemeinhin verstanden werden, kreist um die Beziehung zwischen den Spuren des materiellen Forschungsobjekts, dem materiellen Objekt selbst und dem epistemischen Zielobjekt auf der Ebene der individuellen Studie. Ungenügend spezifizierte materielle Forschungsobjekte und ungenügend spezifizierte privilegierte materielle Forschungsobjekte stellen kein spezifisches Pro-

---

36 Vgl. Fox, *Experiment Perilous*; Bosk, *Forgive and Remember*; sowie Hafferty, *Into the Valley*. Ich danke Daniel Menchik dafür, dass er sein Wissen über die Medizinsoziologie mit mir geteilt hat.
37 Vgl. Becker u. a., *Boys in White*; sowie Anspach, *Deciding Who Lives*.
38 Vgl. Merton / Reader / Kendall, *The Student Physician*; sowie Strauss u. a., *Psychiatric Ideologies and Institutions*.

blem für die individuellen Methoden dar. Alle zuvor genannten Studien über Ärzte werden als methodologisch solide betrachtet.

Aber wenn das Wissen über Studien hinweg transportiert wird – wenn Forschende mit dem arbeiten, was Charles Ragin gestützt auf einen Essay von Jennifer Platt als »kommunale Natur der Fallnutzung in den Sozialwissenschaften« bezeichnet hat[39] –, wirft dies Fragen sowohl zu unseren kollektiven als auch zu unseren individuellen Methoden auf. Wenn Daten zu einem bestimmten Objekt oder Ort einer Kategorie materieller Forschungsobjekte zugeordnet werden, verwandeln sie sich in Daten zu einem Exemplar. Wenn Informationen über eine Kategorie wie zum Beispiel »die Ärzte« in Umlauf gebracht werden, werden die Unterschiede zwischen den Exemplaren zum Problem. Vergrößert wird dieses Problem dadurch, dass die Konventionen über privilegierte materielle Forschungsobjekte Zusammenhänge zwischen einigen Kategorien von Objekten – zum Beispiel »Ärzten« – und übergeordneten Kategorien von epistemischen Zielen wie »den Professionen« herstellen.

In mancher Hinsicht ist es natürlich eine Stärke der soziologischen Literatur über Ärzte, dass sie eine Vielzahl medizinischer Einrichtungen erfasst hat, aber wenn Thesen über Ärzte stellvertretend für Thesen über Berufe stehen, erlangt die Varianz eine andere Bedeutung. In den Sozialwissenschaften gibt es die Konvention, Ärzten als Stellvertretern für die Professionen den Vorzug zu geben, aber diese Konvention ist implizit und verrät nichts darüber, welche Ärzte an welchen Orten studiert werden sollten. Die Exemplare der Forschungsobjekte sind nicht standardisiert und folglich vermutlich vielfältiger als in der Biologie und der Literaturwissenschaft. Die Folge ist, dass verschiedene Forschungsprojekte zu verschiedenen Exemplaren desselben Stellvertreters nicht leicht miteinander vergleichbar sind.

An anderer Stelle habe ich erklärt, dass die Bevorzugung mancher Stellvertreter oder materieller Forschungsobjekte gegenüber anderen an sich nicht unbedingt »schlecht« ist; in den Diskussionen unter Biologinnen werden mehrere Vorteile der Erforschung von Modellsystemen erwähnt. In den Sozialwissenschaften neigen wir dazu, uns auf privilegierte materielle Forschungsobjekte zu stützen, ohne uns mit den Bedingungen ihrer Nützlichkeit zu beschäftigen. Das bedeutet, dass die

---

39 Ragin, »Introduction«, S. 12; vgl. auch Platt, »Cases of Cases … of Cases«, S. 21–52.

Vorteile der Fixierung auf einige Objekte für die kollektiven Methoden nicht genutzt werden. Und es bedeutet, dass die Nachteile der Fixierung auf diese Objekte in Kauf genommen werden, ohne dass es gute Gründe dafür gäbe.

Der Glücksfall materieller Forschungsobjekte mit geringer Varianz

Die Probleme kollektiver Methoden treten abhängig von der Natur des materiellen Forschungsobjekts in unterschiedlicher Form auf. Die Abweichungen zwischen den Exemplaren privilegierter Stellvertreter variieren: Einige Exemplare ähneln einander mehr als andere. Dies können wir anhand einiger extremer Fälle veranschaulichen: Man könnte sagen, dass sich das Problem der Standardisierung von selbst löst, wenn es tatsächlich nur ein Objekt wie zum Beispiel die *Mona Lisa* gibt oder wenn die Kopien wie in Gedankenexperimenten virtuell sind und fast mühelos kopiert werden können. Das Gefangenendilemma oder Galileos Gedankenexperimente mit fallenden Körpern existieren nur als mentale Projektionen, und es gibt nichts »dort draußen« in der Welt, das von ihnen abweichen könnte.[40] (Man könnte im Fall der *Mona Lisa* allerdings nach den Konventionen der Betrachtung und den Bedingungen der Beleuchtung fragen. Einige Philosophinnen haben auch darauf hingewiesen, dass Personen mit unterschiedlichem Hintergrund Experimente ganz unterschiedlich betrachten.[41]) Hingegen gibt es zahlreiche Ärztinnen, zahlreiche multinationale US-Konzerne und zahlreiche Straßenbanden, so wie es zahlreiche verschiedene Arten von Fruchtfliegen (für jene, welche die relevanten Varianten kennen) oder zahlreiche mögliche Ausgaben von Shakespeares Werken gibt (die man erkennt, wenn man die relevante Expertise hat).

Unter den Objekten der empirischen sozialwissenschaftlichen Forschung gibt es einige, die man als Objekte mit geringer Varianz bezeichnen könnte. Man könnte sagen, dass die Varianz bei räumlich

---

40   McAllister, »The Virtual Laboratory«; Morgan, »The Curious Case of the Prisoner's Dilemma«.
41   Stich, »Philosophy and Weird Intuition«; Weinberg/Nichols/Stich, »Normativity and Epistemic Intuitions«; Nichols/Stich/Weinberg, »Meta-skepticism«.

oder zeitlich fixierten Objekten geringer ist. In gewissem Sinn gibt es nur eine »Französische Revolution« und nur einen »argentinischen Peronismus«. In gewissem Sinn gibt es nur ein »Chicago«. Die Varianz kann auch durch Standardisierungsbemühungen von Akteuren in der Welt beschränkt werden. Renault-Werke aus ein und derselben Zeit können einander relativ ähnlich sein, und verschiedene Hotels der Hilton-Kette werden wahrscheinlich durch die Bemühungen geprägt, sie einander ähnlicher zu machen.

Ich möchte zwei Dinge zur Varianz bei empirischen Forschungsobjekten der Sozialwissenschaften anmerken. Erstens sind die soziologischen Versionen auch »einzigartiger« materieller Forschungsobjekte nicht wirklich stabil. Nehmen wir den Fall Chicago: Es stimmt, dass die einhellige Konzentration der Stadtsoziologen auf Chicago bis zu einem gewissen Grad die Vergleichbarkeit gewährleistet, obwohl Chicago nicht repräsentativ für amerikanische Städte, geschweige denn für Städte in aller Welt ist. Anders als eine Profession ist die Stadt »an einen Ort gebunden«, und eine geografische Varianz zwischen Exemplaren des Modellfalls ist bis zu einem gewissen Grad ausgeschlossen. Aber Chicago hat zahlreiche Stadtviertel, und die Varianz dessen, was man untersuchen kann, selbst wenn man es zur selben Zeit untersucht – die Informanten, mit denen sich die Forscherin trifft, die berücksichtigten Daten –, ist größer als in Disziplinen, in denen standardisierte Kopien in Umlauf sind. Es gibt auch eine zeitliche Varianz: Das Chicago der 1980er Jahre kann sich erheblich vom Chicago der 1990er Jahre unterscheiden. So wie man nicht zweimal im selben Fluss schwimmen kann, können keine zwei Personen dasselbe Chicago studieren, und keine individuelle Forscherin untersucht Chicago zweimal.

Zweitens ist ein relativer Mangel an Varianz in den Sozialwissenschaften in Ermangelung expliziter kollektiver Bemühungen um eine Kontrolle der Varianz und sogar expliziter Konventionen, die einige Fälle gegenüber anderen bevorzugen, mehr oder weniger eine Frage des Glücks. Das gilt ungeachtet individueller Versuche, beispielsweise die geplante Ähnlichkeit zwischen zwei Fabriken für die Forschung zu nutzen.

Restudies

Die Sozialwissenschaftlerinnen wenden weitere im Kontext unserer Untersuchung interessante Methoden an, um die Unterschiede zwischen Exemplaren materieller Forschungsobjekte zu bewältigen. Sie entwickeln keine kollektiven Strategien wie die Biologen, aber einige ihrer Praktiken stellen eine Strategie bezüglich der kollektiven Aspekte der Methode dar. Im Folgenden werfe ich in Zusammenhang mit meiner Analyse der Rolle von implizit oder explizit privilegierten materiellen Forschungsobjekten einen Blick auf das Genre der *restudies*.

Restudies sind Studien, in denen bestimmte Orte oder Objekte unter ausdrücklicher Bezugnahme auf eine frühere Studie über denselben Ort oder dasselbe Objekt untersucht werden. Eine solche Anschlussstudie kann dieselbe Forscherin in einer geplanten oder ungeplanten Rückkehr zu einem früheren Feldstandort durchführen,[42] aber die Bezeichnung bezieht sich auch auf Nachfolgestudien anderer Forschender. Sie beschreibt eine Gelegenheit oder Einladung, auf der Arbeit anderer aufzubauen

Ich möchte zwischen *restudies* einerseits und »Replikation« andererseits unterscheiden, obwohl manche Autoren die beiden Begriffe synonym verwenden.[43] Die Replikation dient dazu, frühere Studien zu überprüfen, um ihre Ergebnisse zu bestätigen oder anzufechten. *Restudies* verfolgen breiter gefasste Ziele; sie sollen die ursprüngliche Studie nicht bestätigen oder widerlegen, sondern kritisch, aber konstruktiv auf den von anderen am selben Ort gesammelten Erkenntnissen aufbauen.[44]

Nach Aussage von Peter Skalník war die erste *restudy* eine Studie des südpolnischen (und seinerzeit österreichischen) Dorfs Maszkienice durch Franciszek Bujak zu Beginn des 20. Jahrhunderts. Bujak untersuchte, wie sich die Auswanderungswelle nach Amerika auf das Dorf auswirkte.[45] *Restudies* hängen oft mit der ortsgebundenen Ethnografie

---

42 Burawoy, »Revisits«; O'Reilly, »Ethnographic Returning«.
43 Vgl. z. B. Phillipson, »Community Studies and Re-studies in the 21st Century«.
44 Einige Merkmale der Anthropologie haben eine friedliche Zusammenarbeit zwischen Neuuntersuchungen erschwert; vgl. Redfield, *Tepoztlán*; Lewis, *Life in a Mexican Village*; sowie Mead, *Kindheit und Jugend in Samoa*. Für eine Diskussion der Gründe dafür vgl. Kapitel 5.
45 Skalnik, »Anthropology of Europe«. Vgl. auch Bujak, »Maszkienice, rozwojwsi od r. 1900 do 1911«; sowie ders., *Maszkienice*.

eines »Dorfs« oder einer »Kultur« in anthropologischen und Gemeindestudien zusammen. Die Gemeindesoziologie hat in Mitteleuropa Tradition;[46] sie wird in Großbritannien aktiv betrieben[47] und hat in den Lynds[48] (»Middletown«) und W. Lloyd Warner (»Yankeetown«) wichtige amerikanische Vertreter.[49]

Aber *restudies* können über ortsgebundene materielle Forschungsobjekte und epistemische Ziele hinausgehen. Wie Charles und Crow erklären, kann das erneut untersuchte Objekt »Menschen betreffen, deren gemeinsamer Bezugspunkt und Ort der kollektiven Identität kein geografischer Ort, sondern ein Beruf, eine Religion oder ein Standort im Internet ist; er kann sogar symbolisch konstituiert werden wie in einer imaginierten Nation (Anderson 1983) oder in der Rekonstruktion von Gemeinschaften, die ehemals auf Berufen beruhten, die nicht mehr existieren (vgl. z. B. Jones 1997, 2003)«.[50] Sogar Gemeindestudien unterscheiden sich bezüglich der Frage, ob die Gemeinde das eigentliche epistemische Ziel oder ein Mittel zum Verständnis von etwas anderem ist. Beispielsweise weisen Lyon und Crow darauf hin, dass Ray Pahls Studie über die Isle of Sheppey dazu diente, das »Leben gewöhnlicher Menschen« und den wirtschaftlichen und sozialen Wandel in einem räumlichen Kontext zu verstehen.[51]

Ich habe beschrieben, wie Biologinnen regelmäßig zu materiellen Forschungsobjekten zurückkehren und diese miteinander teilen. Soziologen und Anthropologen tun das seltener, und wenn sie es tun, versehen sie diese Arbeit mit einem spezifischen Etikett und unterscheiden zwischen einer *restudy* und der üblichen Art, sich Forschungsobjekten anzunähern. Das materielle Forschungsobjekt einer *restudy* wird nicht

---

46 Vgl. auch Jahoda/Lazarsfeld/Zeisel, *Die Arbeitslosen von Marienthal*; Skalnik, »Anthropology of Europe«; Freund/Marton/Flos, *Marienthal 1930–1980*.

47 Vgl. Bell/Newby, *Community Studies*; Young/Willmott, *Family and Kinship in East London*; Stacey u. a., *Power, Persistence and Change*; Crow, »Community Re-studies«; sowie Savage, *Identities and Social Change in Britain*, Kapitel 6.

48 Vgl. Lynd/Lynd, *Middletown*; dies., *Middletown in Transition*; Lassiter/Goodall/Campbell/Johnson, *The Other Side of Middletown*; sowie Lassiter, »To Fill in the Missing Piece«.

49 Warner, »The Modern Community as a Laboratory«.

50 Charles/Crow, »Community Re-studies and Social Change«, S. 400. Im Original wird verwiesen auf Anderson, *Erfindung der Nation*; Jones, »Still a Mining Community«; sowie Jones, »Supporting the Team«.

51 Lyon/Crow, »The Challenges and Opportunities«.

in Umlauf gebracht, und die Forschenden greifen nicht aktiv in das Objekt ein – das ist ein Unterschied zwischen den Orten von *restudies* und Teststädten, die in der Marketingforschung als kontrollierte Umgebungen betrachtet werden. In solchen Teststädten – ein Beispiel ist das deutsche Hassloch – werden den Einwohnerinnen andere Produkte und Werbespots gezeigt als der Bevölkerung andernorts, und die Zusammensetzung der Stichprobe wird sorgfältig überwacht.[52]

Die *restudy* unterscheidet sich also von der biologischen Forschung, in der ein Modellsystem zum Einsatz kommt, aber sie hat Ähnlichkeit mit der Behandlung eines bestimmten Ökosystems wie einer Insel als Modellsystem. Sie entspricht der an Biologen gerichteten Aufforderung, sich »auf zweckmäßige Organismen zu einigen, die eingehend studiert werden können, damit wir in Zukunft auf der (mit diesen Organismen) gesammelten Erfahrung aufbauen können. Dies wird zur Entstehung eines Wissenskorpus über das ›Modellsystem‹ führen, was es uns ermöglichen wird, geeignete Studien von Nichtmodellsystemen zu gestalten, um wichtige Fragen zu ihrer Biologie zu beantworten.«[53]

Es gibt einige Gemeinsamkeiten zwischen *restudies* und der Wiederholung von Forschungsprojekten zu privilegierten materiellen Objekten an einem bestimmten Ort wie Chicago. Ich möchte jedoch hervorheben, dass es einen wichtigen Unterschied zwischen der *restudy* und der routinemäßigen Erforschung eines Modellfalls in den Sozialwissenschaften gibt. In der *restudy* kennzeichnen die Autorinnen ihr Objekt als spezifisches Objekt und betonen damit, dass sie eine Wahl getroffen haben, anstatt sich explizit oder implizit auf eine als inhärent betrachtete Eigenschaft des Untersuchungsgegenstands an sich zu stützen. Die Gestaltung der Neuuntersuchung erzeugt eine Version des brechtschen Verfremdungseffekts.[54] Während der Verfremdungseffekt im Theater den Zuschauern hilft, das Stück bewusst als Stück zu begreifen, hilft er den Leserinnen in der Forschung, den gewählten Feldstandort als solchen zu betrachten. Dies kann die Frage der Übertragbarkeit (oder Nichtübertragbarkeit) von Erkenntnissen sichtbar machen, anstatt eine Verbindung mittels einer impliziten schematischen Kongruenz oder einer nicht untersuchten Hyperbel wie »Chicago verkörpert die Industrie-

---

52 Schwarzkopf, »Magic Towns«.
53 Kunkel, »What Makes a Good Model System?«.
54 Brecht, »Vergnügungstheater oder Lehrtheater?«.

metropole«[55] oder »Los Angeles ist die Stadt der Zukunft« herzustellen. Autoren von *restudies* ordnen ihre eigenen Daten auch explizit in den Kontext anderer spezifischer Forschungsarbeiten ein. Das ermöglicht eine Analyse der relevanten Unterschiede und hebt Veränderungen oft explizit hervor.

Ich bin der Meinung, dass dieser Verfremdungseffekt trotz oder gerade wegen der Mängel im ursprünglichen Design der Middletown-Studien auch ein Vorzug dieser Studien gegenüber der routinemäßigen Modellfallforschung ist. Robert und Helen Lynd wählten die Kleinstadt Muncie in Indiana, die zu jener Zeit nicht ganz 40 000 Einwohnerinnen hatte, in den 1920er und 1930er Jahren für eine Reihe von Studien zu amerikanischen Normen und dem gesellschaftlichen Wandel. Die Lynds erklärten, sich für Middleton entschieden zu haben, weil es »die Mitte« repräsentiere und »charakteristische« Merkmale aufweise.[56] Sarah Igo hat argumentiert, die Verwirrung in Bezug auf »Durchschnittlich, Typisch und Gut« in der Präsentation von Middleton habe problematische Auswirkungen auf das Selbstbild der Amerikaner gehabt.[57] Gleichzeitig ermöglicht es die explizite Konzentration auf einen spezifischen Ort jedoch wegen und trotz des Pseudonyms, die ursprünglichen Studien nicht nur für faktische Fehler, sondern auch für theoretische blinde Flecken und andere Unterlassungen zur Rechenschaft zu ziehen.

Autorin und Autor der Middletown-Studie hatten Muncie ursprünglich ausgewählt, weil es in ihren Augen weniger vielfältig war als andere amerikanische Städte – obwohl die demografischen Muster, wie Lassiter und Kollegen erklärt haben, größere Ähnlichkeit mit denen anderer amerikanischer Städte hatten, als die Lynds glaubten[58] –, und sie konzentrierten sich bewusst auf die weiße Bevölkerung. Der afroamerikanischen Gemeinde Muncies schenkten sie trotz der Bemühungen von Einheimischen um eine Dokumentation geringere Aufmerksamkeit, schließlich aber fand die schwarze Gemeinde einen prominenten Platz im Vermächtnis Middletowns dank der Arbeiten von Lassiter und seinen Kollegen.[59] Die Lynds selbst korrigierten die ursprüngliche Studie

55   Nach Thrasher, zitiert nach: Gieryn, *Truth-Spots*, S. 19.
56   Lynd / Lynd, *Middletown*, S. 9.
57   Igo, *The Averaged American*; dies., »From Main Street to Mainstream«.
58   Lassiter u. a., *The Other Side of Middletown*.
59   Ebenda; Lassiter, »To Fill in the Missing Piece«.

durch eine stärkere Konzentration auf Fragen bezüglich der Rolle von sozialen Klassen.[60] Ähnliches gilt für die von Warwick und Littlejohn in *Coal, Capital and Culture* (1992) vorgelegte Neuuntersuchung einer Bergarbeiterstadt in Yorkshire, die von den Autoren »Coal Is Our Life« genannt wurde: Die Forschenden bemühten sich gezielt, den Gender-Bias der früheren Studie zu korrigieren.[61]

Ich behaupte nicht, dass Sozialwissenschaftler in *restudies* wie Biologinnen vorgehen. Die Diskussion in und über *restudies* enthält zahlreiche fundierte Überlegungen dazu, wie sich Konzepte wandeln, wie sich Persönlichkeiten auf Erkenntnisse auswirken und welche Grenzen der Vergleichbarkeit gesetzt sind; diese Überlegungen greifen traditionelle Bedenken bezüglich der Spezifizität der Sozialwissenschaften auf.[62] Es ist nicht so, dass der Wandel als Ursache isoliert werden kann, weil das Forschungsobjekt vollkommen unverändert ist oder weil seine Umgebung kontrolliert wird. Aber Konzeption und Durchführung einer Neuuntersuchung regen zu einer expliziten Reflexion an und haben ihre eigenen Wirkungen, darunter jene, Anthropologen dazu zu bewegen, sich von ahistorischen Vorstellungen von der »Kultur« zu lösen.

Die Einstufung von Studien als *restudies* regt zu einer expliziten Auseinandersetzung mit materiellen Forschungsobjekten und epistemischen Zielen an. Ein positives Resultat dieser Ausdrücklichkeit ist, dass Forschende in einer Neuuntersuchung manchmal eine andere Probe in den empirischen Fokus nehmen, um dasselbe epistemische Ziel zu erreichen. Beispielsweise nahmen Davies und Charles in ihrer Neufassung einer Studie über Swansea neue Nachbarschaften in die Untersuchung auf, um dieselben Fragen an einem neuen und besser geeigneten Standort zu untersuchen; außerdem bezogen sie ein Innenstadtviertel ein, um dem multiethnischen Charakter des zeitgenössischen Swansea gerecht zu werden.[63]

---

60 Vgl. Lynd/Lynd, *Middletown in Transition*.
61 Dennis/Henriques/Slaughter, *Coal Is Our Life*; Warwick/Littlejohn, *Coal, Capital and Culture*, behandelt in Crow, »Community Re-studies«.
62 Simpson, »Community Restudies«.
63 Davies/Charles, »The Piano in the Parlour«. Vgl. auch Crow, »Community Re-studies«.

Die Erforschung von Modellsystem versus repräsentative Stichproben

Möglicherweise habe ich den Eindruck erweckt, dass der Vergleich mit der Standardisierung von Exemplaren in der Biologie eine Schwachstelle der qualitativen Forschung anhand von Fallstudien zutage fördert, die durch eine Ausweitung der quantitativen Forschung beseitigt werden könnte. Aber das ist nicht zwangsläufig der Fall. Die quantitative Forschung in den Sozialwissenschaften unterscheidet sich ebenfalls von der Erforschung von Modellsystemen in den Lebenswissenschaften, was einige der Behauptungen untergräbt, die über ihre Vorzüge aufgrund der Kongruenz mit »der wissenschaftlichen Methode« aufgestellt werden – zumindest wenn »die wissenschaftliche Methode« als singuläre Einheit betrachtet wird.

Sehen wir uns die quantitative Forschung anhand des Beispiels von großen Umfragen an, die in Bezug auf die Kausalbeziehung zwischen Variablen ausgewertet werden. Gleichzeitig sei darauf hingewiesen, dass dies neben der Modellierung mit hypothetischen Daten, der experimentellen Forschung und neben der Verwendung von induktiven neobayesschen Methoden anhand von erzeugten und gefundenen Daten nur eine Form von quantitativer Forschung ist. Diese Art der quantitativen Forschung hat unverhältnismäßig großen Einfluss auf die Debatte über den Gegensatz zwischen qualitativer und quantitativer Sozialwissenschaft gehabt; man könnte sagen, dass sie als Modellfall für die Philosophie der Sozialwissenschaften gedient hat. Außerdem hat sie als privilegierter Bezugspunkt in epistemologischen Auseinandersetzungen zwischen verschiedenen Lagern in den Sozial- und Geisteswissenschaften gedient.

Die Weitergabe von standardisierten Exemplaren in der Erforschung von Modellsystemen ist nicht dasselbe wie die Weitergabe von mehr oder weniger identischen Kopien von Datensätzen wie dem deutschen Sozioökonomischen Panel oder der amerikanischen Longitudinal Survey of Youth. Obwohl die Abweichungen zwischen verschiedenen Kopien dieser Datensätze tatsächlich sehr gering sind, wird hier nicht die Unterschiedlichkeit der Exemplare materieller Forschungsobjekte, über welche die Daten erhoben werden (und die wir nach Hacking als »Datengenerator« bezeichnen können), sondern die

Unterschiedlichkeit der Datenformen gesteuert.[64] Das zugrunde liegende materielle Forschungsobjekt (die »amerikanische Gesellschaft«) verhält sich nicht länger unabhängig, und die Stichprobe wird entsprechend der Repräsentativitätslogik erhoben, anstatt gemäß der Logik der Modellfälle ausgewählt zu werden.

Wenn beispielsweise Biologinnen eine Gruppe standardisierter Mäuse untersuchen, beschäftigen sie sich nicht mit einer repräsentativen Stichprobe von Mäusen, Nagetieren oder auch Tieren, sondern sie kennzeichnen, multiplizieren und standardisieren eine bestimmte Maus, damit diese als stabile Grundlage für den Erkenntnisgewinn dienen kann. Das Modellsystem bleibt eine spezifische Einheit, die verwendet wird, um ein Phänomen besser zu verstehen, das bei einem bestimmten Tier von Interesse ist. Obwohl sie standardisiert sind, führen biologische Modellorganismen weiterhin »eine unabhängige Existenz in einer kontingenten Welt«.[65] Um es mit den Worten von Mary Morgan zu sagen: Das Modellsystem ist nicht »repräsentativ«, sondern »exemplarisch«.[66]

Die Standardisierung von Exemplaren in der Biologie dient eher der Gewährleistung der Rechenschaft und der Verlässlichkeit als der Verallgemeinerung. Die Verallgemeinerung ist ein separater Schritt in der Forschung – ein Schritt, der in der Realität nicht allzu oft getan wird. Biologen interessieren sich im Allgemeinen nicht für die *Population* von Mäusen oder die *Population* von Nagetieren; und sie interessieren sich zumeist auch nicht für die allgemeinen Gesetze, die für alle Organismen gelten. Sie denken eher »vom Einzelnen zum Einzelnen«, nicht vom Einzelnen zum Allgemeinen und vom Allgemeinen zum Einzelnen; nicht Deduktion, sondern Ähnlichkeit ist die Grundlage für den Transfer von Erkenntnissen.[67]

Die Standardisierung eines Modellorganismus wie der Maus geht Forschungsprojekten mit verschiedenen Methoden voraus und ist von ihnen getrennt. Sie ist eine kollektive Anstrengung, die dazu dient, studienübergreifenden Mehrwert zu erzeugen. Bei jedem gegebenen

---

64 Hacking, »The Self-Vindication of the Laboratory Sciences«, S. 48.
65 Creager/Lunbeck/Wise, *Science without Laws*, S. 2. Vgl. auch Morgan, »Exemplification«.
66 Morgan, »Afterword«.
67 Creager/Lunbeck/Wise, *Science without Laws*, S. 2.

tierischen Modellsystem kann eine Vielzahl von methodologischen Forschungsverfahren einschließlich statistischer Techniken angewandt werden. Die Erforschung von Modellsystemen zeigt, dass qualitatives Wissen über einen einzelnen Fall die Auswertung quantitativer Studien erleichtert, einschließlich des qualitativen Wissens, das sich aus der gemeinsamen Lektüre verschiedener Arten von quantitativen Studien ergibt.

Fazit

Es gibt wichtige Unterschiede zwischen quantitativer Arbeit auf der Suche nach Gesetzmäßigkeiten in den Sozialwissenschaften und in der Physik und der Erforschung von Modellsystemen in der Biologie. Der Gegensatz zwischen der Physik und der Biologie hat Kommentatoren in den Geisteswissenschaften dazu bewegt, die biologische Modellsystemforschung in abstrakte epistemologische Gegenüberstellungen einzubeziehen, die seit Langem die Geistes- und Sozialwissenschaften prägen; sie feiern eine Ähnlichkeit der qualitativen Arbeit anhand von Fallstudien mit der Erforschung von Modellsystemen.

Ich habe versucht zu zeigen, dass es auch bedeutsame Unterschiede zwischen der Erforschung von Modellsystemen in der Biologie und der fallgestützten Arbeit in den humanistischen Sozialwissenschaften gibt. Empirische Arbeiten zur Erforschung von Modellsystemen in den Biowissenschaften beleuchten die kollektive und materielle Dimension dieser Forschung. Die Biologinnen haben eine Infrastruktur für die Erforschung von Modellsystemen entwickelt. Wenn wir uns der Forschung in den Sozialwissenschaften mit parallelen Fragen und Anliegen annähern, stellen wir fest, dass dort die Konventionen, die bestimmten Stellvertretern für bestimmte Kategorien den Vorzug geben, anders als in der Biologie weder explizit noch besonders spezifisch sind. Im Gegensatz sowohl zu Biologen als auch zu Literaturwissenschaftlerinnen greifen die Sozialwissenschaftler nicht in ihre Exemplare ein und standardisieren diese auch nicht. Ungeachtet von den methodologischen Vorzügen einzelner Studien können die Sozialwissenschaftlerinnen nur auf das Glück hoffen, dass die Varianz zwischen den Exemplaren begrenzt ist. Das bedeutet, dass eine Konzentration bestimmter Fälle so organisiert ist, dass die Sozialwissenschaften nicht wie die Biologie von den Vorteilen privilegierter materieller Forschungsobjekte profitieren können. Eine allgemeine Darstellung der fallgestützten Wissenschaft, wie sie zum Beispiel mit der Arbeit von John Forrester assoziiert wird,[68] übersieht diese Unterschiede zwischen der Erforschung von Modellsystemen und den Praktiken in den Sozial- und Geisteswissenschaften, die erkennbar werden, wenn sie als kollektive Praktiken betrachtet werden. Zudem schenkt sie den Unterschieden zwischen den fallgestützten Methoden außerhalb der Biologie nicht genug Aufmerksamkeit.[69]

Forresters Betonung des (menschlichen) Individuums und seiner unendlichen Variationen verdeckt den Unterschied zwischen Exemplaren und materiellen Forschungsobjekten und bewegt ihn dazu, Objektklassen aus denselben Gründen abzulehnen wie allgemeine Gesetze. Forresters Unterscheidung zwischen dem fallgestützten Denken und dem auf Taxonomien und Kategorisierungen gestützten Denken ist unvereinbar mit den meisten fallgestützten Forschungsstrategien in den Sozialwissenschaften und sogar den Geisteswissenschaften. Forrester bleibt dem ideologischen Bekenntnis zu seinem ursprünglichen Fall treu, der Praxis der Psychoanalyse, die ungewöhnlich ist, weil sie sich weigert, Kategorien zu übernehmen, die zwischen der individuellen Probe und der allgemeinen Wahrheit der Theorie vermitteln würden, beispielsweise Gruppen von Patienten oder Patientinnen, die von bestimmten Arten von Familien oder Erfahrungen geprägt wurden.[70]

Ich habe mich mit einigen der Probleme beschäftigt, die sich aus der Nutzung von Modellsystemen in der Biologie ergeben: Die Standardisierung kann misslingen – oder übermäßig erfolgreich sein. Aus dem Studium standardisierter Tiere gewonnene Erkenntnisse sind möglicherweise nicht auf Wildformen derselben Spezies, auf andere Tierarten oder auf Menschen übertragbar. Es muss betont werden, dass die Standardisierung kein Wert an sich ist: Meiner Meinung nach sollten wir weniger aus den Details der biologischen Praxis, sondern vielmehr

---

68 Vgl. Forrester, »If p, Then What?«.
69 Morgan, »If p? Then What?«.
70 Krause/Guggenheim, »The Couch as a Laboratory?«. Aber für einen Beitrag, der Unterschiede zwischen fallgestützten Zugängen aufzeigt und zugleich das Konzept des fallgestützten Denkens als separaten Reflexionsmodus entwickelt, der anders funktioniert als der von Forrester beschriebene, vgl. Morgan, »If p? Then What?«.

aus der Tatsache lernen, dass sich die Biologinnen dem Problem der kollektiven Methode stellen.

Um ein realistisches Gespräch darüber führen zu können, was wir wissen und was nicht, müssen wir Klarheit darüber gewinnen, wie wir kollektiv Stellvertreter verwenden, um Kategorien zu verstehen. Das wird uns in die Lage versetzen, besser einzuschätzen, was man erreichen kann, indem man sich auf bestimmte Fälle konzentriert und andere außer Acht lässt. Diese Übung unterscheidet sich erheblich von einer Auseinandersetzung mit der Frage, ob einige Methoden auf der Ebene der individuellen Studie besser für die Verallgemeinerung geeignet sind als andere. Wenn wir nach Stellvertretern in der Forschung fragen, können wir die weiterführende Frage nach den Kategorien stellen, für die Stellvertreter stehen. Dieser Frage wende ich mich im nächsten Kapitel zu.

Wovon wir mehr brauchen	Wovon wir genug haben
• Diskussion über die Merkmale von einzigartigen Exemplaren	• Studien über Modellfälle, welche die Varianz unter den Exemplaren nicht berücksichtigen
• Restudies	
• Studien, die anhand von anderen Arten von Wissen über den zugrunde liegenden Fall Studien kontextualisieren, die repräsentative Samples verwenden	

4

Wie Teilgebietskategorien das Wissen prägen

Die American Society for Eighteenth-Century Studies ist eine »interdisziplinäre Gruppe, die sich der Förderung der Erforschung sämtlicher Aspekte des Zeitraums [...] zwischen dem späten 17. und dem frühen 19. Jahrhundert widmet«.

Der W. Richard Scott Award für herausragende wissenschaftliche Leistungen wird von der American Sociological Association »für herausragende Beiträge zur Erforschung von Organisationen, Professionen und/oder Arbeit in einem innerhalb der vergangenen drei Jahre veröffentlichten Artikel« vergeben.

Eine Universitätsabteilung für Anthropologie schreibt einen Lehrstuhl »im Bereich Anthropologie des Islam und der muslimischen Gesellschaften« aus.

Man sollte annehmen, dass Forschende mehr als andere Menschen über die Schemata nachdenken, die sich auf ihre Arbeit auswirken. Schließlich unterscheiden die meisten Wissenschaftlerinnen zwischen dem Wissen, das sie in einem beruflichen Kontext nutzen und erzeugen, und dem Wissen, das man im Alltagsleben erwirbt und anwendet. Außerdem sind Wissenschaftler darin geschult, einige der Übersetzungen zu erklären, die zur Bewältigung des Hin und Hers zwischen materiellen Forschungsobjekten und epistemischen Zielen erforderlich sind; sie hinterfragen regelmäßig die diesbezüglichen Annahmen und Schlussfolgerungen ihrer Kolleginnen.

In meiner Auseinandersetzung mit dieser an die Forschenden gerichteten Erwartung versuche ich zu zeigen, dass diese Bemühungen um Reflexion teilweise dadurch zunichte gemacht werden, dass Wissenschaftler gelegentlich ausdrücklich ermuntert – und manchmal sogar mehr oder weniger gezwungen – werden, Schemata zu aktivieren, um zu zeigen, dass sie der relevanten akademischen Gemeinschaft angehören.

In den vorangegangenen Kapiteln habe ich zwischen materiellen Forschungsobjekten und epistemischen Forschungsobjekten unterschieden und einige der Faktoren untersucht, welche die Konzentration auf bestimmte materielle Forschungsobjekte fördern, während andere unbeachtet bleiben. In diesem Kapitel verknüpfe ich diese Darstellung mit Aspekten ihres institutionellen Kontextes und spüre einigen Faktoren nach, die dazu beitragen, privilegierte materielle Forschungsobjekte in ihrem Status zu zementieren und zu reproduzieren.

Zu den Gelegenheiten, welche die Aktivierung von Schemata erfordern, zählen jene, die mit Kategorien von Teilgebieten zusammenhängen. Die Differenzierung in Teilgebiete innerhalb und über Disziplinen hinweg, die von den Forschenden oft nicht explizit theoretisch behandelt wird, hat erhebliche Auswirkungen auf die Inhalte der wissenschaftlichen Arbeit. Teilgebiete wie die zuvor genannten – »Studium des 18. Jahrhunderts«, »Organisationsforschung«, »Anthropologie des Islam« – institutionalisieren einige Kategorien für Forschungsobjekte und theoretische Ansätze. Kategorien von Teilgebieten strukturieren Gelegenheiten, darunter Publikationsgelegenheiten, Zitiergelegenheiten und Jobgelegenheiten; als solche sind kategorisierte Gelegenheiten ein Einfallstor für Schemata und bis zu einem gewissen Grad für die Verwendung schemakongruenter materieller Forschungsobjekte.

Auf den Spuren der intellektuellen Effekte von Teilgebietskategorien

Der Einfluss von Teilgebietskategorien auf die Inhalte des wissenschaftlichen Wissens ist unzureichend über die Grenzen von verschiedenen Forschungsgebieten hinweg thematisiert worden. Das liegt teilweise daran, dass sich praktizierende Sozialwissenschaftler in Diskussionen über die internen Gruppierungen in ihren Tätigkeitsbereichen oft auf Einheiten konzentrieren, die »größer« als Teilgebiete sind, zum Beispiel auf Disziplinen oder theoretische und epistemologische »Lager«.

Die Kennzeichnung dieser Lager hängt von der Position der Sprecherin ab. Sozialwissenschaftlerinnen können die »wissenschaftliche« oder »analytische« Forschung der »politischen« oder »angewandten« Arbeit gegenüberstellen – ein Gegensatz, der normalerweise dazu dient, das, was als »wissenschaftlich« betrachtet wird, aufzuwerten, während das »Politische« abgewertet wird. Alternativ dazu können Wissenschaftler zwischen der »kritischen« oder »interessanten« Forschung einerseits und einer »positivistischen« oder »Mainstream-« Forschung andererseits unterscheiden, womit sie zumeist den Wert der kritischen Wissenschaft betonen und die als positivistisch etikettierte abzuwerten versuchen.[1] Entscheidend geprägt wurden diese Zuordnungen in den 1960er und 1970er Jahren, als die Sozialwissenschaften einen gewaltigen Aufschwung erlebten und in die kulturellen Lagerkonflikte dieser Zeit hineingezogen wurden. Die Verwerfungslinien haben zudem eine längere Geschichte, die bis zum Methodenstreit und noch weiter zurückreicht.[2] Gegenwärtig werden sie durch Attacken auf Kollegen im Namen der »analytischen Soziologie« einerseits sowie durch politisierende kritische Ansätze andererseits neu gezogen.[3] In Diskussionen über epistemische Gegensätze neigen Forschende dazu, Teilgebiete nicht als wichtige Gegenstände der Analyse zu betrachten, sondern als Bereiche, in denen übergeordnete Meinungsverschiedenheiten ausgetragen werden.[4]

Ein weiterer Grund für die relative Vernachlässigung der intellektuellen Auswirkungen der Kategorisierung von Teilgebieten ist ein tief verwurzelter Gegensatz zwischen Darstellungen der Wissenschaft, in denen Akteure, Institutionen, Netzwerke und Ergebnisse von außen studiert werden, und Darstellungen, in denen die Inhalte der geleiste-

---

1 Für veröffentlichte Versionen vgl. Friedrichs, *A Sociology of Sociology;* Gouldner, *The Coming Crisis of Western Sociology;* sowie Burawoy, »For Public Sociology«. Vgl. auch die Antworten Befragter in Akresh, »Departmental and Disciplinary Divisions«.

2 Vgl. Turner, »The Origins of ›Mainstream Sociology‹«; Calhoun/VanAntwerpen, »Orthodoxy, Heterodoxy, and Hierarchy«; Calhoun/Duster/VanAntwerpen, »The Visions and Divisions of American Sociology«; Rehberg, »The Various Traditions and Approaches of German Sociology«; Steinmetz, »Scientific Autonomy and Empire«; ders., »Odious Comparison«; sowie Daye, »A Fiction of Long Standing‹«.

3 In Deutschland wurde im Jahr 2017 eine neue soziologische Vereinigung gegründet, deren Mitglieder sich diesbezüglich vom etablierten Berufsverband distanzieren; vgl. Hirschauer, »Der Quexit«.

4 Vgl. jedoch auch Cappell/Guterbock, »Visible Colleges«; sowie Schmitz u. a., »In welcher Gesellschaft forschen wir eigentlich?«. Schmitz und Kollegen schließen Teilgebiete in die feldtheoretische Analyse ein und zeigen beispielsweise, dass die Kinder- und Jugendsoziologie in Deutschland weniger feldspezifisches Kapital hat als die Stratifizierungssoziologie.

ten Arbeit untersucht werden.[5] Dieser Gegensatz hat eine lange Geschichte in der sozialwissenschaftlichen Auseinandersetzung mit der Wissenschaft und besteht in der spezialisierten Literatur zu Spezialgebieten der Forschung, Gruppierungen und Teilgebieten fort.

Die Strömungen in der Wissenschaftssoziologie und -geschichte, die am meisten dazu beigetragen haben, um die Kluft zwischen soziologischen oder »externen« Zugängen einerseits und dem Wissensinhalt andererseits zu überbrücken, lehnen eine Analyse der Mesoebene sozialer Gruppen und Gruppierungen oft ab. Von mikrosoziologischen und phänomenologischen Zugängen beeinflusst, konzentrieren sich diese Arbeiten auf die soziomateriellen Praktiken und ihre Implikationen für das Wissen. Obwohl sie die materiellen Verbindungen zwischen Situationen beleuchtet, schließt sie extrasituative Faktoren wie Gruppierungen von Teildisziplinen, aber auch Disziplinen im Wesentlichen aus.[6] Gleichzeitig steigt das formale Niveau der soziologischen und szientometrischen Studien, die wissenschaftliche Gruppierungen, Netzwerke und Institutionen nur von außen beschreiben.[7]

In Kapitel 2 habe ich mich kurz mit »gesponserten Kategorien« beschäftigt. Hier möchte ich zeigen, dass sich die Kategorisierung von Teilgebieten grundsätzlich darauf auswirkt, womit sich Forschende beschäftigen, und dass diese Auswirkungen relativ unabhängig davon sind, wie erfolgreich bestimmte Kategorien zu einem gegebenen Zeitpunkt sind.[8] Ich werde zeigen, dass sich die Form einer Teilgebietskategorie auswirkt, selbst wenn der genaue Inhalt der Kategorie umstritten ist und sich im Lauf der Zeit ändert. Und ich werde zeigen, dass diese

---

5 Chubin, »State of the Field«.
6 Ausdrücklich erklärt wird dies z. B. in Knorr-Cetina, »Scientific Communities or Transepistemic Arenas?«. Für eine Kritik an der Vernachlässigung disziplinärer Gruppierungen in Wissenschafts- und Technologiestudien vgl. Keating/Cambrosio/Mackenzie, »The Tools of the Discipline«.
7 Vgl. Ennis, »The Social Organization of Sociological Knowledge«; Morris/Van der Veer Martens, »Mapping Research Specialties«; Scharnhorst/Borner/van den Besselaar (Hg.), *Models of Science Dynamics*; sowie Rons, »Bibliometric Approximation«.
8 Stehr/Larsson, »The Rise and Decline of Areas of Specializations«; Cole/Zuckerman, »The Emergence of a Scientific Speciality«; Frickel/Gross, »A General Theory of Scientific/Intellectual Movements«; McLaughlin, »Why Do Schools of Thought Fail?«.

Wirkung auch dann beobachtet werden kann, wenn neue Kategorien entstehen und institutionalisiert werden.

Kategorien von Objekten und Ansätzen in der inneren Differenzierung sozialwissenschaftlicher Disziplinen

In meiner Analyse von Teilgebieten und Forschungsbereichen unterscheide ich zwischen Kategorien epistemischer Forschungsobjekte und Kategorien von Ansätzen. Ich habe das epistemische Forschungsobjekt als das definiert, was eine gegebene Studie besser verstehen möchte. Ich habe darauf hingewiesen, dass fast alle wissenschaftlichen Beiträge ein konzeptuelles Analyseziel haben – den Gegenstand, um den es in einem gegebenen Text geht, sei es, dass er beschrieben oder erklärt, interpretiert oder neuinterpretiert, kontextualisiert oder übersetzt wird.

Hingegen handelt es sich bei Forschungszugängen um eine Reihe konzeptueller und methodologischer Annahmen. Kategorien von Ansätzen können »Theorien« wie der Marxismus, die Gouvernementalitätsstudien oder die postkoloniale Theorie sein, oder sie können »Methoden« wie die Regressionsanalyse, die Netzwerkanalyse oder die Ethnografie sein.[9] Forschungsobjekte können anhand verschiedener Methoden und theoretischer Ansätze untersucht werden. Beispielsweise können bei der Untersuchung einer Stadt zahlreiche verschiedene Ansätze gewählt werden. Umgekehrt können Ansätze auf eine Vielzahl von Objekten und Themen angewandt werden.

Die Muster der internen Differenzierung unterscheiden sich von Disziplin zu Disziplin (und einige Forschungsbereiche sind interdisziplinär): Die Teilgebiete der Soziologie sind rund um Objekte angeordnet, die aus Institutionen und Bereichen des »modernen« gesellschaftlichen Lebens ausgewählt wurden, darunter Arbeit, Berufe, Familie, Organi-

---

9   Wenn wir über Ansätze diskutieren, diskutieren wir selbstverständlich über etwas wie »Paradigmen«, ein Konzept, das vor allem mit Thomas Kuhn verbunden wird. Aber wir müssen nicht annehmen, dass Ansätze die Wirkung oder Kohärenz besitzen, die Kuhn den Paradigmen zuschreibt. Diese Annahme ist sowohl bezüglich der Sozialwissenschaften als auch bezüglich der Naturwissenschaften infrage gestellt worden. Für einen guten Überblick über die soziologischen Konzepte soziologischer Gruppierungen vgl. Daye, »Soziologische Konzeptualisierungen von wissenschaftlichen Kollektiven«.

sationen, Kunst, Wissenschaft und Wirtschaft; dazu kommen einige Identitätskategorien wie Geschlecht, ethnische Zugehörigkeit und Sexualität. Neben dieser Unterteilung in Forschungsgegenstände ist die Soziologie auch nach theoretischen Ansätzen differenziert, darunter die »Weltsystemtheorie«, der »symbolische Interaktionismus« oder die »Feldtheorie«.

In der Anthropologie bestimmen regionale Kategorien nach wie vor die Struktur von Tätigkeiten und Vereinigungen, obwohl das Konzept der Region natürlich sehr kritisch diskutiert wird.[10] Neben den regionalen Spezialisierungen bilden Anthropologen Gemeinschaften rund um Themenkategorien, die den soziologischen Teilgebieten entsprechen (»Gesundheit«, »Religion«). Theoretische Paradigmen und Zugänge wie der Marxismus, die kognitive Anthropologie oder die Science and Technology Studies können Forschenden ebenfalls eine regionsübergreifende Heimat geben.

Historikerinnen ordnen die Vergangenheit nach nationalen und regionalen Kategorien (trotz des Vormarsches der »globalen Geschichte« – und parallel dazu) sowie nach Perioden (obwohl es Kritik an der Kategorisierung von Zeiträumen gibt[11]); zudem verwenden sie thematische Kategorien und untersuchen zum Beispiel die Geschichte von »Menschenrechten«, »Einwanderung« und »Kindheit«.

Wir sind von der Annahme ausgegangen, dass Kategorien im Allgemeinen nicht anhand von Definitionen, sondern mit Blick auf Schemata und privilegierte Mitglieder verstanden werden.[12] Dasselbe gilt vermutlich für Kategorien von Forschungsgebieten und Teilgebieten.[13] Objektkategorien werden von bestimmten Objekten oder Fällen stärker geprägt als von anderen. Die Geschlechtersoziologie wird nach wie

---

10   Fardon, *Localizing Strategies;* Herzfeld, »The Horns of the Mediterraneanist Dilemma«; Lederman, »Anthropological Regionalism«.

11   Vgl. Davis, *Periodization and Sovereignty;* Koselleck, *Vergangene Zukunft;* Kotsonas, »Politics of Periodization«; Matthews, *Medievalism;* sowie Osterhammel, *Die Verwandlung der Welt.*

12   Giere, »Cognitive Structure of Scientific Theories«; Lakoff, *Women, Fire, and Dangerous Things;* Rosch, »On the Internal Structure of Perceptual and Semantic Categories«; Rosch u. a., »Basic Objects in Natural Categories«.

13   Wir könnten auch die Schemata *disziplinärer* Kategorien untersuchen; vgl. Abbott, *Methods of Discovery,* S. 5. Vgl. auch Brekhus, »Sociology of the Unmarked«. Lederman, »Globalization and the Future of Culture Areas«, S. 428 f., erklärt, Melanesien als Ganzes habe als Prototyp für die Anthropologie gedient.

vor eher mit der Forschung zu Frauen als mit der zu Männern assoziiert.[14] Die Rechtssoziologie wird eher mit dem Strafrecht als mit dem Wirtschaftsrecht oder der Bauordnung verbunden.[15] Kategorien von theoretischen Ansätzen, wie die »Ethnomethodologie« und die »Aktor-Network-Theorie«, aber auch die »vergleichende Forschung« oder die »postkoloniale Theorie«, erhalten Substanz dank klassischer Arbeiten und Autoren, die nicht nur ein Wahrnehmungsschema, sondern auch ein Aktionsschema transportieren (auf diesen Punkt werde ich in der Auseinandersetzung mit den »theoretischen Schemata« zurückkommen).[16] Kategorien können in verschiedenen Versionen existieren und sich mit der Zeit verschieben. Es gibt zum Beispiel Überschneidungen zwischen der Mikrogeschichte, der historischen Anthropologie, der Geschichte von unten und der Alltagsgeschichte. Kategorien können anhand eines bestimmten Stellvertreters mehr oder weniger gut definiert werden, oder sie können von einer Reihe unterschiedlicher, sich wandelnder Stellvertreter geformt werden. Die Ambiguität kann es den mit einem Ansatz verbundenen Wissenschaftlerinnen einerseits erschweren, ein kohärentes Programm zu vermitteln oder interne Disziplin durchzusetzen; andererseits kann sie für ein breiteres Publikum attraktiv sein. Beispielsweise scheint es im Fall des Etiketts »Umweltgeschichte« ein Vorteil zu sein, dass die klassischen Texte mindestens drei verschiedene Arten von Arbeiten umfassen. Mit Arbeiten, die der Geschichte des Naturschutzes gewidmet sind – ein Beispiel ist Roderick Nashs *Wilderness and the American Mind*[17] –, beinhaltet dieses Gebiet die Geschichte des Umweltaktivismus, die eine ehrfurchtsvolle Anhängerschaft anlockt. Indem die Kategorie Arbeiten beinhaltet, die Beispiele für die Symbiose von Natur- und Sozialgeschichte sind – darunter William Cronons *Nature's Metropolis*[18] über Chicago –, signalisiert er ein Bekenntnis zu einer Neudefinition der Kategorien des Sozialen und des Natürlichen, was weitreichende theoretische Implikationen für alle Disziplinen hat. Indem der Zugang Daten zum langfristigen Klimawan-

---

14 Brekhus, »Sociology of the Unmarked«.
15 Vgl. jedoch Guggenheim, »The Laws of Foreign Buildings«.
16 Kuhn hat die Rolle von Schüsselarbeiten hervorgehoben; vgl. Kuhn, *Die Struktur wissenschaftlicher Revolutionen*, S. 15.
17 Vgl. Nash, *Wilderness and the American Mind*.
18 Vgl. Cronon, *Nature's Metropolis*.

del und groß angelegte historische Darstellungen der Veränderung der Umwelt beinhaltet – hier sind die Arbeiten von Christian Pfister, Jared Diamonds *Arm und Reich* und *An Environmental History of Great Britain* von Ian Gordon zu nennen[19] –, signalisiert er, dass er Verbindungen zu den Naturwissenschaften herstellen kann.

Der Imperialismus der Ansatzkategorien

Ich weise darauf hin, dass keine Kategorie an sich entweder als Zugangs- oder Objektkategorie bezeichnet werden kann. Dies gilt auf einer grundlegenden Ebene, weil Objektkategorien durch einen Ansatz konstituiert werden. Wir können auch empirisch beobachten, dass ein und dieselbe Kategorie manchmal als Objektkategorie funktioniert und bei anderen Gelegenheiten als Ansatzkategorie in Anspruch genommen wird. Beispielsweise gingen Sektionen der American Sociological Association oft aus intellektuellen Bewegungen hervor, die ein Programm zur Erneuerung der gesamten Soziologie oder aller Sozialwissenschaften verfolgten. Cole und Zuckerman bezeichneten dies als »kognitiv radikal« im Gegensatz zu »kognitiv angepasst«.[20] Aber die Rückfallposition jeder Abteilung ist die einer Abteilung oder Vereinigung unter vielen, die mit dem Hinweis auf ein spezifisches Objekt gerechtfertigt wird, das existiert und verdient, studiert zu werden.

Beispielsweise wollten die am Projekt der »historischen Soziologie« beteiligten Forschenden nach Aussage von Craig Calhoun die Erforschung gesellschaftlicher Muster mit Fragen des gesellschaftlichen Wandels verknüpfen und versuchen, die Sozialwissenschaften mit dem Hinweis auf die Geschichtlichkeit aller Kategorien umzugestalten. Das Feld wurde in den Vereinigten Staaten jedoch als »bloßes Teilgebiet domestiziert«[21] und auf eine »auf die Vergangenheit angewandte herkömmliche Soziologie« reduziert, wie Calhoun im Rückblick klagend bemerkt.[22] Um es mit den in diesem Kapitel verwendeten Begriffen aus-

---

19 Vgl. Diamond, *Arm und Reich*; sowie Simmonds, *An Environmental History of Great Britain.*

20 Cole/Zuckerman, »Emergence of a Scientific Speciality«, S. 141. Vgl. auch Frickel/Gross, »A General Theory of Scientific/Intellectual Movements«.

21 Calhoun, »The Rise and Domestication of Historical Sociology«, S. 315.

22 Ebenda, S. 328. Vgl. auch Steinmetz, »Ideas in Exile«.

zudrücken, wurde die historische Soziologie nicht länger als ein Ansatz definiert (der den Anspruch erheben konnte, eine neue Grundlage für alle Sozialwissenschaften zu schaffen), sondern mit einem spezifischen Objekt gleichgesetzt: der Vergangenheit.

Institutionalisierte und stabile Kategorien ergänzen einander als Objekte und können als Teil einer intellektuell imperialistischen Agenda als Ansätze beansprucht werden. Objektkategorien bleiben für die Mobilisierung im Namen von Zugängen verfügbar. Beispielsweise führt die Kultursoziologie ein relativ stabiles Dasein als Studium der »Künste« und der »Volkskultur«. Doch Wissenschaftlerinnen haben verschiedene Argumente dafür vorgebracht, dass die Kultursoziologie nicht von einem Objekt definiert wird, sondern im Mittelpunkt eines Zugangs zur Gesamtheit des gesellschaftlichen Lebens stehen sollte, der auch Politik und Wirtschaft umfassen muss.[23] In einem anderen Beispiel ist Omar Lizardo der Meinung, die »Kognitionssoziologie« müsse sich in eine »kognitive Sozialwissenschaft« verwandeln;[24] das Feld der Science and Technology Studies ist deutlich über sein Kerngebiet in der Betrachtung der Naturwissenschaft hinausgewachsen und erstreckt sich mittlerweile auf die Untersuchung der Finanzwirtschaft, Märkte, Kunst und Religion unter besonderer Berücksichtigung von Wissen und Werkzeugen.

Ein anschauliches Beispiel für diese Art des Imperialismus, der auf einer von Staat, Medien und dem Interesse von Studierenden gesponserten Objektkategorie beruht, ist die Kriminologie. Wir können die Kriminologie als das Studium eines Objekts – Verbrechen oder als abweichend bezeichnetes Verhalten – definieren, aber Wissenschaftler, die sich als Kriminologen betrachten, erheben angesichts der dank des großen Interesses der Studierenden und der staatlichen Nachfrage wachsenden Beschäftigungsmöglichkeiten den Anspruch, viele Dinge auf ihre eigene Art zu erforschen. Wir finden Verweise auf eine »ortsbezogene Kriminologie«, eine »Kriminologie der Emotionen«, eine »humanitäre Kriminologie«, eine Kriminologie »der Artenausrottung«, »des Vergnügens«, »der Freizeit«, und »der Musik«.

---

23 Alexander/Smith, »The Strong Program in Cultural Theory«; Calhoun/Sennett, »Introduction«.
24 Lizardo, »Beyond the Comtean Schema«.

Solche Vorstöße ermöglichen es, Forschungsgebiete zu erweitern und eine Vielzahl von Dingen zu untersuchen. Gleichzeitig sind sie ein Beispiel dafür, wie Kategorien von Teilgebieten im Rahmen dessen eingesetzt werden, was Fran Osrecki als »Strategien des Vergessens« bezeichnet hat.[25] Osrecki schlägt vor, die Soziologie mit Blick auf die Strategien zu analysieren, die angewandt werden, um angesichts der gewaltigen Menge vorhandener Forschungsergebnisse Erkenntnisse vorlegen zu können, die als neu bezeichnet werden können. Eine derartige Strategie, die Osrecki und Mike Savage als »Epochalismus« bezeichnen,[26] besteht darin, eine neue historische Ära wie die »reflexive Moderne« zu definieren, um die Notwendigkeit zu begründen, alles von Neuem zu erforschen, ohne das Vorher und Nachher umfassend zu vergleichen.

Ansatzkategorien einschließlich Objektkategorien, die als Ansatzkategorien verwendet werden, versetzen Autorinnen auf ähnliche Weise in die Lage, sich vom bisherigen Wissensstand zu lösen und einen Neubeginn auszurufen. Forschende können Beiträge als neuartig rechtfertigen, indem sie beispielsweise feststellen und sogar dokumentieren, dass die Kriminologen bisher die Musik oder die humanitäre Hilfe nicht untersucht oder relativ vernachlässigt haben. Dies kann Wissenschaftlern die Mühe ersparen, eine Studie in die für ihr Thema relevante vorhandene Forschung von Nichtkriminologinnen einzuordnen.

Die Reproduktion der akademischen Landschaft mittels kategorisierter Gelegenheiten

Andrew Abbott hat unsere Aufmerksamkeit auf die Muster der selbstgleichen Reproduktion in sozialwissenschaftlichen Gemeinschaften gelenkt: Das Ganze spaltet sich wie bei einem Brokkoli oder einem Farn in Teile auf, die dem vorangegangenen Formelement und sich gegenseitig gleichen. Abbott schreibt: »Wir unterscheiden normalerweise anhand einer Reihe von Dichotomien zwischen den verschiedenen Sozialwis-

25 Osrecki, »Glücklich ist, wer vergisst«; Schneider/Osrecki, »Zum Gedächtnis wissenschaftlicher Disziplinen«.
26 Osrecki, »Constructing Epochs«; ders., *Die Diagnosegesellschaft*; Savage, »Against Epochalism«.

senschaften und den verschiedenen Positionen innerhalb dieser Wissenschaften. [...] Diese Dichotomien sind allesamt wie die Kant'sche zwischen reiner und praktischer Vernunft fraktale Unterscheidungen. Synchronisch bedeutet dies, dass wir, wenn wir eine davon verwenden, um zwischen Gruppen von Sozialwissenschaftlern zu unterscheiden, feststellen werden, dass diese Gruppen intern durch dieselben Unterscheidungen voneinander getrennt sind.«[27]

Mit »Gruppen von Sozialwissenschaftlerinnen« meint Abbott von ihren Ideen definierte Gruppierungen. Er konzentriert sich auf Unterscheidungen zwischen Gruppen, die ich als epistemologische und theoretische »Lager« bezeichne. Wenn wir den Blick stattdessen auf Kategorien wie Objekte und Ansätze richten und über die Reproduktion von Gemeinschaften über Raum und Institutionen hinweg sowie innerhalb von und über nationale Grenzen hinweg nachdenken, sehen wir eine andere Version der selbstgleichen Reproduktion.[28]

Wann immer sich beispielsweise eine Gemeinschaft von Soziologen als »Soziologen« konstituiert, bedient sie sich der Kategorien der intradisziplinären Differenzierung, die herangezogen werden, um interne Vielfalt vorzuschreiben und zu erzeugen, gleichzeitig jedoch auch zu regulieren. Jede Vereinigung einer Forschungsdisziplin, sei sie national (American Sociological Association, British Sociological Association, Deutsche Gesellschaft für Soziologie), regional (wie die Eastern Sociological Association in den Vereinigten Staaten) oder international (ISA, ESA), reproduziert in irgendeiner Form die Diversität der Objekt- und Ansatzkategorien. Sogar bereits spezialisierte Vereinigungen wie die SASE (Society for the Advancement of Socio-economic Studies) reproduzieren (einige) thematische Kategorien wie »Professionen in einer globalisierten Welt« oder »Politische Ökonomie von Industriebeziehungen und Sozialstaaten«.

Die Reproduktion der wissenschaftlichen Landschaft erfolgt über kategorisierte Gelegenheiten, obwohl diese Reproduktion nicht als me-

---

27 Abbott, *Chaos of Disciplines*, S. 10.
28 Kategorien von Objekten und Zugängen sind keine dichotomen Variablen wie jene, auf die sich Abbott konzentriert, und sie können nicht leicht mit Blick auf »mehr« oder »weniger« betrachtet werden. Die Reproduktion derselben Einheiten geht nicht unendlich weiter, sondern so lange, wie es einen institutionellen Grund dafür gibt. In diesem Sinn ist die Reproduktion fraktal wie bei einem Brokkoli, nicht wie in einer mathematischen Gleichung.

chanische gesehen werden sollte: Hier geht es eher darum, »weiter zu existieren«, als darum, »unverändert zu bleiben«. Die Kategorien sind innerhalb der einzelnen Communitys von Forschenden immer umstritten. Sie setzen sich durch und werden aufgegeben; neue Kategorien kristallisieren sich heraus und werden institutionalisiert. Stellenausschreibungen, die Einreichung von Artikeln bei Zeitschriften, Entscheidungen über das Zitieren, die Ausschreibung von Fördermitteln und Auszeichnungen können allesamt als »kategorisierte Gelegenheiten« betrachtet werden.

Kategorisierte Gelegenheiten und Schemata

Kategorisierte Gelegenheiten können als Situationen betrachtet werden, in denen Kandidatinnen einem Publikum gegenüberstehen. Ezra Zuckerman schreibt in einem mittlerweile klassischen Artikel der Organisationssoziologie: »Nehmen wir eine ganz einfache soziale Situation: eine Schnittstelle zwischen zwei Klassen von Akteuren […]. Die erste Gruppe von Akteuren, die ich als ›Kandidaten‹ bezeichne, möchte Beziehungen zu Mitgliedern der zweiten Klasse aufnehmen, die ich als ›das Publikum‹ bezeichne. Die Kandidaten machen dem Publikum verschiedene ›Angebote‹, um es für sich zu gewinnen. Die Schnittstelle weist eine grundlegende Asymmetrie auf. Die Kandidaten streben Beziehungen zu Mitgliedern des Publikums an, und diese Mitglieder wählen jene Kandidaten aus, denen sie dieses Privileg zugestehen werden. […] Die Mitglieder des Publikums versuchen, den relativen Wert der von den Kandidaten unterbreiteten Angebote zu beurteilen.«[29]

Die Beurteilung der Kandidaten hängt von Kategorien ab. Dass Kategorien schematisch verstanden werden, wie wir zuvor gesehen haben, bedeutet nicht, dass sich stets jene Kandidatinnen durchsetzen werden, die am besten in ein Schema passen. In der Beurteilung von Kandidaten kommen zahlreiche andere Kriterien und zahlreiche substanzielle Entwicklungen innerhalb der Teilgebiete zum Ausdruck. Gelegenheiten, die Kategorien und Belohnungen miteinander verbinden, belohnen möglicherweise nicht die Zentralität des Angebots, aber sie setzten die

---

29 Zuckerman, »The Categorical Imperative«, S. 1401.

Mitgliedschaft voraus, und eine Kandidatin muss dem Schema bis zu einem gewissen Grad entsprechen, damit ihre Mitgliedschaft anerkannt wird.[30] Wie Zuckerman schreibt: »Angebote, denen bestimmte gemeinsame Charakteristika fehlen, können nicht problemlos mit anderen verglichen werden und sind daher schwierig zu beurteilen. Solche Angebote liegen außerhalb des für den Vergleich zu berücksichtigenden Bereichs und werden außer Acht gelassen wie Orangen in einem Wettbewerb zwischen Äpfeln.«[31]

Wir können festhalten, dass zahlreiche Situationen im akademischen Alltagsleben Teilnehmende dazu bewegen, die Verbindungen zwischen einer Teilgebietskategorie und ihrem Schema herzustellen und neu zu definieren. Wenn eine Person auf einer Party erwähnt, zu etwas zu forschen, wird sie oft zu hören bekommen, woran ihr Gesprächspartner dabei denkt. Je nach der Fähigkeit zur Selbstreflexion des Gesprächspartners und dem Statusverhältnis zwischen den beiden, kann das dann eine Weile so weiter gehen. Kurse und Lehrpläne werden mit Blick auf bedeutsame Fälle und Schlüsselbeiträge strukturiert. Von Wissenschaftlern wird erwartet, dass sie in ihren Arbeiten wichtige frühere Beiträge zitieren. Akademikerinnen zitieren aus verschiedenen Gründen: um ihre Zugehörigkeit zu einer Gemeinschaft zu demonstrieren, um Kompetenz zu zeigen, um intellektuelle Schulden zu begleichen, um Beziehungen herzustellen und zu pflegen oder um einen Feind zu benennen.[32] Als Schreibender versucht man sich bis zu einem gewissen Grad in der Vorwegnahme der Überlegungen von Lesern und Gutachterinnen; diese Vorwegnahme kann sich auf Schemata stützen, die plausible Vermutungen darüber darstellen, was der Leser an einer bestimmten Stelle zitiert sehen will.

---

30 Hsu / Hannan, »Identities, Genres, and Organizational Forms«; Zuckerman, »The Categorical Imperative«; ders., »Focusing the Corporate Product«; Zuckerman / Kim, »The Critical Trade-Off«.
31 Zuckerman, »The Categorical Imperative«, S. 1401.
32 Grafton, The Footnote. Vgl. den klaren Überblick über die umfangreiche Literatur in einer nützlichen Tabelle in Camacho-Miñano / Núñez-Nickel, »The Multilayered Nature of Reference Selection«.

Die Verteilung von Jobs mittels kategorisierter Gelegenheiten

Stellenausschreibungen zählen zu den folgenreichsten Gelegenheiten des akademischen Lebens. Akademische Positionen können innerhalb einer Disziplin als »offen« ausgeschrieben werden, aber oft wird ein bestimmtes Spezialgebiet definiert, was, wie Arthur Stinchcombe vor mehr als fünfzig Jahren bemerkte, nicht zuletzt daran liegt, dass ein Personalbedarf in einem spezifischen Bereich eher als der Ruf nach »mehr Personal« geeignet sein dürfte, einen Dekan davon zu überzeugen, Mittel bereitzustellen.[33] Beispielsweise beobachten Anthropologinnen eine Lücke in der Erforschung des Islam, was zu der am Anfang dieses Kapitels zitierten Ausschreibung eines Postens in diesem Bereich führt. Historiker werden etwa spezifisch für die Erforschung der frühmittelalterlichen oder der afrikanischen Geschichte eingestellt. Soziologinnen können zu der Überzeugung gelangen, dass sie jemanden brauchen, der Theorie unterrichtet, Stadtsoziologie betreibt oder quantitative Methoden anwendet.

Die empirische Literatur zu akademischen Anstellungen ist umfangreich. Es sind verschiedene Faktoren untersucht worden, die sich auf die Beurteilung von Kandidatinnen auswirken können, darunter Geschlecht,[34] ethnische Zugehörigkeit,[35] Elternschaft oder Beziehungsstatus,[36] Netzwerke[37] und Veröffentlichungen. In dieser Literatur, die vom Bekenntnis zu Fairness und Meritokratie gekennzeichnet ist, wird »intrinsischen Kriterien« externer Bias gegenübergestellt. Die Folge ist, dass sich die Wissenschaftlerinnen kaum mit der Tatsache beschäftigt haben, dass Kandidaten insofern, als sie anhand akademischer Kriterien beurteilt werden, fast immer im Kontext nicht nur disziplinärer, sondern auch subdisziplinärer Kategorien eingestuft werden. Eine Ausnahme in jüngerer Zeit sind Hamann und Beljean, die erklären, dass Stellenausschreibungen »Kategorien mobilisieren, die auf dem Gebiet

---

33 Stinchcombe, »A Structural Analysis of Sociology«, S. 60.
34 Vgl. van den Brink/Benschop, »Gender Practices«.
35 Vgl. Misra/Kennelly/Karides, »Employment Chances«.
36 Vgl. Rivera, »When Two Bodies Are (Not) a Problem«; sowie Plümper/Schimmelfennig, »Wer wird Prof – und wann?«.
37 Vgl. Combes/Linnemer/Visser, »Publish or Peer-Rich?«; sowie Gross/Jungbauer-Gans/Kriwy, »Die Bedeutung meritokratischer und sozialer Kriterien«.

anerkannt werden und daher der Einschätzung von Gutachtern und Komitees im Ernennungsverfahren zugrunde liegen. [...] Indem sie die Sachkenntnis in bestimmten Forschungsgebieten als wichtiges Kriterium hervorheben, veranschaulichen Stellenausschreibungen, dass die akademischen Arbeitsmärkte aufgrund der intellektuellen Spezialisierungen hochgradig fragmentiert sind.«[38]

Wie wirkt sich das aus? Wie können Kategorien die Beurteilung eines Kandidaten durch das Publikum beeinflussen? Wie wirkt sich die Tatsache, dass sich Forschungsgemeinschaften mittels kategorisierter Gelegenheiten reproduzieren, auf die Arbeit der Forschenden aus? Die Mitglieder des Publikums – einer Kommission oder eines ganzen Departments – haben oft unterschiedliche Anliegen und Interessen. Wissenschaftlerinnen werden sogar genau dafür ausgebildet, in Nuancen der konzeptuellen Ausrichtung und der empirischen Analyse unterschiedlicher Meinung zu sein, und Suchkomitees und andere Entscheidungsgremien umfassen oft Mitglieder mit unterschiedlichem Hintergrund. In diesem Kontext dienen die Kategorie und ihre Schemata als Ressource in den Verhandlungen zwischen den Mitgliedern des Publikums. Die Aussage »Diese Kandidatin ist vorzüglich, aber sie ist keine Stadtsoziologin« kann einen gewissen Einfluss auf die Entscheidung eines Komitees haben und erlaubt es dem Sprecher, eine eingehende Diskussion mit seinen Kollegen über die Qualität der Arbeit einer Kandidatin und die zahlreichen epistemologischen, methodologischen und disziplinspezifischen Fragen, die mit einem solchen Urteil einhergehen, zu umgehen.

Eine ähnliche Funktion erfüllt die Verknüpfung eines Kandidaten mit einer anderen Kategorie. Um sich gegen einen Kandidaten für einen Posten in der Stadtsoziologie auszusprechen, könnte ein Mitglied des Auswahlkomitees zum Beispiel sagen:»Diese Person ist eher in der Stadtplanung zuhause« oder »Diese Person ist auf die Stadtverwaltung spezialisiert«. Oder um eine Kandidatin für einen Posten im Bereich »Menschenrechte« zu schwächen, könnte man sagen:»Die Arbeiten dieser Person sind eher im Bereich der *socio-legal studies* als im Bereich der Menschenrechte angesiedelt.« Dies kann wirken, ohne dass man genau erklären muss, warum die Kandidatin nicht *gleichzeitig* auch der vorgeschriebenen Kategorie angehören kann. Die zugrunde liegenden Sche-

---

38 Hamann/Beljean,»Career Gatekeeping in Cultural Fields«.

mata können ausdrücklich angefochten werden – beispielsweise kann jemand einen Kandidaten verteidigen, indem er erklärt: »Er betreibt vielleicht keine Organisationssoziologie nach der Art von X, aber nach der Art von Y.« Die Kategorie schränkt derartige Diskussionen aber ein, und in manchen Fällen ist sie eine rechtliche Einschränkung. Die Zeit für eine explizite Anfechtung und Diskussion ist stets begrenzt.

Manchmal kann sich über die bloße Mitgliedschaft hinaus die Zentralität als explizites normatives Kriterium für kategorisierte Gelegenheiten erweisen, vor allem, wenn Gelegenheiten selten sind und nur eine Position nach der anderen besetzt wird, etwa bei Stellenausschreibungen. Das gilt, obwohl (und in einigen Fällen: weil) die Stellenausschreibung eine Geschichte hat, die von strategischen Überlegungen und der Kommunikation mit den relevanten Dekanen geprägt ist. Möglicherweise rufen die Fakultätsmitglieder einander in Erinnerung, dass »dies unsere einzige Gelegenheit ist, einen auf Afrika spezialisierten Historiker einzustellen«, oder sie sagen: »Vergessen wir nicht, dass dies unser interdisziplinärer Posten ist.« Möglicherweise äußern sie Bedenken bezüglich der Zentralität und erklären, sie wären enttäuscht, wenn einer Person, die in ihrer Arbeit einen bestimmten, als nicht zentral gesehenen Ansatz wählt, ausgerechnet eine Stelle im Bereich »quantitative Methoden« oder »Theorie« angeboten würde.

Bei Gelegenheiten, die von einer Objektkategorie definiert werden, ist die Wahl des materiellen Forschungsobjekts bedeutsam für die Gewährleistung von Mitgliedschaft oder Zentralität. Schemakongruente materielle Forschungsobjekte können vorteilhaft für Kandidatinnen sein, die Anerkennung als Mitglieder oder zentrale Mitglieder einer Kategorie anstreben. Suchkomitees wissen es möglicherweise auch zu schätzen, wenn ein Kandidat an einem »ungewöhnlichen Fall« arbeitet, insbesondere, weil bei der Begutachtung zahlreicher Bewerbungen jene Fälle ins Auges springen können, die zu einem gegebenen Zeitpunkt von den Umständen gesponsert werden. Allerdings besteht bei einem ungewöhnlichen Fall das Risiko, dass er als theoretisch weniger relevant betrachtet oder einer anderen Kategorie zugerechnet wird. Es ist zu erwarten, dass es Muster dafür gibt, welche »ungewöhnlichen« Fälle als in gutem Sinn ungewöhnlich und welche als »eigenartig« betrachtet werden.

Botschaftergelegenheiten und Botschafterkarrieren

Kategorisierte Gelegenheiten auf einem wissenschaftlichen Gebiet, das sich mittels einer regulierten Diversität von Objekten und Zugängen reproduziert, nehmen oft die Form von »Botschaftergelegenheiten« an – es sind Gelegenheiten, die sich aus dem »Bedarf an X in Y« ergeben. Obwohl sich an einigen Punkten auf der institutionellen und geografischen Karte Funktionen konzentrieren – beispielsweise gibt es an der Universität Bielefeld zahlreiche soziologische Systemtheoretiker und an der Columbia University eine Reihe von Netzwerkanalytikerinnen –, versuchen die meisten Departments oder Institute, ein gewisses Maß an Diversität der Objekt- und Zugangskategorien zu gewährleisten. Die Folge ist, dass viele Akademiker, in permanenter oder *tenure-track*-Position, »Botschafterinnenpositionen« einnehmen – zum Beispiel repräsentieren sie die »Stadtforschung« im Department X oder die »Theorie« im Department Y.

Bisher bin ich von der Annahme ausgegangen, dass Gelegenheiten und Kandidaten unabhängig voneinander existieren. Doch Kandidatinnen finden Gelegenheiten in einer zeitlichen Abfolge vor, das heißt, sie haben die Möglichkeit, sich bestehenden Gelegenheiten anzupassen. Das könnte bei Projekten und Artikeln ebenso nachverfolgt werden wie bei individuellen Forschenden.[39] Es scheint angemessen zu postulieren, dass die Antizipation der Belohnung für Botschafterpositionen einen Anreiz schafft, Studien zu entwickeln, die dem Bedarf an X in Y oder Y in X entsprechen.

Natürlich können individuelle Wissenschaftler angesichts von Gelegenheiten verschiedene Strategien verfolgen, darunter auch solche, die nicht strategisch wirken. Beispielsweise können sie die von einem Lehrstuhl gewährte Arbeitsplatzsicherheit nutzen, um neue Interessen zu verfolgen.[40] Auf der anderen Seite können Kategorien im Lauf einer Karriere eine stärkere Wirkung entfalten, weil der betreffenden Person schrittweise bewusst wird, dass sie de facto eine Botschafterposition bekleidet. Dies ist ein relationaler Prozess, der eine gewisse Ähnlichkeit mit Abbotts Beschreibung der fundamentalen Dichotomie hat: Eine Wissenschaftlerin, die in einem ländlich gelegenen Department für

---

39 Teplitskiy, »Frame Search and Re-search«.
40 Gross, »Becoming a Pragmatist Philosopher«.

Soziologie »die Stadtforscherin« ist, würde möglicherweise feststellen, dass in einem Department in Los Angeles oder Berlin andere Aspekte ihres Lebenslaufs betont würden.

Eine Person, die für eine kategorisierte Möglichkeit eingestellt wird, wird aufgefordert, bestimmte Kurse anzubieten und andere nicht. Von Fakultätsmitgliedern wird erwartet, X in Y zu unterrichten, und sie werden als Experten für X in Y anerkannt. Sie werden aufgefordert, als Repräsentanten von X zu Handbüchern und Sammelbänden beizutragen. Sie haben größere Chancen auf Forschungszuschüsse für Arbeiten, die X in Y fortsetzen, und ihre Aussichten auf vorteilhafte Peer Reviews sind besser, wenn sie X in Y vertreten und bei den Zuständigen für X in U, V, and W nur Beifall suchen.

Ansatz- und Objektkategorien haben Botschafter in Departments, aber die Botschafterfunktion kann auch über Landesgrenzen hinweg ausgeübt werden. In der Soziologie und in den Geisteswissenschaften können Intellektuelle mit Positionen in den Vereinigten Staaten als Botschafter für die wissenschaftlichen Traditionen ihrer Heimatsländer auftreten. In den Vereinigten Staaten ausgebildete Wissenschaftler, die Positionen im Ausland einnehmen, können in aller Welt als Botschafter amerikanischer Methoden und Vorlieben fungieren.

Studien, die ihren Ursprung im Bedarf an X in Y haben und die ich als »Botschafterpublikationen« bezeichne, können zur kreativen Anpassung, Erweiterung und Erneuerung von Zugängen führen und den Anstoß zu einer Neubewertung von Objektkategorien geben. Aber Gelegenheiten für eine Botschafterfunktion müssen keine Erweiterung und Innovation erfordern, sondern können zu Publikationen führen, die Zusammenfassungen oder ehrerbietige Rekonstruktionen früherer Arbeiten sind.

Schemata regionaler Kategorien in der Anthropologie

Bevor ich dieses Kapitel abschließe, möchte ich auf die Schemata von Teilgebietskategorien zurückkommen, um kurz den Ballast regionaler und zeitlicher Kategorien zu beleuchten, die beide großen Einfluss auf die Struktur der wissenschaftlichen Landschaft und auf die Aufmerksamkeit für Forschungsobjekte innerhalb dieser Struktur haben. Regionale Kategorien dienen der Beschreibung von Regionen, die von der meist nicht gekennzeichneten Region des Sprechers abweichen. Regionale Kategorien haben in verschiedenen Disziplinen und in den interdisziplinären *area studies* unterschiedliche Assoziationen, mit denen ich mich in Kapitel 6 näher beschäftigen werde. An dieser Stelle möchte ich mich kurz mit Hypothesen zu den Schemata regionaler Kategorien insbesondere in der Anthropologie befassen.

Wie bereits erwähnt, besteht in der Anthropologie beträchtliche Ambivalenz bezüglich des Status des Konzepts der »Region« als analytische Kategorie; nur wenige Anthropologinnen würden die Vorstellung von einer einheitlichen regionalen Kultur ausdrücklich verteidigen. Doch es gibt weiterhin regionale Zeitschriften und Vereinigungen, und die regionale Sachkenntnis spielt weiterhin eine wichtige Rolle in der Hochschulausbildung.[41] Gibt es Prototypen regionaler Kategorien? Welches sind die Schemata und privilegierten Stellvertreter regionaler Kategorien? Regionale Etiketten sind in begrenztem Maß mit einigen Orten enger verbunden als mit anderen. Beispielsweise beklagen sich Expertinnen für Bangladesch über die relative Bevorzugung Indiens in Studien über Südasien; Brasilien spielt in der anthropologischen Erforschung Lateinamerikas eine größere Rolle als Argentinien, nicht jedoch in der politikwissenschaftlichen Auseinandersetzung mit Lateinamerika.

Obwohl es einige lockere Konventionen über spezifische Studienorte innerhalb von Regionen und Ländern gibt (Salvador de Bahia im Nordosten Brasiliens gilt als klassischer Ort für das Studium der afrobrasilianischen Religion), würde ich sagen, dass die Konventionen über die Verknüpfung regionaler Etiketten mit spezifischen Orten für Studien in der Anthropologie kaum bindend sind. Tatsächlich kommt die bleibende Bedeutung von Regionen auch in der Weise zum Ausdruck, wie sich Autoren ungezwungen zwischen Daten aus unterschiedlichsten Ortschaften und Etiketten für größere Kulturgruppen bewegen können. Regionalen Etiketten sind auch mit klassischen Arbeiten und konzeptuellen Überlegungen verbunden. Beispielsweise ist die Arbeit von Clifford Geertz ein zentraler Bezugspunkt für die Erforschung von Südostasien und Nordafrika, und Isaac Schaperas Arbeit ist ein Bezugspunkt für Studien über Botswana und Südafrika.[42]

---

41 Vgl. Fardon, *Localizing Strategies*; Herzfeld, »Horns of the Mediterraneanist Dilemma«; sowie Lederman, »Anthropological Regionalism«.
42 Bastide, *The African Religions of Brazil*.

Klassische anthropologische Studien bringen konzeptuelle Fragen und Interessen mit. Arjun Appadurai hat diesen Aspekt der anthropologischen Tradition treffend analysiert und gezeigt, dass Südasien oft durch die Linse der Hierarchie betrachtet wird. Er schreibt, dass die Anthropologie »mehr als viele disziplinäre Diskurse mit einem Album oder einer Anthologie von Bildern arbeitet (die sich im Lauf der Zeit wandeln), wobei bestimmte Merkmale einer Gruppe als wesentlich und besonders bezeichnend für diese Gruppe im Gegensatz zu anderen Gruppen betrachtet werden. Im Fall Indiens erfüllt die Hierarchie diese Funktion. Im anthropologischen Diskurs ist in erster Linie die Hierarchie kennzeichnend für Indien, und sie ist für Indien charakteristischer als für jeden anderen Ort.«[43]

Appadurai beschreibt eine Assoziation Südasiens mit der Hierarchie und stellt Hypothesen zu anderen regionalen Klischees, wie einem Zusammenhang zwischen Mittelmeerraum und »Ehre«, zwischen Lateinamerika und *compadrazgo* (Patenschaft), zwischen China und Ahnenverehrung, auf. Diese Themen erleichtern dem nicht spezialisierten Leser den Zugang und die Orientierung. Unter Spezialisten, erklärt Appadurai, sagen diese Themen »etwas Wichtiges über den Ort, das über intraregionale Variationen hinausgeht und gleichzeitig *problematisch* ist, weil es ethnografische oder methodologische Fragen aufwirft. [...] Für den Spezialisten sind Bilder wie das der Hierarchie nicht deshalb verlockend, weil sie die mühevolle Reise durch den ethnografischen Dschungel anderer Völker erleichtern, sondern weil sie einleuchtende Ideen sind, von denen man in einer Debatte ausgehen kann, ob diese nun um Methoden, Fakten, Annahmen oder empirische Variationen kreist.«[44]

Die regionalen Schemata von Periodenkategorien

In den historischen Disziplinen sind anspruchsvolle reflexive Diskussionen über das Konzept der »Periode« geführt worden; historizistische Annahmen bezüglich einer ausgeprägten kulturellen Einheit histori-

---

43 Appadurai, »Putting Hierarchy in Its Place«.
44 Ebenda, S. 46.

scher Perioden werden seit Langem angefochten;[45] Wissenschaftlerinnen interessieren sich auch dafür, wie die Akteure selbst Periodisierungen vornehmen.[46] Trotzdem sind Periodenkategorien weiterhin unverzichtbar für die Strukturierung der Arbeit in den historischen Disziplinen, einschließlich Geschichte, Kunstgeschichte, Literaturwissenschaft und Archäologie. Periodenkategorien dienen zur Kennzeichnung von Perioden, die von der im Wesentlichen nicht markierten Periode des Sprechers abweichen, und gehen mit den Effekten von »Lumping« und »Splitting« einher, das heißt mit der Hervorhebung ähnlicher Phänomene innerhalb von Perioden sowie der Unterschiede zwischen Perioden.[47] Als Kategorie, welche die soziale Organisation der Wissenschaft bestimmt, hat eine historische Periode Stellvertreter in Form von Ereignissen, Personen oder Werken aus diesem Zeitraum und in Form früherer Arbeiten zu diesem Zeitraum.

Ich möchte darauf hinweisen, dass Perioden, sofern sie nicht weiter spezifiziert werden, auch regionale Stellvertreter haben. Das klassische Beispiel für den regionalen Ballast von Periodenkategorien ist die enge Assoziation des Begriffs »Antike« mit einer bestimmten Region des Mittelmeeres um Athen und Rom– was in mancher Hinsicht selbst für westliche Länder wie Deutschland, Finnland, Großbritannien oder die Vereinigten Staaten nicht offenkundig ist. Die historische Disziplin ist hier eng mit der altgriechischen und lateinischen Philologie und der archäologischen Erforschung Griechenlands und des Römischen Reichs verbunden.

Die spezifischen Konnotationen von Periodenkategorien variieren über die nationalen und disziplinären Grenzen hinweg; innerhalb des einzelnen nationalen Kontextes der Wissenden wird das Wissen über eine Zielperiode auch von den spezifischen nationalen Kombinationen der Disziplinen geformt, die sich dieser Periode widmen. Die Variationen zwischen Disziplinen und Ländern lassen sich am Beispiel einer Studie veranschaulichen, in der untersucht wurde, wie das frühe erste Jahrtausend vor der christlichen Zeitrechnung (die Zeit zwischen

---

45 Vgl. z.B. Boas, »Historical Periods«; sowie Gombrich, »The Renaissance«.
46 Vgl. z.B. Besserman (Hg.), *The Challenge of Periodization*; Koselleck, *Vergangene Zukunft*; Kotsonas, »Politics of Periodization«; sowie Osterhammel, *Die Verwandlung der Welt*.
47 Zerubavel, »Language and Memory«.

1200 und 700 v. u. Z.) von Intellektuellen auf den Gebieten der Alten Geschichte und der Archäologie verstanden wird.[48] Antonis Kotsonas hat gezeigt, dass verschiedene Disziplinen die fragliche Periode unterschiedlich benennen: Historiker bedauern den Mangel an Quellen aus dieser Zeit und bezeichnen sie als »dunkles Zeitalter«. Ihre Deutung wird von jener der Archäologinnen verdrängt, die besser mit den tatsächlich verfügbaren Zeugnissen umgehen können und die Periode als »frühe Eisenzeit« bezeichnen. Kotsonas erklärt, dass britische Forschende, die Parallelen zur britischen Geschichte herstellen wollten, das Etikett »dunkles Zeitalter« bevorzugten, das sie gegen eine anschließende »Renaissance« abgrenzen konnten; hingegen übernahmen die Deutschen von der Kunstgeschichte die Bezeichnung »geometrisch«.[49] Unterschiedliche Bezeichnungen werden auch mit verschiedenen geografischen Stellvertretern verbunden: die »frühe Eisenzeit« wird mit der Peripherie der griechischen Einflusssphäre assoziiert, zum Beispiel mit Kreta und Mazedonien, wo eine größere Kontinuität zu beobachten war als im griechischen Kernland.

In der Kunst- und Architekturgeschichte wird eine Periode oft nach einem »Stil« benannt. Ein Stil hat paradigmatische Bezugspunkte in verschiedenen Genres. Ein bestimmter Altar von Bernini kann zur Untersuchung des Barocks herangezogen werden, eine bestimmte Art von Roman ist »der naturalistische Roman« usw. Henri Focillon hat darauf hingewiesen, dass Periode und Stil potenziell voneinander unabhängige Konzepte sind – dass wir zum Beispiel in einem Gebäude aus dem 20. Jahrhundert ein stilistisches Merkmal als barock beschreiben können.[50] Das kappt die Verbindung zwischen Stil und Periode, erhält jedoch im Wesentlichen die Verbindung zwischen Stil und Beispiel aufrecht. Alternativ dazu können wir sagen, dass die Periode dadurch, dass das Konzept des Stils von der Vorstellung der Periode getrennt wird, zum Stellvertreter eines Stils wird.

Perioden werden normalerweise als Kategorien betrachtet, aber sie können auch Stellvertreter für andere Kategorien sein. Klassische Perioden oder goldene Zeitalter spielen eine besondere Rolle in den nationalen Geschichten, insbesondere in der nationalen Literaturgeschichte:

---

48 Kotsonas, »Politics of Periodization«.
49 Ebenda.
50 Focillon, *Das Leben der Formen.*

Frankreich hat seine klassische Periode im 17. Jahrhundert, Spanien seine zwischen 1500 und 1700, und die deutsche ist um das Jahr 1800 angesiedelt (Goethe! Schiller! Hölderlin!). Die Geschichtsschreibung zu zahlreichen Ländern und Gebieten, die heute mit dem Islam verbunden werden, konzentriert sich auf die klassische Periode der islamischen Geschichte zwischen dem 8. und 12. Jahrhundert. Die moderne Geschichte beginnt mit dem 19. Jahrhundert, sodass Material zum Beispiel aus dem 17. und 18. Jahrhundert weniger untersucht wird.

Fazit

Ich habe beschrieben, wie Kategorien von Objekten und Ansätzen die Differenzierung innerhalb von Soziologie, historischen Disziplinen und Anthropologie strukturieren. Ich habe erklärt, dass die Institutionalisierung von Teilgebietskategorien den Transport von Schemata und schemakongruenten materiellen Forschungsobjekten erleichtert.

Die zukünftige Forschung könnte Hypothesen dazu untersuchen, wie kategorisierte Gelegenheiten schematische Kandidaten auf unterschiedliche Art fördern. Einige Dimensionen der Unterschiedlichkeit könnten wir formal untersuchen. Erstens könnten wir uns Variationen in der Zusammensetzung des Publikums in Bezug auf die Gelegenheit ansehen: Die meisten akademischen Gelegenheiten bieten sich innerhalb eines Felds von Produzenten, weshalb die Mitglieder des Publikums in Zuckermans Sinn im Prinzip Peers eines Kandidaten sind. Doch Publikumsmitglieder können sich mit derselben Kategorie wie die Gelegenheit identifizieren oder damit identifiziert werden, oder sie können als »Externe« beteiligt sein. Relativ unabhängig davon können die Mitglieder des Publikums viele Annahmen teilen oder sehr heterogen sein.

Zweitens unterschieden sich Gelegenheiten abhängig davon, ob sie zu einem bestimmten Zeitpunkt zu einer Reihe von Ja/Nein-Entscheidungen über eine Reihe von Kandidaten, einer »siegreichen« Gruppe oder einem einzelnen »Gewinner« führen. Einige Entscheidungen betreffen Gelegenheiten, die sich häufig und kontinuierlich ergeben, andere sind selten und isoliert. Gelegenheiten, bei denen jeweils nur ein Kandidat ausgewählt wird und die Auswahl relativ selten vorgenommen wird, zum Beispiel Stellenangebote oder Auszeichnungen, können eventuell eher zur Anwendung von Schemata einladen als die Beantragung von Fördermitteln und Veröffentlichungen in Zeitschriften, wo im Anschluss an eine nicht kompetitive Beurteilung der einzelnen Kandidaten eine Gruppe von ihnen ausgewählt wird.[51]

Neben dem formalen Vergleich zwischen Gelegenheiten bietet sich eine empirische Auseinandersetzung mit Gelegenheiten in verschiedenen nationalen, institutionellen und disziplinären Kontexten an.[52] Die Forschung kann die Wirkung von mit Forschungsspezialgebieten verbundenen Schemata im Kontext anderer Faktoren untersuchen, die sich auf die Anstellung von Wissenschaftlerinnen auswirken, einschließlich von seit Langem in der Literatur hervorgehobenen »extrinsischen Kriterien« wie dem Geschlecht sowie von anderen Versionen »intrinsischer Kriterien«. Natürlich gibt es auch Fälle von offensichtlichem Nepotismus (ein extrinsischer Faktor bei der Aufnahme von Mitarbeitern), der die Kategorie der kategorisierten Gelegenheit vollkommen außer Acht lässt. Es gibt auch eine Spannung zwischen der Betonung der Übereinstimmung zwischen Spezialisierungskategorien als intrinsischem Kriterium für die Beurteilung von Kandidaten und anderen intrinsischen Faktoren, wie einem scheinbar objektiven Vergleich der H-Indices.

Einstweilen können wir festhalten, dass die Kombination von Fragmentierung und Reproduktion zu Botschafterpublikationen führt, die Ähnlichkeit mit früheren Publikationen und miteinander haben. In einer Forschungslandschaft, die zugunsten der (nicht gekennzeichneten) Gegenwart und der (nicht gekennzeichneten) Region der Verfasserin verzerrt ist, finden wir Kombinationen von Regionen und Perioden, die sich fast jeglicher wissenschaftlicher Aufmerksamkeit entziehen.

---

51 Lamont, *How Professors Think*.
52 Vgl. Fumasoli/Goastellec, »Global Models, Disciplinary and Local Patterns«; Musselin, »European Academic Labor Markets«; dies., *The Market for Academics*.

Wovon wir mehr brauchen

- Diskussionen über die Fälle, die sich hinter zitierten Schlüsselbeiträgen verbergen
- Aufmerksamkeit für ungewöhnliche Kombinationen von Regionen und konzeptuellen Überlegungen
- Aufmerksamkeit für ungewöhnliche Kombinationen von Perioden und Regionen

Wovon wir genug haben

- Arbeiten, die mit mangelnder Berücksichtigung eines Objekts innerhalb einer willkürlich definierten Community von Forschenden gerechtfertigt werden
- Texte, die in erster Linie Ansprüche auf Botschafterpositionen begründen

5

Die Schemata der Sozialtheorie

Michel Foucault analysiert Jeremy Benthams Entwurf für ein Gefängnis, um eine neue Theorie der politischen Macht zu entwickeln.

Ein späterer Forscher analysiert, wie Personen über Fitbits sprechen, und weist auf zahlreiche Ähnlichkeiten mit der Selbstüberwachung hin, die Michel Foucault den Häftlingen in Benthams Gefängnisdesign zuschrieb.

Eine Wissenschaftlerin legt eine Neuinterpretation Foucaults vor, die auf zuvor nicht in englischer Sprache verfügbaren Arbeiten beruht.

Es kann durchaus Spaß machen, über die spezifischen Beispiele und Kontexte nachzudenken, auf denen die berühmtesten Werke von Philosophie und Sozialtheorie beruhen, und zum Beispiel die Frage zu stellen, welche Auswirkungen Platons Entscheidung für den Schuhmacher als Beispiel hatte,[1] oder zu untersuchen, wie Sartres Philosophie von jener Art von Interaktionen geprägt wurde, die in den Pariser Cafés stattfanden, in denen er so viel Zeit verbrachte.[2] Wir können fragen, was Jeremy Benthams Gefängnis für Foucaults Analyse geleistet hat[3] und wie sich die Jahre 1969–1972 in der Geschichte der *italienischen* Gewerkschaften auf die zeitgenössische marxistische Philosophie auswirkten.[4]

Die Freude an dieser Art von Überlegungen entspringt teilweise dem Kontrast zwischen dem Anspruch dieser Texte auf Allgemeingültigkeit und den spezifischen und manchmal banalen Umständen, unter denen die Erkenntnisse gewonnen wurden. Die Analyse der Rolle kon-

---

1   Vgl. Ranciere, *Der Philosoph und seine Armen*.
2   Vgl. Mol, »I Eat an Apple«, unter Verweis auf Nauta, »Historical Roots of the Concept of Autonomy«.
3   Vgl. Agamben, *Signatura rerum*; sowie Farzin, »Paradigmatologisches Denken«.
4   Vgl. Hoheisel u. a., »Gewerkschaftspolitik in Italien«.

kreter Beispiele kann die Blackbox abstrakter Positionen öffnen; sie lädt dazu ein, mit Möglichkeiten zu spielen, und versetzt uns in die Lage zu fragen, wie die Geschichte der Philosophie mit anderen Beispielen aussehen würde.

In diesem Kapitel ordne ich die Auseinandersetzung mit den »paradigmatischen Beispielen« in der Philosophie und Sozialtheorie in den Kontext der Untersuchung materieller Forschungsobjekte ein. Im Rahmen des übergeordneten Projekts dieses Buchs bedeutet dies, dass materielle Forschungsobjekte und privilegierte materielle Forschungsobjekte im Kontext von Texten und privilegierten Texten sowie von Autoren und privilegierten Autoren behandelt werden.

Bevor ich auf Objekte und Beispiele zurückkomme, möchte ich das Kapitel noch einmal beginnen, in dem ich auf die Debatte über »die Klassiker« und den »Kanon« in den Sozialwissenschaften zu sprechen komme, wobei der Fall der Soziologie mein Ausgangspunkt ist, weil dort die intensivste publizierte Debatte über den Kanon geführt worden ist. Ich werde zeigen, dass die Debatte über die Klassiker der Soziologie auf einer spezifischen Art von Soziologie der Soziologie beruht, die erheblich von den makrokulturellen Zugängen sowohl derer, die den Wert der Klassiker verteidigen, als auch derer, die den Kanon und seine Rolle kritisieren, beeinflusst worden ist. Ich werde ausführen, dass uns ein soziomaterieller Zugang in die Lage versetzt, weitreichende Fragen zu den Auswirkungen von Konventionen über privilegierte Texte auf die Art des produzierten Wissens zu stellen.

Ich werde die Vorbedingungen der Konsekration bestimmter Autorinnen und Texte untersuchen – die Vorbedingungen dessen, was Fabien Accominotti als Kluft »zwischen den Auserwählten und dem Rest in einer Population von Kandidaten« bezeichnet hat.[5] Ich werde zeigen, dass wir erst beobachten müssen, wie »Autoren« von »Kollegen« unterschieden werden und wie Autorinnen oder Ansätze als Objekte und als Stellvertreter der neu institutionalisierten Kategorie der »Theorie« eingestuft werden, bevor wir fragen, wie Aufmerksamkeit unter Autoren und ihren Texten verteilt wird.

Ich werde argumentieren, dass die Umwandlung von Kolleginnen in Autorinnen materielle Forschungsobjekte in paradigmatische Beispiele verwandelt. Während privilegierte materielle Forschungsob-

---

5 Accominotti, »Consecration as a Population-Level Phenomenon«, S. 1.

jekte – die Fruchtfliege in der Biologie, Chicago in der Stadtsoziologie, das Automobilwerk in der Arbeitssoziologie – mit unterschiedlichen Ansätzen und Methoden wieder und wieder analysiert werden sollen, besteht der Zweck paradigmatischer Beispiele darin, einen einzelnen Ansatz zu veranschaulichen. Wenn paradigmatische Objekte erneut untersucht werden, so geschieht dies oft explizit, um einen Ansatz infrage zu stellen.

Ich stelle drei Fragen zu den Schemata der Theorie: Nachdem ich nach den Theoretikern und ihren Schriften als Stellvertreter oder Schemata für das Konzept der Theorie und nach konkreten Beispielen in theoretischen Arbeiten als Stellvertreter für das Empirische gefragt habe, werde ich mich den Schemata der Theorie im Sinn eines »Rezepts für das Handeln« zuwenden.[6] Ich werde mich mit formelhaften Aspekten der theoretischen Produktion beschäftigen, die gestützt auf diese Analyse beleuchtet werden können: Ich untersuche die sonderbaren Wirkungen der Verwandlung eines Autors in ein epistemisches Zielobjekt der sozialwissenschaftlichen Forschung; ich diskutiere die Rolle von Booster- und Botschafterpublikationen; und ich zeige, wie die Umwandlung materieller Forschungsobjekte in paradigmatische Beispiele zur Entstehung einer Anwendungsindustrie führt, in der aus dem paradigmatischen Beispiel gewonnene Erkenntnisse nicht mit neuen Fällen verglichen, sondern auf diese angewandt werden.

Makrokulturelle Analyse in der Soziologie textueller Kanons und darüber hinaus

Die meisten sozialwissenschaftlichen Disziplinen gestehen bestimmten Autorinnen und Texten einen besonderen Platz zu. In der Politikwissenschaft gelten Konventionen über Schlüsseltexte für einige Teilgebiete wie die politische Theorie (Hobbes! Locke! Arendt!)[7] und die Theorie der internationalen Beziehungen (Morgenthau! Waltz!). Anthropologiestudierende werden mittels einer Konzentration auf die Geschichte

---

6   Schütz, »Der Fremde«; ders., *On Phenomenology and Social Relations.* Vgl. auch Bourdieus Betonung von Handlungsschemata als Wahrnehmungsschemata: Bourdieu, *Entwurf einer Theorie der Praxis.*

7   Vgl. Condran, *The Status and Appraisal of Classic Texts.*

der Disziplin sowie auf klassische Studien und Kontroversen initiiert.[8] Die Soziologie verehrt in der »Theorielehre« eine Auswahl von Texten einiger Figuren aus dem 19. und frühen 20. Jahrhundert, die als »die Klassiker« bezeichnet werden – zum Beispiel Marx, Weber und Durkheim – sowie neuerer Figuren wie Bourdieu und Foucault. Die Bedeutung privilegierter Texte wird in verschiedenen Disziplinen in Diskussionen über die Frage, welche Texte in den »Kanon« aufgenommen werden sollen, sowie in Auseinandersetzungen über seine Ausweitung bekräftigt.[9]

Die Soziologie ist unter diesen Disziplinen jene, die sich am umfassendsten in Veröffentlichungen mit der Rolle der »Klassiker« oder »dem Kanon« auseinandergesetzt hat. Diese veröffentlichte Reflexion hat eine Art von Soziologie der Soziologie hervorgebracht. Aber wenn wir diese Auseinandersetzung als Soziologie der Soziologie ernstnehmen, stellen wir fest, dass sie die theoretischen Ressourcen der Disziplin sehr selektiv genutzt hat. Makrokulturelle und funktionalistische Ansätze wurden gegenüber einer Reihe alternativer Ansätze privilegiert, insbesondere auch gegenüber einer Reihe alternativer Ansätze innerhalb der Kultur- und Wissenssoziologie.

Die makrokulturelle soziologische Analyse des soziologischen Kanons umfasst normalerweise drei Elemente. Zunächst wird festgestellt, dass die mit den Klassikern verbundenen Praktiken infrage gestellt und als sonderbar betrachtet werden können, und daraus wird rasch die Frage »Warum haben die Soziologen einen Kanon?« abgeleitet. Die Antwort besteht im Hinweis auf die integrative Funktion der Klassiker für die Disziplin.[10] Jeffrey Alexander bringt diese Einschätzung sehr ex-

---

8   Golub, »Is There an Anthropological Canon?«. Vgl. jedoch Marcus, »A Broad(er) Side to the Canon«.

9   Vgl. z.B. Seidman, *The Postmodern Turn*; Connell, »Why Is Classical Theory Classical?«; dies., *Southern Theory*; Psalidopoulos, *The Canon in the History of Economics*; Keighren/Abrahamsson/della Dora, »On Canonical Geographies«; Bhambra, »A Sociological Dilemma«; Calhoun, »Whose Classics?«; Parker, »Viewpoint«; sowie Powell, »Notes on a Geographical Canon?«. Vgl. auch die Website *Global Social Theory*, betreut von Gurminder K. Bhambra: https://globalsocialtheory.org/ [23.1.2023].

10   Eine Arbeit von Robert Alun Jones, »Myth and Symbol among the Nacirema Tsigoloicos«, ist ein Beispiel für diesen Ansatz und veranschaulicht das theoretische Erbe. Ausgehend von Horace Miners verfremdender Darstellung des amerikanischen (»nakiremaschen«) Lebens setzt sich Jones satirisch mit der Unantast-

plizit zum Ausdruck: »Die funktionale Notwendigkeit von Klassikern ergibt sich aus der Notwendigkeit, das Feld des theoretischen Diskurses zu integrieren. Mit Integration meine ich nicht Kooperation und Gleichgewicht, sondern die Aufrechterhaltung oder Schließung von Grenzen, welche die Existenz von Systemen ermöglichen.«[11] Dieser makrokulturelle Zugang zu den Klassikern wird sowohl von »Verfechtern« als auch von »Kritikern« oft gewählt. Die Verfechter betonen die positiven Aspekte der Integration: Der Kanon ist ein »Symbol, das verdichtet – er ›steht für‹ eine Vielzahl verschiedener allgemeiner Bekenntnisse«;[12] die Klassiker stellen eine Grundlage für eine über die Spezialgebiete hinausreichende gemeinsame Identität dar – sie dienen als Modelle für gute Arbeit und als Maßstäbe sowohl für ästhetische als auch für rationale Standards.[13]

Die Kritikerinnen auf der anderen Seite weisen auf die Unterlassungen und Ausgrenzungen hin, die damit einhergehen, dass dieser Weg zur Integration gewählt wurde,[14] und zeigen, wie der Kanon die Disziplin mit übergeordneten ideologischen Projekten, die ihren Ursprung in der Aufklärung haben, sowie mit Vorstellungen von der Moderne verknüpft, die das Vermächtnis von Imperialismus, Rassismus, Sexismus und Heterosexismus zugleich verdecken und legitimieren.[15]

---

barkeit von Texten auseinander, die den amerikanischen Soziologen heilig sind. Jones setzt Zitate aus Durkheims *Die elementaren Formen des religiösen Lebens* ein, um eine Analogie zwischen dem Totem und dem Klassiker als Symbol der Gruppenidentität herzustellen. Vgl. Jones, »Myth and Symbol among the Nacirema Tsigoloicos«.

11 Alexander, »Sociology and Discourse«, S. 27. Dieser Betonung der kulturellen, integrativen Rolle des Kanons schließen sich alle an, die eine Analogie zwischen soziologischen Praktiken in Bezug auf privilegierte Texte und religiösen Praktiken oder Praktiken der kollektiven Erinnerung herstellen, die, wie Baehr und O'Brien erklären, in die Verwendung des Begriffs »Kanon« eingebettet ist. Vgl. Baehr/O'Brien, »Founders, Classics and the Concepts of a Canon«. Vgl. z. B. auch Wagner, »The Imitation of Science«; Bargheer, »The Invention of Theory«; sowie Platt, »The United States' Reception«.

12 Alexander, »Sociology and Discourse«, S. 27.

13 Stinchcombe, »Should Sociologists Forget Their Mothers and Fathers?«, S. 4–6; Mouzelis, »In Defence of the Sociological Canon«.

14 Vgl. z. B. Lemert, »A Classic from the Other Side of the Veil«; McDonald, *The Women Founders of the Social Sciences*; sowie Bhambra, »A Sociological Dilemma«.

15 Connell, »Why Is Classical Theory Classical?«; Parker, »Viewpoint«; Curato, »A Sociological Reading«. Gleichermaßen funktionalistisch und kulturell, aber auf andere Art kritisch ist Wagners Argument, der Kanon hindere die Soziologie

Diese Soziologie des soziologischen Kanons hat damit nicht das gesamte Spektrum der verfügbaren theoretischen Zugänge genutzt. Sie fixiert sich auf explizite Ideen und ihre integrative Funktion, eine Fixierung, die in neueren Arbeiten auf dem Gebiet der Kultursoziologie mit Recht kritisiert worden ist und die nicht alle Teilnehmende an diesem Gespräch verteidigen würden, würde sie auf andere Bereiche der soziologischen Forschung angewandt.[16] In diesem Kapitel stütze ich mich auf jene Beiträge, die länger innegehalten haben, um den Status der Klassiker zu hinterfragen und die »großen Denker« grundlegender zu denaturalisieren.[17] Ich möchte ihre Rolle ausgehend von einer Auseinandersetzung mit soziomateriellen Praktiken und wissenschaftlichen und technologischen Studien und einer praxisorientierten Kultursoziologie im Allgemeinen und der in diesem Buch vorgenommenen Unterscheidung zwischen materiellen Forschungsobjekten und epistemischen Zielobjekten im Besonderen hinterfragen.

Ich stelle folgende Frage: Was tun wir, wenn wir einem bestimmten Autor oder Text den Vorzug vor anderen geben? Welches sind die Bedingungen der Möglichkeit eines »Kanons«, einer Reihe privilegierter Autoren und Texte? Welche Rolle spielen privilegierte Autoren und Texte in Übersetzungsprozessen, das heißt in der Herstellung von partiellen Korrespondenzen zwischen bestimmten Objekten, Fakten und Beobachtungen und allgemeineren Thesen?[18]

Die makrokulturelle und funktionalistische Tendenz der Diskussionen über die Klassiker hat Forschende dazu bewegt, sich auf spezifische und begrenzte Konsequenzen der Klassiker zu konzentrieren.

---

daran, eine richtige Wissenschaft zu werden; vgl. Wagner,»The Imitation of Science«.

16 Für neuere Arbeiten, die ein Widerhall etablierter phänomenologischer und praxistheoretischer Positionen in dieser Frage sind, vgl. Vaisey, »Motivation and Justification«; Lizardo u. a., »What Are Dual Process Models?«; sowie Jerolmack/Khan, »Talk Is Cheap«.

17 Vgl. Connell, »Why Is Classical Theory Classical?«; sowie Bargheer, »The Invention of Theory«.

18 Vgl. dazu:»Eine Übersetzung bringt Akteure zusammen und bewegt ›zwei Mediatoren zur Koexistenz‹ (Latour 2005: S. 108). Im Fall der (Sozial-) Wissenschaft sind dies normalerweise ein (Sozial-) Wissenschaftler und ein epistemisches Objekt, und die Übersetzung ist eine Form von Praxis, die das Objekt (und den Forscher) verändert.« Guggenheim, »The Media of Sociology«, S. 351. Im Original wird verwiesen auf Latour, *Reassembling the Social*, (dt.: *Eine neue Soziologie*).

In der Konsequenz hat sich die Diskussion erstens auf die Tatsache der Integration konzentriert. Zweitens wurde gefragt, »welche Theoretiker gewinnen und warum«, wobei sich die Diskussion auf die gesellschafts-theoretische Version dessen konzentriert hat, was Beobachterinnen der amerikanischen Politik als »das Horse Race«, also das Pferderennen be-zeichnen: auf den Wettbewerb zwischen (präsidentiellen) Kandidaten, sobald entschieden worden ist, dass jemand »gewinnen« muss, sobald Regeln aufgestellt und Kandidaten ausgewählt worden sind. Drittens hat sie nach den ideologischen Konsequenzen des Hintergrundes und den Anliegen ausgewählter Autorinnen und dem Inhalt ausgewählter Texte gefragt. Über den kulturellen Zugang hinaus werde ich gestützt auf einen soziomateriellen Zugang zu den wissenschaftlichen Praktiken auf einer grundlegenderen, aber auch allgemeineren Ebene fragen: Wel-che Auswirkungen haben Konventionen über privilegierte Autoren und Texte auf das von uns erzeugte Wissen über die Welt?

Voraussetzungen der Konsekration

Raewyn Connells Beitrag zur Debatte über die Rolle der Klassiker in der Soziologie ist vor allem deshalb bekannt, weil sie in ihrem Buch *Southern Theory* einen alternativen Kanon entwickelt hat.[19] Aber wir soll-ten nicht zu schnell über ihre grundlegende These hinweggehen, dass der Umgang der Soziologen mit bestimmten Autorinnen und Texten keineswegs natürlich ist. Wir sollten uns in Erinnerung rufen, dass die heute als »bedeutende Autoren« betrachteten Soziologen unabhängig davon, wie sie ausgewählt wurden, zu ihrer Zeit nicht als auf dieselbe Weise bedeutend anerkannt waren und dass es damals auch keine ande-ren solchen Figuren gab. Connell zeigt, dass »die Vorstellung, bestimmte Texte seien ›Klassiker‹, welche die Disziplin definierten und ein beson-ders eingehendes Studium verdienten, noch in den 1920er Jahren nicht existierte. Vielmehr herrschte der Eindruck vor, es finde ein umfassen-der, fast unpersönlicher Fortschritt der wissenschaftlichen Kenntnisse statt und die Notablen seien einfach führende Mitglieder der Gruppe der Vorreiter. Die Soziologen akzeptierten die in der Entstehungsphase der Disziplin von Charles Letourneau (1881: 4) geäußerte Einschätzung,

---

19 Vgl. Connell, *Southern Theory.*

die Anfänge jeder Wissenschaft, und seien sie noch so einfach, seien ›immer eine kollektive Arbeit. Sie erfordern die unablässige Bemühung zahlreicher geduldiger Arbeiter‹«.[20]

Connell stellt klar, dass wissenschaftliche Gemeinschaften sowie die Rezeption und Verbreitung von Texten auch ohne Helden, Klassiker und Kanone organisiert werden können. Sie stellt einer kanonischen Logik unter anderem eine enzyklopädische Logik gegenüber, die sich auf eine einfache Auflistung der Beiträge aller Beteiligten beschränkt.

Wie ist dann zu deuten, was zwischen dieser Vergangenheit und der bis heute andauernden Ära des »kanonischen Standpunkts« geschah?[21] Was genau ist die Konsekration? Sie ist nicht einfach eine Änderung des Status eines individuellen Autors oder eine deutlich erhöhte Aufmerksamkeit für seine Arbeit. Stattdessen kommt es zu einer grundlegenden Verschiebung des Verständnisses dieses Autors und zu einem Wandel der *Art* von Aufmerksamkeit, die ihm zuteilwird.[22]

Der zuvor zitierte Hinweis auf die »unablässige Bemühung zahlreicher geduldiger Arbeiter« impliziert ein gewisses Maß an Gleichheit zwischen den »Arbeitern« sowie eine funktionale Äquivalenz, was bedeutet, dass die geduldigen Arbeiter alle von derselben Art sind. Voraussetzung für die Konsekration ist ein Bruch mit dieser funktionalen Äquivalenz. Die Konsekration trennt die »Autoren« auf der einen von den »Kollegen« auf der anderen Seite und verwandelt die Autoren in epistemische Forschungsobjekte – in etwas, das wir zu verstehen versuchen können und dass das letztendliche Ziel der als wissenschaftlich anerkannten Aktivität sein kann.

Ein Symptom der Umwandlung von Kolleginnen in Autorinnen ist das Auftauchen einer bestimmten Art von Texten: Der Titel solcher Texte enthält oft den Namen einer Autorin, und ihr Ziel ist es, die Arbeit dieser Autorin zu erklären, zu verstehen oder einer Neubewertung zu unterziehen. Jennifer Platt hat herausgefunden, dass die ersten Dissertationen *über* Émile Durkheim in den 1930er Jahren an der Columbia University und in Harvard eingereicht wurden.[23] Connell schreibt,

---

20 Connell, »Why Is Classical Theory Classical?«, S. 1541. Im Original wird verwiesen auf Letourneau, *Sociology Based upon Ethnography*.
21 Connell, »Why Is Classical Theory Classical?«, S. 1537.
22 Accominotti, »Consecration«.
23 Platt, »The United States' Reception«, S. 86.

dass »die Übersetzungen von Weber in den vierziger Jahren (Gerth und Millis 1946) von langen Kommentaren begleitet wurden, und Parsons machte eine Erörterung Webers zum Kernstück der ersten Ausgabe seiner *Essays in Sociological Theory* (1949). [...] Umfangreiche Symposien zu Simmel und Durkheim wurden von Wolff (Simmels Übersetzer) in den Jahren 1959 und 1960 als Bücher herausgegeben. [...] In den Jahren 1958–59 wurden die hundertsten Geburtstage Durkheims und Simmels sowohl im *American Journal of Sociology* als auch in der *American Sociological Review* mit Beiträgen gefeiert.«[24] Levine erklärt, dass Neuübersetzungen, Neuausgaben und sekundäre Analysen klassischer Autoren in den 1960er und 1970er Jahren »eine der am schnellsten wachsenden Industrien innerhalb der Soziologie waren«.[25]

Die Trennung der Kolleginnen – mit denen wir diskutieren können und die Autorinnen in einem alltäglichen Sinn sind – von den privilegierten Autoren – über die wir schreiben und über die wir Fachwissen erwerben – entspricht der Trennung von Forschung und Theorie und bringt tatsächlich die Idee der Theorie hervor, wie Stefan Bargheer in einer Studie über die Rezeptionsgeschichte von Webers *Die protestantische Ethik und der Geist des Kapitalismus* erklärt.[26]

Die Theorie als Kategorie wurde in der Soziologie in der zweiten Hälfte des 20. Jahrhunderts vollkommen institutionalisiert. Es gibt theoretische Sektionen in regionalen, nationalen und internationalen disziplinären Vereinigungen; es gibt theoretische Fachzeitschriften; es gibt Kurse für Theorie und Theorielehrbücher. Es gibt nicht viele Arbeitsplätze für Theoretikerinnen, aber es gibt zahlreiche Jobs, welche die theoretische Lehre beinhalten und einen Nachweis der Befähigung zur Unterrichtung der Theorie erfordern.[27]

Einmal ins Leben gerufen, ist die Theorie eine Kategorie, die erklärt werden muss und wie andere Kategorien nicht anhand von Definitionen, sondern von privilegierten Mitgliedern der Kategorie oder Proto-

---

24 Connell, »Why Is Classical Theory Classical?«, S. 1539 f. Im Original wird verwiesen auf Gerth/Mills (Hg.), *From Max Weber*; sowie Parsons, *Essays in Sociological Theory*.

25 Levine, *Visions of the Sociological Tradition*, S. 63, zitiert nach: Connell, »Why Is Classical Theory Classical?«, S. 1539.

26 Bargheer, »The Invention of Theory«.

27 Krause, »Theory as an Anti-subfield Subfield«; Lizardo, »The End of Theorists«.

typen verstanden wird.[28] Prototypen der Kategorie »Theorie« sind Autoren und Ansätze wie Bourdieu oder Ethnomethodologie. Autorinnen und Ansätze haben Schlüsselwerke als Prototypen.[29]

Nachdem ich die mit der Konsekration verbundene Transformation von Kollegen in Autoren beschrieben und erklärt habe, dass Autoren Forschungsobjekte und Prototypen der Theorie sind, möchte ich unterscheiden zwischen Texten, die als Stellvertreter von Autoren oder Zugängen privilegiert oder potenziell privilegiert werden, und Texten, die an sich privilegiert sind, etwa die Zitationsklassiker in verschiedenen Teilgebieten.[30] Ausgehend von der Untersuchung der Frage, ob Kollegen Forschungsobjekte darstellen, gibt es in meinen Augen keinen grundlegenden Unterschied zwischen den Klassikern und großen Namen in der Gegenwart, zwischen verstorbenen Theoretikerinnen wie Pierre Bourdieu und lebenden wie Judith Butler. Diesbezüglich bin ich anderer Meinung als Peter Baehr, der erklärt, eine Vorbedingung für die Konsekration bestehe darin, tot zu sein.[31] Ich würde eher sagen, dass wir die Konsekration live als laufenden Prozess verfolgen können, wenn wir uns die gegenwärtige Landschaft ansehen. Wie gesagt, sollten wir nicht nach Hinweisen auf Ruhm oder Aufmerksamkeit, sondern nach Hinweisen auf eine Transformation von Kolleginnen in Forschungsobjekte Ausschau halten. Unter den lebenden Kolleginnen sind zum Beispiel Judith Butler, Bruno Latour und Luc Boltanski Gegenstand von Artikeln, Büchern und Sammelbänden, und es tauchen erste Dissertationen auf, deren Ziel es ist, diese Autoren besser zu verstehen.

Baehr betrachtet das Interview als Hindernis für die Konsekration lebender Autoren, da es in seinen Augen den Untersuchungsgegenstand »destabilisiert«,[32] aber nach meinem Dafürhalten zeigen zeitgenössische Fälle, dass das Interview wesentlich zum Übergang vom Kollegen

---

28 Für einen Versuch, verschiedene explizite Definitionen zu entwickeln, vgl. Abend, »The Meaning of ›Theory‹«.

29 Baehr, »The Honored Outsider«, beschreibt Konzepte als Stellvertreter von Theorien ebenfalls anhand von Begriffen, die kognitive Assoziationsprozesse hervorheben.

30 Bornmann u. a., »Identifying Seminal Works«. Für einen Fall, in dem »Texte« dem »Autor« folgen, vgl. Huebner, »The Construction of Mind, Self, and Society«. Vgl. auch Silva/Vieira, »Books and Canon Building in Sociology«.

31 Vgl. jedoch Baehr, *Founders, Classics, Canons*; sowie Baehr/O'Brian, »Founders, Classics and the Concepts«.

32 Baehr, *Founders, Classics, Canons*, S. 113.

zum Autor beitragen kann. Beispielsweise äußern sich die Organisatorinnen eines öffentlichen Symposiums mit Bruno Latour und Graham Harman an der London School of Economics (LSE) ungewöhnlich offen über die investigative Logik dieser Praxis und beschreiben das Gespräch als Experiment zur Beobachtung des Objekts – Latour. Sie schreiben, dass ihr Symposium »ein zeitweiliges Labor für ein sozialwissenschaftliches Experiment war, um Harmans Thesen zu Latours Metaphysik und Latours Thesen zu seiner eigenen Arbeit zu testen, indem ein experimentelles Protokoll auf sie angewandt wurde«.[33]

Es lohnt sich darauf hinzuweisen, dass »Latour« genau wie »Weber« und »Durkheim« im Kontext von Disziplinen, die sich auf soziale, kulturelle und politische Formationen wie die Soziologie, aber auch die Anthropologie konzentrieren, ein eigenartiges Objekt ist.[34] Sehen wir uns die erklärte Absicht an, eine Diskussion zwischen Latour und Harman als »sozialwissenschaftliches Experiment« zu organisieren: Es ist nicht klar, in welchem Sinn dieses Experiment *sozialwissenschaftlich* ist, denn Harmans Thesen über Latour und Latours Thesen über sich selbst sind kaum *sozialwissenschaftliche* Thesen. Es gibt keine tatsächlich soziologischen Theorien über Autoren, es sei denn, wir zählen jene, die ungläubig fragen, wie die Wirkungen der Autorenschaft erzeugt werden.[35]

Ich habe dargelegt, dass ein Autor bei der Konsekration aus der Gruppe der Kolleginnen herausgeholt wird, um ihm eine andere, höhere Stellung zuzuweisen. Dabei wird ein Autor aus dem Kontext der Kollegen gelöst, die Teil der mit diesem Autor verbundenen intellektuellen Agenda sind. Die Karriere Bruno Latours und die Rezeption seines Werks sind ein gutes Anschauungsbeispiel aus jüngerer Zeit: Der Aufstieg Latours als Autor im Gegensatz zu seinem Aufstieg als Kollege verdeckt teilweise die Geschichte der Science and Technology Studies als interdisziplinäre intellektuelle Bewegung, was unter anderem breit gefächerte feministische Beiträge aktiv in den Hintergrund drängt.[36]

---

33 Latour/Harman/Erdelyi, *The Prince and the Wolf*, S. 2 f.
34 Krause, »Theory as an Anti-subfield Subfield«.
35 Vgl. Foucault, »What Is an Author?«; Barthes, *Image, Music, Text*; Elias, *Mozart*; sowie Krause, »Practicing Authorship«.
36 Für eine Analyse ähnlicher Fragen in Rezeption und Zirkulation der postkolonialen Theorie vgl. Puwar, »Puzzlement of a Déjà Vu«.

Theorieobjekte und privilegierte Theorieobjekte

Sind Autoren oder Ansätze einmal als Forschungsobjekte, das heißt als Stellvertreter der Theorie etabliert, so können wir fragen, welcher Wert ihnen zugeschrieben und wie Wertschätzung unter ihnen verteilt wird. Bestimmte Autoren oder Zugänge können als Stellvertreter der Theorie privilegiert werden, und dies wird normalerweise als »der Kanon« behandelt (und angefochten). Theorielehrpläne konzentrieren sich auf bestimmte Denker und nicht auf andere; Kommentare in Zeitschriften konzentrieren sich auf bestimmte Autoren und lassen andere außer Acht.[37]

Im soziologischen Kanon können privilegierte Autoren anders als im katholischen Kanon zu Fall kommen, wie Baehr angemerkt hat.[38] Eines der bekanntesten Beispiele für einen solchen Sturz ist Talcott Parsons. Wenn sie gestürzt werden, schlüpfen privilegierte Autoren selten zurück in die Rolle von Kollegen; das mit der vergangenen Projektion verbundene Schuldgefühl führt anscheinend dazu, dass sie vollkommen beseitigt werden, anstatt weiterhin für bestimmte Erkenntnisse oder Kommentare zitiert zu werden. Es tauchen neue Stars auf, und es werden neue Kämpfe um die Aufnahme in den Kanon geführt, wie die Bemühungen zur Aufnahme von Gründer*innen*[39] und die verspätete Aufnahme von W.EB. Du Bois unter die Klassiker der Soziologie zeigen.[40]

Ergänzt wird eine Logik privilegierter Stellvertreter durch eine Abdeckungslogik, der wir begegnen, wenn wir Hinweise auf »übersehene Klassiker« wie Herbert Spencer oder Theodor Geiger[41] oder auf

---

37 Connell, »Why Is Classical Theory Classical?«. Vgl. auch Bhambra, »A Sociological Dilemma«.
38 Baehr, *Founders, Classics, Canons*, S.166f., weist auf folgende Unterschiede zwischen soziologischem und religiösem Kanon hin: Erstens wird in der Katholischen Kirche in einem formalen, zentralisierten Verfahren über die Aufnahme in den Kanon entschieden. Zweitens muss der Kanon, wenn er einmal definiert ist, in seiner Gesamtheit akzeptiert werden. Drittens kann er nicht geändert werden. Viertens unterscheiden sich kanonische Texte von anderen (was auch für klassische Texte gilt), und es ist nicht möglich, sie zu kritisieren.
39 Vgl. McDonald, »Classical Social Theory«; sowie McDonald, *The Women Founders*.
40 Vgl. Bulmer, »W.E.B. Du Bois as a Social Investigator«; Lemert, »A Classic from the Other Side«; Bhambra, »A Sociological Dilemma«.
41 Vgl. Borch, »Crowds and Pathos«.

»vernachlässigte Theoretiker« wie Raymond Aron sehen.[42] Da die Umwandlung in Forschungsobjekte vom Kommentator vorgenommen wird, gibt es unbegrenztes Potenzial für die »Entdeckung« von Theoretikerinnen unter den Kolleginnen, insbesondere in der Vergangenheit, in anderen Ländern und in anderen Disziplinen. Die Entdeckung beruht auf der *vermeintlichen* Vernachlässigung eines Kollegen als Autor durch andere Kollegen, weshalb es auch unbegrenztes Potenzial für die zyklische Wiederentdeckung von Autoren gibt. Die Logik privilegierter Stellvertreter und die Abdeckungslogik werden auf Ebene des Textes repliziert: Die Auseinandersetzung zum Beispiel mit dem Werk von Karl Marx oder Michel Foucault beruht oft auf einigen bestimmten Texten, während andere vernachlässigt werden, was es später ermöglicht, sie hinzuzufügen oder wiederzuentdecken.

Wie werden Stellvertreter der Theorie ausgewählt? Wie werden privilegierte Stellvertreter ausgewählt? Über diese Frage wird intensiv diskutiert, und diese Diskussion wird wie jene über die Stellvertreter im Allgemeinen (siehe Kapitel 2) von der Spannung zwischen jenen, die auf die »inhärenten« Faktoren verweisen, die den Prozess strategisch und rational wirken lassen, und jenen geprägt, die externe gesellschaftliche Gründe hervorheben.

Die intrinsischen Erklärungen – die manchmal explizit sind und manchmal in der »Anerkennung« oder »Verteidigung« des Kanons enthalten sind – heben positive Aspekte der ausgewählten Texte hervor. Zum Beispiel etablierten sich die Werke von Marx, Weber und Durkheim nach Einschätzung von Nicos Mouzelis als Klassiker, weil Angehörige der akademischen Gemeinde erkannten, dass »die Schriften dieser drei Denker außergewöhnlich gut« und »anderen Schriften gemessen an kognitiver Kraft, analytischer Schärfe, Fähigkeit zur Synthese, imaginativer Reichweite und Originalität überlegen« waren.[43]

Dieser Darstellung widersprechen die Erkenntnisse der Forschung, die sich mit der Frage beschäftigt hat, wie Faktoren wie institutionel-

---

42 Vgl. Frost, »Resurrecting a Neglected Theorist«. Die Zeitschrift *Sociological Theory* widmete »vernachlässigten Theoretikern« eine Sonderausgabe; vgl. z. B. Adair-Toteff, »Ferdinand Tönnies«; Lengermann/Niebrugge, »Intersubjectivity and Domination«; Sica, »Gabel's Micro/Macro Bridge«; sowie Durig, »What Did Susanne Langer Really Mean?«.
43 Mouzelis, »In Defence of the Sociological Canon«, S. 245 f.

les Prestige, persönliche Merkmale,[44] Dynamik der wissenschaftlichen Rivalität zwischen Mitgliedern des Publikums,[45] Dynamik der Auseinandersetzung zwischen Orthodoxie und Revisionismus[46] sowie Unterstützung von Agenten und Autoritäten[47] zum Ansehen einer Autorin beitragen. Auch Faktoren außerhalb der wissenschaftlichen Gemeinde spielen eine Rolle, darunter eine kulturelle Übereinstimmung mit den Konsumgewohnheiten von Eliten[48] oder das, was McLaughlin als »Klima der Zeit« bezeichnet.[49]

Hier sehen wir eine Tendenz zur selektiven Erklärung der Konsekration von Strömungen, die uns nicht gefallen, mit externen oder »gesellschaftlichen« Faktoren – eine Taktik, die wir im wissenschaftssoziologischen Jargon als »asymmetrisch« bezeichnen können. Beispielsweise neigen bestimmte Soziologen dazu, feministische und multikulturelle Versuche zur Erweiterung des Kanons als extern motiviert zu betrachten, während sie allgemeine gesellschaftliche Schemata, die weiße europäische Männer als Führer kodieren, nicht als Faktor berücksichtigen, der den traditionellen Kanon sponsert.[50]

Ausgehend von meiner These zur Verwandlung von Kollegen in Forschungsobjekte möchte ich zwei Dinge zu dieser Debatte anmerken. Erstens möchte ich mich zu einem Faktor äußern, den Davis als Ambiguität bezeichnet,[51] während Baehr von textueller Geschmeidigkeit spricht[52] und Parsons darauf hinweist, dass man bei den Klassikern »ihren Sinn und ihre Bedeutung nie in einer einzigen Lektüre vollkommen erfassen kann«.[53] Anstatt diesen Faktor als eine hermeneutische Eigen-

---

44 Vgl. McLaughlin, »How to Become a Forgotten Intellectual«.

45 Vgl. Camic, »Reputation and Predecessor Selection«. Latours Wahl von Tarde als »seinem« Vorläufer hing offenkundig mit den Rivalitäten innerhalb der französischen Disziplin zusammen.

46 McLaughlin, »How to Become a Forgotten Intellectual Movement«.

47 Vgl. Levine/Carter/Gorman, »Simmel's Influence on American Sociology«; sowie Ollion/Abbott, »French Connections«.

48 Lamont, »How to Become a Dominant French Philosopher«.

49 McLaughlin, »How to Become a Forgotten Intellectual Movement«, S. 218. Vgl. auch Krause, »What Is Zeitgeist?«.

50 Vgl. z. B. Rosette/Leonardelli/Phillips, »The White Standard«.

51 Davis, »›That's Classic!‹«. Vgl. auch Condran, *The Status and Appraisal of Classic Texts*; McMahan/Evans, »Ambiguity and Engagement«.

52 Baehr, *Founders, Classics, Canons*, S. 125.

53 Parsons, »Revisiting the Classics«, S. 189 f.

schaft hervorzuheben, möchte ich seine materielle Dimension betonen und ihn im Licht der Eignung eines Autors für die Umwandlung in ein Forschungsobjekt deuten. Die klassischen Autoren haben viel geschrieben, wie Baehr feststellt, und eine solche Masse an Texten »kann aus dem einfachen Grund wichtig sein, dass sie der Gemeinschaft der Leser eine größere Zahl interpretativer Optionen anbietet. [...] Es erhöht die textuelle Geschmeidigkeit erheblich, wenn Briefe, korrigierte Fahnen, Manuskripte des Autors samt Streichungen und Überarbeitungen sowie Vorträge erhalten sind, welche die kognitiven Prozesse des Autors dokumentieren. Oder besser gesagt: anscheinend dokumentieren, denn es ist eben die Rolle dieser Briefe und Entwürfe, dass sie dann zur Quelle von intellektueller Begeisterung und Revisionismus bezüglich dessen werden, was der fragliche Autor zu sagen beabsichtigte oder vermeintlich tat«.[54] Dies deckt sich mit der Erkenntnis von Guetzkow und Kolleginnen, dass »Originaldaten Geisteswissenschaftler begeistern, weil sie Gelegenheiten für Neuinterpretationen eröffnen. Da die Existenz eines Textes dem Akt der Interpretation vorausgeht, kann die Konzentration auf neue oder nichtkanonische Texte einen wichtigen Innovationspfad für Geisteswissenschaftlerinnen darstellen.«[55]

Zweitens stelle ich fest, dass Studien über erfolgreiche Autorinnen die Rolle transnationaler Prozesse hervorheben. Der deutsche Wirtschaftshistoriker Max Weber wurde in den Vereinigten Staaten als Gesellschaftstheoretiker »entdeckt« und als solcher nach Deutschland zurückgebracht.[56] Eine Reihe neuerer französischer Figuren (Derrida,[57] Bourdieu, Latour, Badiou, Rancière) wurden in Großbritannien und den Vereinigten Staaten in Theoretiker verwandelt. Anthony Giddens und Ulrich Beck verdanken ihren Status als Theoretiker unter anderem dem Export ihrer Arbeit, auf den ein begeisterter Rückimport nach Großbritannien beziehungsweise Deutschland folgte.[58]

Dieses Ergebnis ist kontraintuitiv, wenn wir von einer Vorstellung von »Zentralität« versus »Erfolg«, »Aufmerksamkeit« oder »Anerkennung« ausgehen. Es leuchtet eher ein, wenn wir von einer Unterschei-

---

54 Baehr, *Founders, Classics, Canons*, S. 126.
55 Guetzkow/Lamont/Mallard, »What Is Originality?«, S. 202.
56 Bargheer, »The Invention of Theory«.
57 Lamont, »How to Become a Dominant French Philosopher«.
58 Clegg, »How to Become an Internationally Famous British Social Theorist«.

dung zwischen Kollegen (sogar berühmten Kollegen) einerseits und Autoren andererseits ausgehen: Die durch nationale Grenzen erzeugte Entfernung ist ein Hindernis für die Auseinandersetzung mit den Arbeiten anderer Wissenschaftlerinnen. Dieses Hindernis eröffnet jenen innerhalb einer wissenschaftlichen Gemeinschaft, die nach Kolleginnen jenseits der Grenzen Ausschau halten, eine Gelegenheit, sie als Autorinnen zu entdecken. Während die Beschäftigung mit der Arbeit von Kollegen eine Routineaufgabe im Rahmen anderer Forschungsprojekte ist, kann die Lektüre von Arbeiten *ausländischer* Kollegen, die mit Aussicht auf Erfolg als Autoren bezeichnet werden können, an sich die Grundlage für eine Reihe von Publikationen sein.

Booster-Publikationen und Botschafterpublikationen

Von Wissenschaftlerinnen wird erwartet, dass sie sich direkt mit Kolleginnen auseinandersetzen und deren Texte selbst lesen. Wenn es sich um Autoren handelt, wird angenommen, die Wissenschaftler seien auf Sekundärliteratur angewiesen – insbesondere von denen, die diese Sekundärliteratur produzieren. Es gibt ein *Max Weber Dictionary*, ein *Karl Marx Handbook* und ein *Glossar zu Niklas Luhmanns Theorie sozialer Systeme*. Der Autor eines Artikels über Foucaults Vorlesung »Was ist ein Autor?«, der sich der Ironie bezüglich der Natur seines Textes anscheinend nicht bewusst ist, erklärt, der Text sei in den Kanon der Diskussion über die Autorenschaft aufgenommen worden, »aber in den achtziger Jahren erhielt er nie die kritische Aufmerksamkeit, die er verdient gehabt hätte und die ihm aufgrund seines Status als Klassiker zweifellos zustand. Stattdessen befürworteten und kritisierten Kommentatoren in allen Lagern Foucaults vermeintliche Thesen, ohne sein Argument tatsächlich sorgfältig zu untersuchen.«[59]
Wenn man annimmt, dass Forschende für die Lektüre von Autorinnen eine Sekundärliteratur brauchen, ergibt sich daraus die Annahme, dass die Wissenschaft keine Schöpfung neuer Ideen, sondern ein Wettbewerb um Aufmerksamkeit zwischen alten Ideen ist, weshalb Autoren Fürsprecher brauchen. Diese Annahme bringt Publikationen hervor, die ausdrücklich als Booster-Publikationen gerechtfertigt werden, etwa jene,

---

59 Wilson, »Foucault on the ›Question of the Author‹«, S. 339.

die »Foucaults Konzept der Gouvernementalität erläutert und seine Bedeutung für die Gegenwart erklärt«,[60] oder eine, in der es heißt, dass »einer der wertvollsten heutigen Zugänge zur Geschichtsphilosophie jener der von Reinhart Koselleck inspirierten kritischen Geschichtstheorie ist«.[61]

Es gibt ganze Zeitschriften, die sich dem Studium bestimmter Autoren widmen: Beispielsweise besteht die erklärte Mission von *Max Weber Studies* in der »Anwendung und Verbreitung der Ideen von Max Weber«. Es gibt auch *Simmel Studies*, *Rethinking Marx*, ein *Journal of Nietzsche Studies* sowie *Foucault Studies*, »die einzige englischsprachige internationale Zeitschrift, die sich der Arbeit und dem Einfluss des Denkers Michel Foucault widmet«. Diese Booster-Publikationen können durch ihren »Einfluss« gerechtfertigt werden: In der Verfasserangabe von *Foucault Studies* heißt es, dass Foucault »auch in den skandinavischen Ländern in den Geistes- und Sozialwissenschaften oft als der am häufigsten zitierte zeitgenössische Autor notiert wird«. Booster-Publikationen können auch mit der Vernachlässigung gerechtfertigt werden: Eine Vernachlässigung kann relativ zu einer Schätzung der verdienten Aufmerksamkeit diagnostiziert werden; ihre Behauptung kann so zyklisch wiederholt werden.

Die Annahme der Notwendigkeit einer Sekundärliteratur wird durch die (im vorhergehenden Kapitel behandelte) Segmentierung des akademischen Gesprächs bestätigt, die Forschenden Gelegenheiten eröffnet, sich als »Botschafter« der Theorie im Allgemeinen und bestimmter Autoren und Zugänge im Besonderen zu positionieren. Das gilt für die Segmentierung in nationale Gespräche. Theoretikerinnen haben ihre »Fürsprecher« in nationalen Kontexten außerhalb ihres eigenen.[62] Es gibt Fürsprecher Bourdieus und Repräsentanten Webers und Durkheims in den Vereinigten Staaten, sowie einen Luhmann. Es gibt auch einen (oder ein paar) Boltanskis in den USA. Deutschland hat eine Reihe von Foucaults und Bourdieus, und es tauchen einige Boltanskis auf. Bekannte zeitgenössische Theoretiker haben auch Repräsentanten in anderen, kleineren Ländern.

Die Differenzierung der thematischen Teilgebiete (mit der wir uns im vorhergehenden Kapitel beschäftigt haben) gibt auch einen Anstoß

---

60 Rose, »Government, Authority and Expertise«, S. 283.
61 Bouton, »The Critical Theory of History«, S. 163.
62 Vgl. Ollion / Abbott, »French Connections«.

zur Entstehung von Botschafterposten und Booster-Publikationen. Das zeigt sich an der Vielzahl von Publikationen, welche die Beiträge von Autoren mit spezifischen wissenschaftlichen Gemeinden verbinden, darunter »Foucault in der Bildung«, »Foucault in der Geografie«, »Der späte Foucault in Organisations- und Managementforschung« und »Foucault in der Geschichte des Rechnungswesens«.

Die Belohnungen für eine Botschaftertätigkeit können sich ihrerseits auf intellektuelle Beiträge und Karrieren auswirken, wie wir auch in Kapitel 4 gesehen haben. Von Fakultätsmitgliedern wird erwartet. dass sie in einem bestimmten Kontext einen bestimmten Autor oder eine Position vertreten, und im Lauf der Zeit werden sie dementsprechend anerkannt. Sie werden eingeladen, »ihren« Autor mit Beiträgen zu Handbüchern und Sammelbänden zu repräsentieren. Sie haben bessere Aussichten auf Forschungszuschüsse, welche die Tradition fortsetzen, und dürfen eher auf wohlmeinende Peer-Reviews für Beiträge hoffen, die andere Mitglieder der Tradition nicht kränken. Im Lauf einer Karriere können sich Wissenschaftlerinnen ermutigt fühlen, die Position »X hat immer Recht« oder »Man muss X im Kontext lesen« einzunehmen. In jeder Schule gibt es einige Personen, deren Karriere nicht mehr darauf beruht, dass sie Fragen nach der Welt beantworten, und einige von ihnen sehen ihre Rolle darin, unfaire Kritik oder ein falsches Verständnis »ihrer« Autorin aufzuspüren und zu bekämpfen.

Modellfälle oder paradigmatische Beispiele

Arbeiten privilegierter Autoren oder privilegierte Texte beziehen sich normalerweise gestützt auf bestimmte Datenquellen auf bestimmte empirische Objekte. In den meisten Fällen können diese Objekte als das betrachtet werden, was ich als materielle Forschungsobjekte bezeichne, also die konkreten Stellvertreter, die verwendet werden, um ein epistemisches Zielobjekt zu verstehen, das nicht für die direkte empirische Beobachtung zugänglich ist. Man könnte sagen, dass Foucault Benthams Entwurf für ein Gefängnis studierte, um neue Formen von Macht zu verstehen, oder dass Latour biologische Laboratorien studierte, um die Beziehung zwischen Natur und Gesellschaft zu verstehen.

Ich würde jedoch sagen, dass sich im Verlauf der Transformation eines Kollegen in einen Autor und im Verlauf der Etablierung eines Ansatzes als Ansatz die Rolle dieser Objekte ändert und dass materielle Forschungsobjekte in Symbole des Ansatzes verwandelt werden. Der Prozess, in dem sich eine Person in eine Theoretikerin verwandelt, fördert eine Deutung, die diese Person aus ihrem ursprünglichen Kontext herauslöst und von ihren empirischen Anliegen isoliert; die Konsekration einer Person lenkt die Aufmerksamkeit auf spezifische Studien, während sie deren lokale Ursprünge oder sogar die Tatsache verschleiert, dass sie Studien zu spezifischen Gegenständen waren. Bourdieu hat sich zu diesem Prozess geäußert und geschrieben, dass sich »nicht französische Anthropologen und Soziologen, die meine Arbeit interpretieren, in der Regel ausschließlich auf ihre theoretische Dimension beschränken. Das führt oft dazu, dass sie die empirische Dimension sowie den Beitrag meiner Forschung zum Verständnis der französischen Gesellschaft und *mutatis mutandis* aller modernen Gesellschaften außer Acht lassen.«[63]

Die Konsekration verwandelt materielle Forschungsobjekte in paradigmatische Beispiele.[64] Paradigmatische Beispiele sind keine materiellen Forschungsobjekte mehr, sie unterscheiden sich auch von privilegierten materiellen Forschungsobjekten – obwohl beide »symbolisch erhöht« werden. Privilegierte materielle Forschungsobjekte stehen für Kategorien von Forschungsobjekten; paradigmatische Beispiele stehen für Autoren, »Theorien« oder theoretische Ansätze.

Bei der Untersuchung materieller Forschungsobjekte können unterschiedliche Ansätze gewählt werden. Ein privilegiertes materielles Forschungsobjekt kann ebenfalls anhand verschiedener Methoden und Ansätze untersucht werden. Das Verhalten beider wird, so die Erwartung, bis zu einem gewissen Grad vom gewählten Ansatz unabhängig sein. Privilegierte materielle Forschungsobjekte werden wiederholt studiert; tatsächlich festigt eben die Tatsache, dass ein Forschungsobjekt wiederholt und anhand unterschiedlicher Ansätze untersucht wird, seine Position als privilegiertes materielles Objekt.[65]

---

63 Bourdieu, »Concluding Remarks«, S. 270. Hier könnte man die Spannung zwischen Bourdieus Analyse im ersten Teil des Zitats und dem universalisierenden Anspruch am Ende untersuchen. Einerseits beobachtet Bourdieu, dass seine Rezeption als Theoretiker zur Vernachlässigung des spezifischen Kontextes seiner Arbeit führt. Doch dann spielt er zumindest mit dem Gedanken, dass Frankreich für andere »moderne Gesellschaften« stehen kann.

64 Agamben, *Signatura rerum*; Farzin, »Paradigmatologisches Denken«.

65 Hobbie u. a., »The US Long Term Ecological Research Program«; Travis, »Is It What We Know or Who We Know?«.

Die Ansätze stützen sich auch auf konkrete Beispiele, die als Bezugspunkte und als Brücke zwischen dem Spezifischen und dem Allgemeinen dienen – Farzin und Laux folgend können wir diese als »Bruchstücke des Empirischen« bezeichnen[66] –, aber hier gibt es keine explizite Aufforderung zur Neuuntersuchung der konkreten Bezugspunkte, auf denen die klassischen Studien im Kern der Theorie beruhen. Im Gegenteil: Wenn ein Exemplar oder ein bestimmter Ort oder ein bestimmter Datenpunkt mit einem Ansatz verbunden wird, wird er nicht mit einer Klasse von Objekten, sondern mit einer Reihe von Fragen assoziiert.

Philosophische Beispiele sind nicht empirisch, aber sie werden bis zu einem gewissen Grad geteilt und stehen für die gemeinsame Manipulation zur Verfügung. Für die Soziologie und andere empirische Disziplinen bedeutet die Transformation eines Objekts in ein mit einem Ansatz verknüpftes Beispiel, dass dieses Beispiel nicht mehr für die Verwendung durch andere für ihre eigenen Zwecke zur Verfügung steht. Eine Neuuntersuchung der Fälle, die wesentlich für einen Ansatz sind, wird nicht gefördert und ist nur sinnvoll, wenn sie dazu dient, den Ansatz in Zweifel zu ziehen.[67]

Theorie und Anwendungslogik

Teilweise aufgrund der Transformation des konkreten Bezugspunkts von Forschungsprojekten, die ein Bestandteil der Konsekration ist, kann die Theorie die Entstehung einer Anwendungsindustrie fördern. Wenn das, was ein anerkannter Autor oder eine kanonisierte Studie an einem Ort oder in einem bestimmten Umfeld beobachtet, ohne erhebliche Modifikation auf einen anderen Ort oder ein anderes Umfeld ange-

---

66 Farzin / Laux, »Was sind Gründungsszenen?«.

67 Aufgrund dieser Tendenz kann die Neuuntersuchung manchmal als feindselige Herausforderung gedacht oder gedeutet werden, wie einige Beispiele aus der Anthropologie zeigen: Margaret Meads Erkenntnisse wurden gestützt auf eine Neuuntersuchung ihres ursprünglichen Forschungsstandorts und ihrer Feldstudien zur Sexualität in Samoa in Zweifel gezogen. Vgl. Mead, *Kindheit und Jugend in Samoa*; Freeman, *Margaret Mead and Samoa*; Shankman, »The ›Fateful Hoaxing‹ of Margaret Mead«; sowie Shankman, *The Trashing of Margaret Mead*. Auf demselben empirischen Gebiet hat Obeyesekare, *The Apotheosis of Captain Cook*, die Erkenntnisse von Sahlins bezüglich Cooks Ankunft in Hawai, dessen freundlicher Aufnahme beim ersten Besuch und seiner Ermordung infrage gestellt.

wandt wird, ist dies ein Beispiel für die Anwendung eines Zugangs oder einer Theorie.

Ein Beispiel ist die Industrie, die rund um die »Gouvernementalität« entstanden ist. Dieses von Foucault entwickelte Konzept kann unterschiedlich detailliert zusammengefasst werden und anschließend als Grundlage für die Untersuchung breit gefächerter Phänomene dienen, wobei gezeigt wird, dass der Ansatz »fruchtbar« ist oder »das Verständnis von Denk- und Verhaltensweisen sowie Regierungsmethoden erleichtert«.[68] Das Konzept der Gouvernementalität ist herangezogen worden, um Aspekte von Psychoanalyse, des Sozialstaates, des fehlenden Sozialstaates, Selftracking-Geräte, Flüchtlingslager, das Gefangenenlager in Guantanamo usw. zu beschreiben. Diese Analysen werden normalerweise von einer Auseinandersetzung mit der Frage begleitet, was all diese Phänomene mit Benthams Gefängnis gemein haben.

Wesentlich an der Anwendung einer Theorie auf ein Objekt ist insofern, als es sich um eine Anwendung handelt, dass hier kein unvoreingenommener Vergleich stattfindet. Indem sie von der Transformation von Forschungsobjekten in paradigmatische Beispiele ausgeht und sie umsetzt, verweigert die Anwendung dem ursprünglichen Objekt seinen Status als Objekt. In der Anwendung dient der Vergleich zwischen ursprünglichem und neuem Untersuchungsgegenstand der Suche nach Ähnlichkeiten.

Ein weiteres Beispiel für die Anwendung liefern einige Tendenzen in der Akteur-Netzwerk-Theorie (ANT). Die ANT ging aus der ethnografischen Beschreibung biologischer Laboratorien hervor, welche die Kontingenzen der wissenschaftlichen Produktion und die Rolle von Werkzeugen und Technologien beleuchtete. Als sich von dieser Arbeit inspirierte Forschende Untersuchungsgegenständen außerhalb der Naturwissenschaften zuwandten, legten sie die Neigung an den Tag, die im Kontext der Laboruntersuchungen entwickelte theoretische Sprache zur Beschreibung anderer Objekte in der Welt zu verwenden. So tauchte eine Vielzahl von Studien auf, in denen Börsen, Designstudios, politische Entscheidungsgremien, Nachbarschaften und andere Orte des Alltagslebens als »Laboratorien« bezeichnet werden, in denen »Experimente« durchgeführt werden und überall »immutable mobiles« zu finden sind.[69]

---

68   Rose/O'Malley/Valverde, »Governmentality«.
69   Guggenheim, »Laboratizing and De-laboratizing«.

Eine solche Analyse steht in einer langen Tradition der Beschreibung einer sozialen Welt anhand des Vokabulars aus einer anderen – man nehme Bourdieus Verwendung ökonomischer Begriffe in der Kultursoziologie oder die ironische Verwendung religiöser Begriffe in diesem Bereich einschließlich der soziologischen Analyse des zuvor behandelten soziologischen Kanons.[70] Die verfremdende Beschreibung dieser Aktivitäten und Orte kann durchaus Erkenntnisse liefern. Doch wie Michael Guggenheim gezeigt hat, stört die Analyse, solange sie anhand einer metaphorischen Erweiterung statt eines Vergleichs von Orten erfolgt, ironischerweise die Untersuchung der Verbindung zwischen Ort und Wissen, die das ursprüngliche Versprechen der Theorie war.[71]

Die Tendenz zur Anwendung statt zum Vergleich – zu dem, was wir gestützt auf Imre Lakatos als nichtprogressive Verwendung von Theorien bezeichnen können – kann freiwillig sein, aber sie kann auch erzwungen werden. Individuelle Wissenschaftlerinnen und Wissenschaftlergemeinschaften können in der Auseinandersetzung mit neuem Material unterschiedlich offen für die Neubewertung und Entwicklung von Grundannahmen sein. Theoretische Gruppen oder einzelne Mitglieder solcher Gruppen können eine ehrerbietige Rekonstruktion »der Theorie« oder der »Arbeit des Theoretikers« und die Anwendung von Konzepten im Unterschied zur Neubewertung von Konzepten gestützt auf neues Material erzwingen. Eine solche Durchsetzung kann (zu ihren Lebzeiten) von den Autoren selbst ausgehen; oft wird sie Erben und Wissenschaftlerinnen in Botschafterpositionen überlassen. Der Peer-Review-Prozess, der dafür sorgt, dass Artikel veröffentlicht werden, sofern sie an »wohlgesinnte« Prüfer geschickt werden, kann einen Anreiz dazu geben, weitgehend auf Neues zu verzichten, und auf diese Art die Anwendung fördern. Wenn die Grenzen eines Ansatzes klar gezogen werden, wenn die Mitgliedschaft der Gruppe kontrolliert wird und die Macht konzentriert ist, kann sich ein Zugang in eine Schule verwandeln, und seine Anwendung kann auch mit sozialem Druck im Hinblick auf mögliche Berufungsverfahren durchgesetzt werden.[72]

---

70 Kieserling, »Die Soziologie der Selbstbeschreibung«.
71 Guggenheim, »Laboratizing and De-laboratizing«; Krause / Guggenheim, »The Couch as a Laboratory?«.
72 Zu Schulen und der theoretischen Netzwerkbasis der Zitatanalyse vgl. Daye, »Soziologische Konzeptualisierungen«; sowie Tiryakian, »Sociology, Schools in«.

Eine solche Anwendung von Ansätzen führt zu einer Abdeckungslogik, die sowohl den extremen Empirismus der Sammlung als auch die
extreme theoretische Eingrenzung der Arbeit innerhalb eines Ansatzes
begleiten kann: Wenn ein Objekt zuvor nicht mit einem bestimmten
Ansatz untersucht wurde, kann diese Tatsache an sich verwendet werden, um eine Studie als wissenschaftlichen Beitrag zu rechtfertigen.
Wenn einzig die Anwendung als angemessen betrachtet wird, ist es
nicht notwendig, ein Objekt erneut zu untersuchen, wenn es bereits
mit einem bestimmten Ansatz erforscht wurde. Adam Kuper hat diese
Denkweise, wie oben beschrieben, bei Malinowskischen Anthropologen beschrieben.[73]

Fazit

Eine Konzentration auf materielle Forschungsobjekte wirft ein spezifisches Licht auf die Diskussionen über die »Theorie«. Die Konsekration
verwandelt Kollegen in Autoren und macht sie zu einem sonderbaren
epistemischen Ziel. So funktionieren manche Autorinnen als privilegierte materielle Forschungsobjekte für die neu geschaffene theoretische Kategorie; einige Autoren werden als alternative Kandidaten für
privilegierte materielle Forschungsobjekte präsentiert, andere werden
einer Abdeckungslogik gehorchend aus dem großen Pool von Kolleginn-
nen gewonnen.

Ich habe zwischen materiellen Forschungsobjekten und paradigmatischen Beispielen unterschieden. Ansätze werden oft mit konkreten
materiellen Forschungsobjekten und Beispielen verbunden; wenn sich
ein Ansatz aber als solcher durchsetzt, verlieren diese Objekte ihren
Status als eigentliche Forschungsobjekte. Die Verbindung zwischen
Zugängen und Stellvertretern kann zu einer Anwendung der aus einem Fall gewonnenen Erkenntnisse auf andere Fälle gemäß einer Abdeckungslogik führen.

Was folgt daraus? Ich möchte erneut die Unterscheidung zwischen »Anwendung« und »Vergleich« in Arbeiten hervorheben, die auf
als Theorie betrachtete frühere Arbeiten aufbauen. Die Anwendung

---

73 Kuper, »Postmodernism, Cambridge and the Great Kalahari Debate«, S. 20. Vgl.
auch Kapitel 1.

überträgt aus paradigmatischen Beispielen gewonnene Erkenntnisse und Konzepte auf andere Objekte. Der »Vergleich« stellt das paradigmatische Beispiel als materielles Forschungsobjekt anderen materiellen Objekten gegenüber und entwickelt die Erkenntnisse und Konzepte des ursprünglichen Beitrags anhand dieses Vergleichs weiter. Wir brauchen mehr Untersuchungen, in denen die Stellvertreter von Zugängen als empirische Objekte betrachtet und mit anderen empirischen Objekten verglichen werden. Wir können uns auch paradigmatische Beispiele für einen theoretischen Ansatz mit den Werkzeugen eines anderen Ansatzes ansehen.

Ich bin der Meinung, dass wir uns von der mechanischen Anwendung von Zugängen auf Fälle und von der ehrerbietigen Rekonstruktion in Forschungspublikationen lösen sollten. Selbstverständlich spielt die Anwendung in der Lehre eine wichtige Rolle, und zwar sowohl in der Unterweisung von Studierenden als auch in der Unterweisung von Kolleginnen untereinander. Ich stimme der Einschätzung zu, dass beides bei der formalen Belohnung von Forschenden nicht genug Anerkennung findet. Aber ich bin auch der Meinung, dass wir, wenn wir diese anderen Ziele expliziter und als von der Forschung getrennt anerkennen, andere Formen untersuchen können, die geeignet sein können, um sie anzustreben. Ideen für die wissenschaftliche Lehre müssen nicht unbedingt niedergeschrieben werden; ein Teil der intellektuellen Funktion von Botschafterpublikationen könnte effizienter erfüllt werden, indem zum Beispiel frühere Botschafterpublikationen erneut verteilt werden.

Es gibt weitere Möglichkeiten der Forschung in der Theorie, die nicht so umfassend genutzt werden wie es möglich wäre. Ich habe betont, dass es keine eigenständigen soziologischen Theorien zum Verständnis von Autoren als Forschungsobjekte oder epistemische Ziele gibt. Daher wird auf Theorien aus anderen Disziplinen zurückgegriffen, darunter Literaturtheorie, Philosophie, Biografie und Geschichte; einige soziologische Arbeiten übernehmen einen ästhetischen Gesichtspunkt in Bezug auf Autoren, der in Diskussionen über die »Relevanz« von Theoretikern zum Tragen kommt und auch ihrem negativen Gegenstück, der »Entzauberung«, zugrunde liegt. Die implizite Forschungsfrage lautet oft: »Warum ist ein Text gut und wichtig?« Dies ist traditionell eine vorherrschende Frage in der Literaturforschung.[74] Die Soziologinnen

---

74   Fahnestock/Secor, »The Stases in Scientific and Literary Argument«.

greifen auf Elemente der Geschichtsforschung und der Biografie zurück, wenn sie neue Quellen zurate ziehen, um Webers depressive Episoden oder Foucaults Aktivismus zu beleuchten oder herauszufinden, mit wem genau Bourdieu studierte.

Aber die Soziologen gehen kaum einmal der Frage auf den Grund, wohin literarische, philosophische oder historische Ansätze sie führen könnten, wenn sie sie als solche ernst nehmen würden, was möglicherweise daran liegt, dass sie sich der Spannung zwischen dem Forschungsobjekt »Autor« und ihrer eigenen Disziplin nicht offen stellen möchten. Auf diese Art vermeiden sie eine Theoretisierung ihrer eigenen Aktivität. Diesen Punkt möchte ich anhand von zwei Gegenbeispielen für Strömungen veranschaulichen, die andere relevante Disziplinen sehr wohl ernstnehmen und etwas hervorbringen, das auf seine Art systematisch ist und sich deutlicher von dem unterscheidet, was wir von jedem Kollegen erwarten würden, der sich mit der Arbeit einer anderen Kollegin auseinandersetzt und auf diese antwortet.

Die erste Gruppe von Arbeiten in dieser Kategorie wurde vom neuen Historizismus inspiriert, einer Strömung in der Literaturkritik[75] und der Ideengeschichte.[76] Im Gegensatz zu üblichen Artikeln, die beleuchten, was frühere Autoren zu unserem Verständnis eines aktuellen Problems beitragen, bemüht sich diese Tradition um eine »tatsächlich historische Rekonstruktion« dessen, was die Autoren selbst beschäftigte und was für heutige Leserinnen möglicherweise schwer nachvollziehbar ist. Robert Alun Jones erklärt: »Hier interessieren wir uns weniger für den Durkheim, der dazu gebracht werden könnte, sich mit uns zu unterhalten, sondern vielmehr für imaginierte Gespräche zwischen Durkheim und seinen Zeitgenossen, und zwar in *ihrer eigenen* Sprache statt in unserer; kurz, wir bekennen uns zu der historizistischen Bestrebung, die Vergangenheit nach Möglichkeit aus sich selbst heraus zu verstehen.«[77]

Zweitens stelle ich fest, dass die meisten Studien zu »Autoren« in der Soziologie, obwohl die soziologische Arbeit über Theoretikerin-

---

75 Veeser, *The New Historicism*.

76 Skinner, »Meaning and Understanding in the History of Ideas«; ders., »Some Problems in the Analysis of Political Thought and Action«.

77 Jones, *The Development of Durkheim's Social Realism*, S. 2 (Hervorhebung im Original). Vgl. auch ders., »Our Understanding of the Sociological Classics«; sowie Hess, »Making Sense of Individual Creativity«. Für eine kritische Einordnung des Historizismus vgl. Turner, »›Contextualism‹«.

nen zweifellos auf Texte zielt, die tatsächliche Textforschung nicht sehr ernst nehmen. Es gibt durchaus einige Ausnahmen: Einige Soziologinnen nehmen die Literaturtheorie und ihre Methoden ernst und wenden sie an, um die Texte von Theoretikern zu analysieren. Sina Farzin zum Beispiel hat das Werk des deutschen Sozialtheoretikers Niklas Luhmann unter sorgfältiger Berücksichtigung seines Schreibstils analysiert und untersucht, wie er Metaphern einsetzt, die auf Herausforderungen für seine Theorie hindeuten.[78] Tobias Schlechtriemen hat die Metapher des Organismus in der frühen soziologischen Theorie untersucht.[79] Arbeiten zur Rolle von Bildern und Diagrammen leisten gestützt auf eine sorgfältige Auseinandersetzung mit den formalen Aspekten und Produkten theoretischer Arbeiten ebenfalls wichtige Beiträge.[80]

Wovon wir mehr brauchen	Wovon wir genug haben
• Auseinandersetzungen mit Theoretikern, die zeigen, dass sich ihre Interessen sehr von unseren unterschieden	• Darstellungen, die zeigen, dass der Autor oder Ansatz X gewinnbringend auf den Fall Y angewandt werden kann
• Eine Kontextualisierung von Theoretikerinnen, die Forschungspraktiken und spezifischen Fällen Aufmerksamkeit schenkt	• Darstellungen, deren eigentliches epistemisches Ziel eine bestimmte Person ist
• Studien, welche die Stellvertreter von Ansätzen mit anderen Objekten vergleichen	• Interpretationen eines Autors X (oder, was immer noch seltener ist, einer Autorin X), die seine/ihre Relevanz für aktuelle Diskussionen zeigen
• Studien, die Theoretikerin und materielle Forschungsobjekte austauschen	• Darstellungen, die einen Autor einer bestimmten disziplinär oder national definierten Gemeinschaft erklären
	• Darstellungen, die aus bestimmten Fällen abgeleitete Konzepte als Metaphern zur Beschreibung anderer Fälle heranziehen, die verschiedenen Fälle jedoch nicht miteinander vergleichen

---

78 Farzin, *Inklusion/Exklusion*.
79 Schlechtriemen, »Die Metapher des Organismus«.
80 Vgl. Guggenheim, »The Media of Sociology«; Schlechtriemen, *Bilder des Sozialen*; sowie Swedberg, »Can You Visualize Theory?«.

6

Die Modellfälle des globalen Wissens

Ein Wissenschaftler sammelt Daten über die hundert größten Ballungsräume in den Vereinigten Staaten. Seine Erkenntnisse werden anschließend im Ausland als Daten zu »Segregation« und »Städten« in Umlauf gebracht.

Bewerberinnen um ein Forschungsstipendium an einer großen deutschen Universität müssen mindestens 14 Publikationen in den vergangenen fünf Jahren in englischsprachigen Zeitschriften vorweisen, die von Thomson Reuters gelistet werden. Das automatisierte Einreichungssystem zählt Buchrezensionen in englischsprachigen Zeitschriften als Publikationen, nicht jedoch Bücher auf Deutsch oder in anderen Sprachen.

Ein Artikel, der sich auf Forschung zu sozialen Bewegungen in Malaysia stützt, wird von einer Zeitschrift für Studien sozialer Bewegungen abgelehnt. Die Redaktion empfiehlt der Autorin, die Arbeit stattdessen bei einer Zeitschrift für Area Studies oder Entwicklungspolitik einzureichen.

Beobachtungen zu den spezifischen Objekten und Orten, die in wissenschaftlichen Arbeiten auftauchen und nicht auftauchen, gewinnen Gewicht in Debatten über die Bemühungen zur Internationalisierung, Globalisierung oder Entkolonialisierung der akademischen Landschaft.

Die veröffentlichte Debatte kreist um die Ungleichheit in der Produktion und Verbreitung sozialwissenschaftlicher Erkenntnisse in einem globalen Kontext in mehreren zusammenhängenden, gleichzeitig jedoch separaten Gesprächen. In einem dieser Gespräche haben Wissenschaftlerinnen, die sich mit dem postkolonialen Denken beschäftigen, analysiert, wie die sozialwissenschaftlichen Kategorien von einer uneingestandenen kolonialen Vergangenheit geprägt werden und als anders ausgegrenzte Stimmen und Orte selektiv und ungleich behandeln.[1] Die bestehenden Sozialwissenschaften werden als von »eurozentrischen« oder »metrozentrischen« Ideologien geprägt kritisiert.[2]

Ein damit zusammenhängendes, aber in mancher Hinsicht separates Gespräch findet unter Sozialwissenschaftlerinnen statt, die sich Gedanken über die ungleichmäßige »Globalisierung« der Sozialwissenschaften machen. Während sich die von der postkolonialen Theorie inspirierte Debatte auf Geschichte und Epistemologie konzentriert, geht es in dieser zweiten Debatte in der Soziologie der Sozialwissenschaften um die akademischen Institutionen – um die Ungleichheit zwischen Wissenschaftssystemen und Universitäten und die Konsequenzen der Tatsache, dass Englisch die globale Sprache der Wissenschaft ist.[3]

Ich habe mich in den vergangenen Kapiteln auf einige Erkenntnisse aus beiden Debatten gestützt. In diesem Kapitel werde ich diese Erkenntnisse aufgreifen und erklären, wie die in diesem Buch entwickelten Unterscheidungen zu den Analysen der Wissensproduktion und ihrer Möglichkeiten in einem globalen und transnationalen Kontext beitragen können. Ich werde zeigen, dass die Frage nach der Ungleichheit zwischen Forschungsobjekten auf eine Logik hindeutet, deren Auswirkungen auf unser Denken relativ unabhängig von der Ungleichheit der Epistemologien, Institutionen und Personen sind, die in den Diskussionen über den Eurozentrismus oder die angloamerikanische Hegemonie behandelt werden.[4]

---

1 Vgl. Said, *Orientalismus*; Chakrabarty, *Europa als Provinz*; Connell, »Why Is Classical Theory Classical?«; dies., *Southern Theory*; Mudimbe, *The Idea of Africa*; Bhambra, »Sociology and Post-colonialism«; Steinmetz, *Sociology and Empire*; Santos, *Epistemologien des Südens*; sowie Go, *Postcolonial Thought and Social Theory*.

2 Wallerstein, »Eurocentrism and Its Avatars«; Go, »For a Postcolonial Sociology«.

3 Aalbers, »Creative Destruction«; Aalbers/Rossi, »Beyond the Anglo-American Hegemony«; Alatas, »Academic Dependency«, Beigel, »Current Tensions and Trends«; Heilbron, »The Social Sciences«; Wolters, »Globalized Parochialism«; International Social Science Council, *World Social Science Report*; Keim/Celik/Wohrer, *Global Knowledge Production in the Social Sciences*; Kennedy, *Globalizing Knowledge*; Beckert, »Shall I Publish This auf Deutsch or in English?«.

4 Dieses Kapitel ist eine umfassend überarbeitete Version eines früheren Artikels, vgl. Krause, »Western Hegemony in the Social Sciences«.

Die Kritik am Eurozentrismus

Ich habe zwischen materiellen Forschungsobjekten – den konkreten und spezifischen Objekten, zu denen uns bestimmte Spuren führen – und epistemischen Forschungsobjekten – den konzeptuellen Zielen einer Untersuchung unterschieden. Ich habe dargelegt, dass materielle Forschungsobjekte im Widerspruch zur rationalistischen Darstellung der wissenschaftlichen Produktion aus vielfältigen Gründen ausgewählt werden und dass wir uns systematischer mit den Auswirkungen dieser Entscheidungen auf die Sozialwissenschaften beschäftigen müssen. Des Weiteren habe ich die Einschätzung geäußert, dass einige materielle Forschungsobjekte privilegierte Objekte sind, denen einer kollektiven Konvention folgend die Eignung zugesprochen wird, Erkenntnisse von allgemeiner Relevanz zu liefern.

Dementsprechend hat die postkoloniale Theorie die Aufmerksamkeit auf eine bestimmte Art von privilegierten Stellvertretern gelenkt und gezeigt, dass »Europa« und »der Westen« den Sozialwissenschaften als Modellfälle für die moderne Welt gedient haben. Sie hat gezeigt, dass die Sozialwissenschaften wesentlich von den Beziehungen zwischen Metropolen und kolonisierten Gebieten beeinflusst wurden und diesen Einfluss leugneten, indem sie zunächst Fälle als »westlich« isolierten und anschließend die Erkenntnisse über diese Fälle als Quelle allgemeingültigen Wissens behandelten. Dieser Analyse zufolge ist der Eurozentrismus der Sozialwissenschaften nicht einfach ein kontingentes Ergebnis der lokalen akademischen Produktion; vielmehr fördert die Ideologie des Historizismus (in der speziellen Definition von Chakrarbarty) europäische Standorte und Forschungsobjekte mit der Vorstellung, das dort Beobachtete werde später auch andernorts beobachtet und andere Fälle könnten aufgrund ihrer Abweichung von dieser Norm oder unter vollkommen separaten Überschriften verstanden werden, etwa als Fälle von »Tradition« oder »Entwicklung«.[5]

Die postkoloniale Theorie ist Teil einer langen Tradition der Offenlegung verschiedener Arten von »falschem Universalismus«, die man in Marx' Kritik der »herrschenden Ideen« als »Ideen der herrschenden

---

5   Chakrarbarty, *Europa als Provinz*; Escobar, *Encountering Development*.

Klasse« findet.[6] Die Kritik des falschen Universalismus ist ein zentraler Bestandteil der feministischen Tradition sowie späterer Kritiken an den feministischen Argumenten, die als allgemeingültig zirkulierten, jedoch in erster Linie auf der Erfahrung weiblicher Angehöriger der westlichen Mittelschicht beruhten.[7] Während die marxistische und feministische Kritik am falschen Universalismus anfangs von der Annahme eines nationalen oder globalen Kontextes für die Zirkulation sozialwissenschaftlicher Erkenntnisse ausging, ohne diesen Kontext theoretisch zu hinterfragen, hat die postkoloniale Theorie eine Auseinandersetzung mit der Geschichte des Imperialismus ergänzt und damit die Dimension des Ortes beleuchtet. Wir können dies auf Du Bois' transnationale Darstellung der Unsichtbarkeit des Weißseins und ihrer Verbindung mit als universell betrachteten Leistungen zurückverfolgen.[8] In der Darstellung von Julian Go beinhaltet die postkoloniale Theorie eine Aufdeckung des »falschen Universalismus« in der »Transposition von Narrativen, Konzepten und Kategorie oder vom Standpunkt eines Orts abgeleiteten Theorien auf die übrige Welt«.[9]

Postkoloniale Zugänge beleuchten verschiedene Aspekte der Einbettung der sozialwissenschaftlichen Produktion in eine lange Geschichte von Machtbeziehungen. Aber indem sie Anleihen bei Kulturtheorien nimmt, welche die Macht und die transnationale Macht im Allgemeinen zu verstehen versuchen, schenkt die postkoloniale Theorie den internen Prozessen und Praktiken akademischer Forschungsgebiete, die ihre eigene Autonomie haben können, im Allgemeinen nur geringe Aufmerksamkeit.

Die Kritik an Imperialismus, Kolonialismus und rassistischer Unterdrückung ist im Prinzip mit einer Vielzahl theoretischer Zugänge vereinbar, aber in der Praxis hat die postkoloniale Theorie oft makrokulturelle und diskurstheoretische Zugänge übernommen und ihre makrokulturellen Hypothesen nicht im Sinne der Bandbreite der theoretischen Ansätze pluralistisch überprüft. Die Beiträge zu der Debatte

---

6 Marx/Engels, »Die deutsche Ideologie«, besonders erschöpfend entwickelt von Lukács, *Geschichte und Klassenbewusstsein.* Vgl. Go, *Postcolonial Thought and Social Theory.*

7 Vgl. z. B. Smith, *The Everyday World as Problematic;* Harding, *Whose Science?;* Collins, *Black Feminist Thought;* sowie Hooks, *Feminist Theory.*

8 Vgl. Du Bois, »The Souls of White Folk«; Morris, »The Souls of White Folk«.

9 Go, *Postcolonial Thought and Social Theory,* S. 94.

enthalten zumeist eine Diagnose eines relativ einheitlichen Analyse-objekts, das an problematischen Annahmen und Tendenzen erkenn-bar ist, eines Objekts, das in Texten auffindbar ist und mit der Macht in Zusammenhang gebracht werden kann. Edward Said bedient sich Foucaults Konzept des Diskurses.[10] Boaventura de Sousa Santos sieht das Problem im »modernen westlichen Denken« oder in der westlichen Wissenschaft.[11] Für Walter Mignolo ist die »westliche Epistemologie« das Problem.[12] Dieses einheitliche Objekt wird gegenwärtig durch die Vorstellung von der »Epistemologie« oder dem »Diskurs« gestützt, hat je-doch große Ähnlichkeit mit früheren funktionalistischen Vorstellungen von der Kultur und mit Althussers Ideologiekonzept. Dies kann eine Kombination von zwei Tendenzen hervorbringen, die Pierre Bourdieu als »eine interne Deutung des Textes« einerseits, »die darin besteht, den Text an und für sich zu betrachten«, und »eine externe Deutung« ande-rerseits beschreibt, die »den Text grob in Beziehung zur Gesellschaft im Allgemeinen setzt«, etwas, das die Feldtheorie, die Darstellungen »sozia-ler Welten« und andere Differenzierungstheorien zu überwinden ver-suchen.[13]

Angloamerikanische Institutionen und die Ungleichheit zwischen Stellvertretern

Es findet ein relativ separates Gespräch zwischen Wissenschaftlern statt, die soziologische Fragen spezifisch zur akademischen Wissensproduk-tion mit Blick auf die Globalisierung stellen. Wissenschaftlerinnen versuchen, über den methodologischen Nationalismus hinauszugehen und eine kritische Soziologie der internationalen Sozialwissenschaften zu entwickeln.

Die »Internationalisierung« ist eine empirische Tendenz in der so-zialen Organisation der Forschungsaktivität und beschäftigt auch ei-nige Universitätsverwalter und politische Entscheidungsträger. Zu den

---

10 Said, *Orientalismus*.
11 Santos, »Beyond Abyssal Thinking«, S.45.
12 Mignolo, »Decolonizing Western Epistemology«, S.19.
13 Bourdieu, »The Political Field«, S.32 f. Vgl. jedoch auch Steinmetz, *The Devil's Handwriting*, für eine feldtheoretische Darstellung der kolonialen Sozialwissen-schaften.

Wissenschaftssoziologinnen haben sich Forschende in verschiedenen Spezialgebieten gesellt, welche die Verzerrungen in den gegenwärtigen Formen »des Internationalen« und der »Internationalisierung« hinterfragt und sich daran gemacht haben, die »angloamerikanische« Hegemonie zu analysieren.

Während sich die von der postkolonialen Theorie inspirierte Debatte auf historische und epistemologische Fragen konzentriert, kreist die Diskussion über die ungleichmäßige Internationalisierung um die nationalen Unterschiede in der Unterstützung für die Wissenschaft und die ungleichmäßigen Konsequenzen der Verwendung des Englischen als internationale Wissenschaftssprache.

Johan Heilbron hebt in seiner Analyse der Sozialwissenschaften als globales Feld die zentrale Position der Vereinigten Staaten sowie Großbritanniens innerhalb Europas hervor. Australien und Lateinamerika fungieren als Semiperipherie.[14] Die Ungleichheit zwischen diesen Regionen kann in einem gewissen Maß die Ressourcen oder die Produktivität betreffen, aber auch die Anerkennung ist ungleichmäßig verteilt, wie Fernanda Beigel gezeigt hat.[15] Es besteht nicht nur Ungleichheit zwischen den nationalen Forschungsfeldern, sondern diese sind symbolisch und materiell voneinander getrennt, und diese Trennung wird nicht durch ihre partielle Integration in größere globale oder regionale Räume aufgehoben. Die nationalen Felder sind jeweils unterteilt zwischen Globalisierern und Forschenden, die sich lokalen Fragen widmen, und innerhalb der Gruppe der Globalisierer stehen einander Orthodoxe und Heterodoxe gegenüber.[16]

Das zentrale Thema dieser Debatte ist nicht der Wissensinhalt, sondern die Ungleichheit zwischen Nationen, Institutionen und Positionen. Aber sie hat auch Implikationen für die Analyse der Ungleichheit zwischen Forschungsobjekten: In Kapitel 2 habe ich erklärt, dass die Diskussion über die angloamerikanische Hegemonie zeigt, dass das Zeitschriftensystem ein wichtiger Sponsor bestimmter Stellvertreter ist. Der Status materieller Forschungsobjekte in den Vereinigten Staaten

---

14 Heilbron, »The Social Sciences as an Emerging Global Field«. Vgl. auch Heilbron / Guilhot / Jeanpierre, »Toward a Transnational History«; sowie Sapiro / Heilbron / Lenoir, *Pour une Histoire des sciences sociales.*
15 Beigel, »Current Tensions and Trends«.
16 Fourcade, »The Construction of a Global Profession«; Best, »The Invented Periphery«.

und Großbritannien wird durch die Vormachtstellung englischsprachiger Zeitschriften gefestigt, die in den Vereinigten Staaten und Großbritannien herausgegeben werden, vor allem britische und amerikanische Gutachterinnen einsetzen und oft von Forschenden mit lokalen – amerikanischen oder britischen – Forschungsinteressen geleitet werden. Wissenschaftlerinnen, die Arbeiten bei diesen Zeitschriften einreichen, berichten, dass die Gutachter bei außerhalb der Vereinigten Staaten oder Großbritanniens angesiedelten Fällen sehr viel gründlicher prüfen, ob diese für das allgemeine Wissen relevant sind.[17]

Da Fällen aus den zentralen Ländern die Eignung zur Begründung von Theorien zugeschrieben wird, bringt die internationale Ungleichheit in der Produktion und Anerkennung sozialwissenschaftlicher Erkenntnisse eine Version der in den Kapiteln 1 und 5 behandelten Anwendungsindustrie hervor. Raewyn Connell lenkte die Aufmerksamkeit mit dem Hinweis auf die Vielzahl von Artikeln über »X in Australien« in der australischen Soziologie in den 1970er und 1980er Jahren auf dieses Phänomen.[18] In Arbeiten, die dieser Logik gehorchen, beschäftigen sich Autoren in nicht zentralen Kontexten mit nicht zentralen Fällen und verknüpfen ihre Daten mit den Erkenntnissen eines zentralen Autors zu einem zentralen Fall.[19]

Materielle Forschungsobjekte als Ausgangspunkt

Die postkoloniale Theorie und die kritische Soziologie der Sozialwissenschaften haben die Rolle des Ortes in der Produktion und Verbreitung sozialwissenschaftlicher Erkenntnisse hervorgehoben. Damit haben sie den Boden für eine Reflexion bereitet, die nicht mehr entweder einen nationalen oder einen globalen Kontext annimmt, ohne ihn zu problematisieren.

---

17   Merilainen u. a., »Hegemonic Academic Practices«; Stockelova, »Frame against the Grain«; Bourdieu/Wacquant, »On the Cunning of Imperialist Reason«; Kennedy/Centeno, »Internationalism and Global Transformations«.
18   Connell, *Southern Theory*, S. 81.
19   Ebenda, S. 81. Diese Struktur ist auch durch das Erfordernis gekennzeichnet, »nördliche« oder angloamerikanische Autorinnen zu zitieren. Connell u. a., »Toward a Global Sociology of Knowledge«.

Die Konzentration auf koloniale Macht und Ungleichheit zwischen Institutionen und Positionen in diesen Diskussionen führt dazu, dass Erkenntnisse auf Ebene von Forschungsstandorten und -objekten nicht das Hauptziel der Analyse, sondern ein Nebenprodukt der Untersuchungen sind. Aus der Perspektive eines Projekts, dessen Thema die Ungleichheit zwischen materiellen Forschungsobjekten ist, kann man sagen, dass diese Forschenden mit wichtigen Erkenntnissen vorgeprescht sind.

Ich möchte auf die Fragen nach Forschungswerkzeugen und -objekten und nach den Orten der Wissensproduktion zurückkommen und sie zum Ausgangspunkt für die Diskussion über das globale Wissen machen. Ein soziomaterieller Zugang lenkt die Aufmerksamkeit auf die Frage, was tatsächlich in Umlauf ist, wenn »Ideen« in Umlauf gebracht werden[20] oder »Theorien« reisen.[21] Eine diskurstheoretische Ausrichtung geht von der Annahme aus, dass die Zirkulation nahtlos funktioniert und von Macht (oder Widerstand) bestimmt wird. Aber Ideen und Texte reisen nicht von allein.[22] Sie brauchen nicht nur eine Infrastruktur für die Zirkulation – Zeitschriften, Bücher, Jobgelegenheiten, Auszeichnungen, Übersetzungen[23] –, sondern werden auch von »Sachen« begleitet: Im Fall von empirischen Studien ist das normalerweise eine Kombination von Forschungsobjekt, Ort, Methode und Text.

In diesem Kapitel werde ich zeigen, dass die Auseinandersetzung mit materiellen Forschungsobjekten eine Logik zutage fördert, deren Auswirkungen auf das, was wir zu wissen glauben, relativ unabhängig von der Ungleichheit auf der Ebene von Epistemologien oder Institutionen ist. Zunächst werfe ich einen Blick auf die spezifischen materiellen Forschungsobjekte, auf denen die allgemeinen Vorstellungen von der Moderne beruhen, die etwas unpräzise als »Eurozentrismus« bezeichnet werden. Zweitens frage ich nach den Modellfällen und paradigmatischen Beispielen der postkolonialen Theorie selbst und werde zeigen,

---

20 Bourdieu, »On the Social Conditions«, S. 270.
21 Said, »Theorien auf Wanderschaft«; Clifford, »Notes on Travel and Theory«, S. 11.
22 Latour, *Science in Action*; sowie Star/Griesemer, »Institutional Ecology«. Innerhalb der Kultursoziologie vgl. z. B. Fred Turner, *From Counterculture to Cyberculture*; sowie Griswold/Mangione/McDonnell, »Objects, Words, and Bodies in Space«; McDonnell, *Best Laid Plans*; Dominguez Rubio, »Preserving the Unpreservable«; sowie Benzecry, »Restabilizing Attachment to Cultural Objects«.
23 Sapiro (Hg.), *Translation*.

dass sie nicht gegen die Anwendungstendenz anderer Zugänge gefeit ist. Drittens werde ich eine kurze Analyse der *area studies* mit Blick auf die privilegierten Stellvertreter verschiedener Disziplinen vornehmen.

Die spezifischen Stellvertreter moderner Institutionen

Was meinen wir konkret, wenn wir mit Blick auf die sozialwissenschaftliche Forschung von »Eurozentrismus« sprechen? Historisch hat weniger »der Westen« oder »Europa« als Ganzes im Mittelpunkt der Aufmerksamkeit gestanden, sondern eine kleine Gruppe von Ländern und Kontexten. Es ist nicht unbedingt klar, ob diese Fälle eine Grundlage für Erkenntnisse über »den Westen« im Allgemeinen darstellen, selbst wenn sie im Kontext ihrer imperialen Beziehungen neu gedacht werden.

Man kann über die relative Bedeutung verschiedener Fälle für verschiedene Forschungsbereiche streiten, aber es liegt auf der Hand, dass den Gebieten, die heute Frankreich, England und Deutschland sind, eher als Gebieten wie Finnland, Irland, Luxemburg, Polen oder Spanien die Fähigkeit zugesprochen wird, Erkenntnisse von allgemeinem Interesse in »internationalen« oder »angloamerikanischen« Sozial- und Geisteswissenschaften zu produzieren.

Man kann sagen, dass Frankreich und England als privilegierte materielle Forschungsobjekte für die Untersuchung verschiedener Dimensionen der Modernisierung gedient haben: Frankreich hat unser Verständnis der politischen Moderne geprägt, während England der Modellfall für die Auseinandersetzung mit Industrialisierung und Klassenbildung und in einer separaten Diskussion für die Erforschung der wissenschaftlichen Revolution ist.[24]

Dass die Französische Revolution ein bedeutsames internationales Ereignis war, war sogar für die Zeitgenossen erkennbar: Intellektuelle in anderen Ländern zogen die Revolution heran, um ihre Position zu bestimmen und die politische Zukunft zu diskutieren, die sie sich für sich selbst vorstellten.[25] In den auf das Ereignis folgenden Jahrzehnten

---

24 Vgl. Merton, *Science, Technology and Society*; Shapin / Schaffer, *Leviathan and the Air-Pump*; sowie Haraway, *Modest_Witness@Second_Millenium*.

25 Feher, *The French Revolution*; Crossley / Small, *The French Revolution and British Culture*.

wurden das Vermächtnis der Französischen Revolution und die Wendungen ihrer Geschichte im Ausland aufmerksam beobachtet. Dank der Arbeiten von August Comte, Alexis de Tocqueville, Marx und Durkheim fand sie ihren Weg in die Geschichte der modernen Sozialwissenschaften.[26]

Die Französische Revolution hat als Modellfall für Revolutionen gedient; der französische Fall hat die soziologischen und historischen Studien zu Staatsbildung, Nationalismus und Bürgerschaft geprägt. Das bedeutet natürlich nicht, dass sich die Intellektuellen über den französischen Fall oder darüber einig wären, ob und inwiefern Frankreich tatsächlich modern ist. Vielmehr dient Frankreich als gemeinsamer Bezugspunkt für die Debatte, der als stabil betrachtet wird und herangezogen werden kann, um Interpretationsunterschiede hervorzuheben.

Beispielsweise nutzen Forschende die Französische Revolution, um die Rolle von Kultur und Staat im Allgemeinen zu debattieren.[27] Konventionen, die Frankreich mit der politischen Moderne assoziieren, verleihen auch auf französischem Material beruhenden Versuchen, Vorstellungen von der Moderne anzufechten oder neu zu definieren, Autorität. Solche Argumentationen können eine Rhetorik des *Sogar-in-Frankreich* mobilisieren: Eugen Weber hat zum Beispiel gezeigt, dass der Zentralstaat und mit ihm viele Aspekte der politischen Moderne wie Rechtsstaatlichkeit, eine einheitliche Sprache und eine überregionale Identität »sogar in Frankreich« bis zum Ersten Weltkrieg in den Provinzen weitgehend abwesend waren.[28] Bestimmte Aspekte von Bourdieus Werk können als eine *Sogar-in-Frankreich*-Argumentation verstanden werden, die von Erwartungen der politischen Modernität ausgeht, um sie infrage zu stellen und umzuformulieren. Seine Forschung hat gezeigt, dass »sogar in Frankreich«, der vermeintlichen Wiege der politischen Gleichheit, verschiedene Formen von Privilegien zu beobachten sind.[29] Sogar in Frankreich, wo der Zugang zu einer Eliteausbildung nicht von den finanziellen Mitteln abhängt, tragen die Schulen zur Reproduktion von

---

26 Nisbet, »The French Revolution«; Borch, *The Politics of Crowds*; Heilbron, *The Rise of Social Theory*.

27 Vgl. z. B. Skocpol, »Cultural Idioms and Political Ideologies«; sowie Sewell, »Ideologies and Social Revolutions«.

28 Weber, *Peasants into Frenchmen*.

29 Bourdieu, *Die feinen Unterschiede*; ders., *Der Staatsadel*.

Ungleichheit bei.[30] Während sich die Bourdieu-Rezeption zwischen der abstrakten Anwendung seiner Konzepte als Theorie und einer Auseinandersetzung mit der Frage nach dem »französischen« Charakter seines Werks hin und her bewegt, sah Bourdieu selbst Frankreich als eigentümlichen, aber privilegierten Fall und brüstete sich mit »dem Beitrag, den meine Forschung zu unserem Verständnis der französischen Gesellschaft und *mutatis mutandis* aller modernen Gesellschaften leistet«.[31]

Die postkoloniale Theorie hat sich ebenfalls der Konventionen bedient, die Frankreich privilegieren, und die Gelegenheiten genutzt, die sich daraus für *Sogar-in-Frankreich*-Argumentationen ergeben. Forschende haben gezeigt, wie die imperialen Verbindungen genau jene Länder prägten, die vorrangig mit der politischen Moderne assoziiert werden. Die Revolution in Haiti, die eng mit der französischen zusammenhängt, jedoch historisch vernachlässigt wurde, ist mittlerweile ein wiederkehrendes Beispiel in postkolonialen Untersuchungen.[32]

Während unser Konzept der politischen Moderne auf Debatten über den französischen Fall beruht, stützt sich das vorherrschende Verständnis von Industrialisierung und Klassenbildung auf den englischen Fall. Marx' Darstellung des Kapitalismus beruht auf seiner Beobachtung der Entwicklung des Kapitalismus in England, und er wies ausdrücklich darauf hin, dass die primitive Akkumulation nur in England ihre klassische Form annehme, »das wir deshalb als Beispiel nehmen«[33]. Die Arbeit späterer englischer Marxisten wie E.P. Thompson und Raymond Williams verdankt ihre Attraktivität teilweise der Tatsache, dass sie anscheinend denselben Fall beschreiben.[34] Kontroversen über Klassenbildung und Klassenbewusstsein sind oft Kontroversen über den englischen Fall. Margaret Somers drückt es so aus: »Historiker, Ökonominnen und Soziologen haben die arbeitenden Menschen im England des frühen

---

30 Vgl. Bourdieu/Passeron, *Reproduction in Education, Society and Culture*.
31 Bourdieu, »On the Social Conditions«, S. 270.
32 Vgl. James, *Die schwarzen Jakobiner*; Dubois, *Avengers of the New World*; Buck-Morss, »Hegel and Haiti«; Go, »For a Postcolonial Sociology«; Lawson, »Revolutions and the International«.
33 Marx, *Das Kapital*, S. 741.
34 Vgl. Thompson, *Entstehung der englischen Arbeiterklasse*; Williams, *Gesellschaftstheorie als Begriffsgeschichte*; sowie ders., *The Long Revolution*. Vgl. auch z. B. Polanyi, *The Great Transformation*; Marshall, *Bürgerrechte und soziale Klassen*; Giddens, *Die Klassenstruktur fortgeschrittener Gesellschaften*; sowie Calhoun, *The Question of Class Struggle*.

19. Jahrhundert in schematische politische Positionen gezwungen, um die Voraussagen von Marx über den durch die inneren Widersprüche des Kapitalismus hervorgerufenen revolutionären Klassenkonflikt zu bestätigen oder zu entkräften.«[35] In einer kritischen Beschreibung, die zur Wirkung von Modellfällen über die Forschungsgebiete hinweg spricht, schreibt Ira Katznelson über E.P. Thompson: »Obwohl Thompsons Zugang zum englischen Fall ›passt‹, behindert er die vergleichende Analyse, weil er das, was anderswo erklärt werden muss, als gegeben betrachtet.«[36]

Negt und Kluge zeigen, dass diese Konzentration auf England ein Verständnis des Kapitalismus gefördert habe, demzufolge die Menschen sehr schnell und relativ vollständig vom Land getrennt worden seien, was für Deutschland und andere Länder so nicht gelte.[37] Dies hat erhebliche Auswirkungen auf das wissenschaftliche Denken sowie auf »progressive« Mobilisierungsstrategien in aller Welt gehabt; innerhalb Deutschland trug eine Vernachlässigung der »ungleichmäßigen Entwicklung« und der Bauernschaft zum Aufstieg des Faschismus bei.[38]

In Diskussionen über die politische Moderne wird ein so europäischer Fall wie der deutsche bereits als abweichender Fall von »Verspätung« behandelt. Er rückt beispielsweise als vergleichender Bezugspunkt in der Unterscheidung zwischen einem »westlichen« und einem »östlichen« Nationalismus und in den Unterscheidungen zwischen staatsbürgerlichen und ethnischen Konzepten der Bürgerschaft ins Blickfeld.[39] Das Konzept der »Verspätung«, ein Topos in Diskussionen über die deutsche Geschichte, beinhaltet »eine Vorstellung von einer klar definierten Reihenfolge von Stadien, Übergängen, Perioden, Epochen, Formationen. [...] Der organische Prozess einer als typisch angenommenen Geschichtsbewegung eines Landes wird für die Geschichte anderer Länder als Natur betrachtet.«[40]

Die Vereinigten Staaten mögen heute in vielen akademischen Diskussionen der nicht markierte Fall sein, aber ihre frühe Geschichte ist

---

35 Somers, »Narrativity, Narrative Identity, and Social Action«, S. 591.
36 Katznelson, »Working Class Formations«, S. 11.
37 Negt / Kluge, *Geschichte und Eigensinn*, S. 553–568.
38 Bloch, *Erbschaft dieser Zeit*; Graf, *Wir sind Gefangene*.
39 Vgl. Kohn, *Die Idee des Nationalismus*; sowie Brubaker, *Staats-Bürger*.
40 Negt / Kluge, *Geschichte und Eigensinn*, S. 566.

nicht für die Entwicklung von Theorien der Moderne herangezogen worden und hat die soziologische Theorie nur indirekt geprägt, obwohl die Amerikanische Revolution mehr oder weniger zeitgleich mit der Französischen stattfand und mit dieser zusammenhing.[41] Peter Wagner erklärt, die europäische soziologische Tradition habe die irrige Vorstellung übernommen, die Vereinigten Staaten hätten keine Geschichte, weshalb sie die amerikanische Moderne als europäisches Experiment behandelt habe, das sie sich abhängig von den jeweiligen intellektuellen oder narrativen Erfordernissen in Europa zu eigen machen oder von dem sie sich distanzieren konnten.[42] Wagner weist auch darauf hin, dass die Theorien der Modernisierung als Säkularisierung möglicherweise sehr viel früher diskreditiert worden wären, wenn die Erkenntnisse über die Vereinigten Staaten als solche ernster genommen worden wären. Die amerikanische Religiosität, schreibt er, »lässt die soziologische Theorie der ›Säkularisierung‹ eher wie eine Fallstudie des ›europäischen‹ Exzeptionalismus wirken«.[43]

Die Stellvertreter der postkolonialen Theorie

Die postkoloniale Theorie hat Fragen zu den Ursprüngen des als allgemeines Wissen zirkulierenden westlichen Wissens und seiner Auswirkungen aufgeworfen. Sie hat den Raum für nichtwestliche Forschungsobjekte im Allgemeinen vergrößert und solche Forschungsobjekte von der Assoziation mit Kategorien epistemischer Ziele wie »Entwicklung« befreit, die ihre Relevanz einschränkten. Kritische Arbeiten in dieser Tradition erschlossen neue Möglichkeiten zur Untersuchung der Modernität postkolonialer Staaten und Politiken.[44] Die postkoloniale Theorie hat auch neue Perspektiven für das geliefert, was man als »westliche« Forschungsobjekte betrachten könnte, indem sie ihre Einbettung in

---

41   Vgl. jedoch Reed, *Power in Modernity*.
42   Wagner, »The Resistance That Modernity Constantly Provokes«.
43   Ebenda, S. 42.
44   Vgl. z.B. Chakrabarty, *Europa als Provinz*; Barlow, *Formations of Colonial Modernity*; Escobar, »Worlds and Knowledges Otherwise«; Robinson, *Ordinary Cities*; Simone, *For the City Yet to Come*; ders., *Improvising Lives*; sowie Rajagopal, *Politics after Television*.

die kolonialen Beziehungen beleuchtet,[45] und Platz für »gekoppelte Geschichten« schafft.[46]

Als Kategorie, die bis zu einem gewissen Grad in der zeitgenössischen akademischen Landschaft institutionalisiert ist, ist die postkoloniale Theorie selbst nicht vollkommen von einigen der in den vorhergehenden Kapiteln behandelten Tendenzen bei Ansatzkategorien ausgenommen. Die postkoloniale Theorie kann ebenfalls mit bestimmten Autoren und Forschungsobjekten assoziiert werden. Man könnte sagen, dass diese Theorie als Ansatz von ikonischen Autoren wie Edward Said, Gayatri Spivak und Homi Bhabha und von einflussreichen Gruppen wie den »subalternen Studien« verkörpert wird, einer Bewegung von Historikerinnen und Literaturwissenschaftlerinnen in den 1980er und 1990er Jahren sowie von den Cultural Studies in Großbritannien.[47]

All diese Autoren und Gruppierungen wurden von bestimmten Fällen und Umfeldern geprägt. Der ursprüngliche Fall für die subalternen Studien ist geografisch Südasien und insbesondere Indien. Als materielles Forschungsobjekt bietet Indien Historikerinnen zahlreiche Archivdokumente der Kolonialverwaltung, die studiert, problematisiert und nach Abwesenheiten durchsucht werden können. Historiker der Subaltern-Studies-Bewegung haben Indien oder das im kolonialen Diskurs entstandene »Indien« verwendet, um allgemeine Fragen nach Macht und Subjektivität, Unterwerfung und Handlungsmacht aufzuwerfen und zu diskutieren.

Bestimmte theoretische Entscheidungen und Eigenschaften des Falls der kolonialen Herrschaft in Südasien als materielles Forschungsobjekt haben die Analyse von kolonialer Macht und Widerstand geprägt. Als die subalternen Studien intellektuellen Einfluss erlangten und einen gewissen Erfolg feierten, wurden die spezifischen Merkmale Indiens als Fall manchmal, jedoch nicht immer reflektiert. Im Gespräch zwischen Vertretern der subalternen Studien und Expertinnen für und aus andere[n] Regionen treten einige der Spannungen zutage, die entstehen, wenn ein

45 Vgl. z.B. Mitchell, *Colonising Egypt*; Comaroff/Comaroff, »Theory from the South«; Patil, »Sex, Gender and Sexuality«; Shilliam, »The Crisis of Europe«.

46 Bhambra, *Rethinking Modernity*, S. 33, unter Verweis auf Subrahmanyam, »Connected Histories«. Beide Wissenschaftler entwickeln diese Vorstellung in ihren späteren Arbeiten weiter.

47 Vgl. Said, *Orientalismus*; Spivak, *Can the Subaltern Speak?*; sowie Bhabha, *Die Verortung der Kultur*. Vgl. auch Chakrabarty, *Europa als Provinz*.

bestimmter Fall von kolonialer Macht als Grundlage für die Formulierung theoretischer Überlegungen herangezogen wird – David Ludden hat dieses Phänomen als »Globalisierung Südasiens« bezeichnet.[48] Beispielsweise reagierten einige lateinamerikanische Forschende begeistert auf die Bewegung der subalternen Studien und ordneten einige ihrer Arbeiten als »lateinamerikanische subalterne Studien« ein.[49] Andere reagierten skeptisch[50] und verwiesen auf die relative Verdrängung einer langen »nachwestlichen« Tradition im lateinamerikanischen Denken sowie neuerer Dependenztheorien. Einige Intellektuelle verwiesen darauf, dass die postkoloniale Theorie insofern, als sie auf Südasien beruhte, von einem Fall der zweiten Welle des Kolonialismus geprägt wurde, der lediglich auf eine relativ kurze Periode der formalen Unabhängigkeit zurückblicken konnte[51] – während Lateinamerika sehr viel früher kolonisiert worden war und langfristige und bis zu einem gewissen Grad zyklische Phänomene von Kolonisierung, Entkolonialisierung und Neoimperialismus erlebt hatte.

Die vom indischen Fall ausgehende Analyse der anti- und postkolonialen Politik in der postkolonialen Theorie konzentriert sich auf Fragen der Nation und des Nationalismus.[52] Für Eduardo Mendieta ist die von südasiatischen Fällen ausgehende postkoloniale Kritik aufgrund des Mangels an einer langfristigen Betrachtung »lediglich in der Lage, die Auswirkungen des Kolonialismus zu kritisieren, nachdem dieser in Projekte der Nationsbildung mutiert war«.[53] Charakteristisch für den Postkolonialismus ist in seinen Augen »eine wählerische Besessenheit von der Frage des Nationalismus und dessen Alter Ego, der Nation, ob man sich diese nun in Form ihrer Fragmente, ihres Schattens, ihrer Agonie, ihrer Abwesenheit, ihres Scheiterns oder ihrer Nichtkonvergenz mit dem Raum der Kultur eines Volkes vorstellt«.[54]

---

48 Ludden, *Reading Subaltern Studies*.
49 Vgl. z. B. Latin American Subaltern Studies Group, »Founding Statement«; Beverley, *Subalternity and Representation*; Legras, »Review of *The Latin American Subaltern Studies Reader*«; Rodriguez, *The Latin American Subaltern Studies Reader*; sowie Verdesio, »Latin American Subaltern Studies Revisited«.
50 Verdesio, »Latin American Subaltern Studies Revisited«, S. 55.
51 Mendieta, »Re-mapping Latin American Studies«, S. 195 – 197, sowie Mignolo, zitiert ebenda.
52 Chakrabarty, *Europa als Provinz*; Chatterjee, *The Nation and Its Fragments*.
53 Mendieta, »Re-mapping Latin American Studies«, S. 197.
54 Ebenda, S. 197.

Die Fixierung der ursprünglichen postkolonialen Theorie auf die Nation wirkte sich darauf aus, welche Themen in den Literaturstudien als theoretisch relevant betrachtet wurden. Auch hat diese Betonung das Konzept und die Erforschung des Widerstands in Geschichte und Soziologie geprägt. Das ist der Fall, obwohl »die Politik in einer Kolonie nicht auf die antikoloniale Politik oder den Nationalismus reduziert werden sollte«, wie der auf Afrika spezialisierte Historiker Frederick Cooper erklärt. »Die imaginierten Gemeinschaften der Afrikaner waren sowohl kleiner als auch größer als die Nation, manchmal in einem Spannungsverhältnis zueinander, manchmal in repressivem Antagonismus.«[55]

Wir können auch den regionalen Ursprüngen der Kategorie des »Subalternen« weiter nachspüren. Das wäre zweifellos geeignet, um allgemeine Fragen nach Macht, Wahrheit und Agency in einem postmarxistischen Umfeld aufzuwerfen; gleichzeitig wäre es laut Cooper ein intuitiv attraktiver Ausgangspunkt für Südasienforscher »in Anbetracht der weithin geteilten Wahrnehmung der sozialen Ungleichheit in Indien als dauerhaft, mit Zwang verbunden und klaren Abgrenzungen folgend, selbst wenn die Wissenschaft die Grundlagen der sozialen Ungleichheiten infrage stellt«.[56]

Eine Einladung zur Anwendung?

Die zeitgenössische postkoloniale Theorie ist nicht vollkommen gegen die mit der Institutionalisierung von Ansätzen und Theorien einhergehende Tendenz zur Anwendung statt zum Vergleich gefeit, die wir an anderen Beispielen in Kapitel 5 ausführlicher diskutiert haben. Ist ein Ansatz einmal als Kategorie und als Gruppierung oder als Set von Gruppierungen institutionalisiert, so kann er dazu benutzt werden, einen Neuanfang zu proklamieren, der es erleichtert die vorhergehende Forschung zu vergessen, was auch die eigenen Vorgänger betreffen kann (von denen einige als konsekrierte Autoren zurückgebracht werden können).[57] Ansätze können erweitert werden, indem einer Abdeckungslogik gehorchend neue Orte und Fälle hinzugefügt werden, was

---

55 Cooper, »Conflict and Connection«, S. 1519.
56 Ebenda, S. 1519. Vgl. auch Appadurai, »Putting Hierarchy in Its Place«.
57 Puwar, »Puzzlement of a Déjà-vu.«

die Beitragenden ermutigt, sich auf den Nachweis zu konzentrieren, dass die Arbeit der unmittelbaren Vorgänger angewandt werden kann und konkurrierenden Ansätzen überlegen ist. Dies ist nicht leicht mit einer progressiven Entwicklung des konzeptuellen Rahmens eines Ansatzes vereinbar. Die Anwendung beinhaltet bei allen Ansätzen eine Entkontextualisierung des materiellen Forschungsobjekts im Dienst des Ansatzes. Im Fall der postkolonialen Theorie steht diese im Gegensatz zum expliziten Beharren auf der Situiertheit jeglichen Wissens. Paradoxerweise begrenzt die postkoloniale Theorie dann manchmal wieder die Bandbreite der Fragen, zu deren Behandlung Fälle aus den Ländern des »Globalen Südens« sprechen können.

Was die Theoretikerinnen anbelangt, so privilegiert der Ansatz eine poststrukturalistische Deutung früherer Denker. Henry Louis Gates spricht in seiner Auseinandersetzung mit Saids Interpretation von Frantz Fanon von dem Widerspruch, dass »der Kritiker, während er zur Anerkennung der *Situiertheit* aller Diskurse aufruft, einen Fanon beschreibt, der ein globaler Theoretiker *in vacuo* ist; im Verlauf eines Aufrufs zur Anerkennung der Spezifizität des Anderen entdecken wir, dass sein globaler Theoretiker der Alterität seiner eigenen Spezifität beraubt wird; in einer Kritik des identitären Denkens wird Fanon mit jemandem verschmolzen, der in wichtiger Hinsicht ein ideologischer Antagonist war.«[58]

Was die empirische Untersuchung anbelangt, so neigt die Theorie dazu, »die vielfältigen kolonialen Erfahrungen unter derselben Rubrik zusammenzufassen« und »ihre Schicksale im selben unilinearen Narrativ von Geschichte und gesellschaftlicher Emanzipation miteinander zu verknüpfen«.[59] Der Zugang geht mit einer bestimmten Interpretation der Politik im Globalen Süden einher, welche die koloniale Verbindung und/oder ihr bleibendes Vermächtnis gegenüber anderen Aspekten des politischen Kontextes hervorhebt. Das kann dazu führen, dass die Komplexität antikolonialer Bündnisse und Kompromisse sowie andere Aspekte der Kämpfe der betroffenen Völker unterschätzt werden.

In einigen zeitgenössischen Arbeiten finden wir Anklänge von Coopers früher Diagnose, dass »selbst ein so subtiles und interaktives Argument wie das Homi Bhabas zur Nachahmung, in der das Handeln der kolonisierten Person, als »weiß, aber auch nichtweiß«, die Vorstel-

---

58   Gates, »Critical Fanonism«, S. 459 (Hervorhebung im Original).
59   Chun, »Introduction«, S. 380.

lung des Kolonisators von Grenzen und Kontrolle destabilisiert, darauf beruht, dass die Dyade von Kolonisator und Kolonisiertem mit Ausnahme ihrer Konfrontation von allem abgekoppelt wird, was diese Subjekte tun«.[60] In der Anwendung auf die Gegenwart in der Metropole sehen wir manchmal um es mit Chetan Bhatts Worten auszudrücken, eine temporale Oszillation »von der hochkolonialen Vergangenheit zur Gegenwart der Diaspora, eine einebnende und schmeichelhafte Auffassung von der historischen Zeit«.[61]

Postkoloniale Theorie und angloamerikanische Hegemonie

Walter Mignolo, ein in den Vereinigten Staaten ansässiger Argentinier, stellt folgende Frage: »Warum sind bestimmte Arten von Modellen der ›Dritten Welt‹ für subalterne Studien überzeugender als andere? [...] Warum bevorzugen wir indische subalterne Studien gegenüber den Arbeiten von Intellektuellen, die in Lateinamerika leben und denken?«[62] Er fügt hinzu:»Ich habe den Verdacht, dass wir die Antwort auf die Frage, warum bestimmte theoretische Modelle der ›Dritten Welt‹ attraktiver sind als andere, in der Komplizenschaft von Sprachen, Kolonialismus und akademischen Kulturen finden können.« Er rät davon ab, die indischen subalternen Studien allzu überschwänglich zu feiern, weil dies die Gefahr mit sich bringe, »in einen epistemologischen Universalismus zu verfallen, der auf der globalen Vernetzung und einem neuartigen Kosmopolitismus beruht«.[63]

Mignolo diagnostiziert eine Homologie zwischen Institutionen, die durch frühere koloniale Beziehungen und die englische Sprache miteinander verbunden sind, was auf Kosten derer geht, die sich anderer nationaler und internationaler Sprachen als des Englischen bedienen. Die»Globalisierung Südasiens« erfolgte offenkundig über die Vereinigten Staaten und Großbritannien: Die postkolonialen Studien wurden von Forschenden mit Verbindungen zu Eliteinstitutionen auf andere

---

60   Cooper, »Conflict and Connection«, S. 1527.
61   Bhatt, »The Fetish of the Margins«.
62   Mignolo, »Are Subaltern Studies Postmodern or Postcolonial?«, S. 53.
63   Ebenda, S. 54.

Fälle angewandt und werden über die westliche akademische Welt oft in andere Kontexte importiert.

Es gibt bei allen Ansätzen Spannungen zwischen dem Entkontextualisierungsimpetus von Ansätzen und vielfältigen Fällen. Diese Spannungen werden innerhalb der postkolonialen Theorie nicht beseitigt, indem man einfach von einem Modellfall zu einem anderen – zum Beispiel Lateinamerika – wechselt.

Es gibt Spannungen zwischen der Assoziation des »Globalen Südens« mit einer spezifischen theoretischen Ausrichtung oder mit spezifischen epistemologischen Vorschlägen einzelner Wissenschaftler und dem, woran Wissenschaftlerinnen in und aus einer Region tatsächlich arbeiten möchten. Es ist nicht immer klar, welche Rolle Forschende mit eigenen Forschungsvorhaben, die aus einer Region stammen oder dort arbeiten, in der Beschwörung alternativer »Epistemologien« einerseits und des »Subalternen« andererseits spielen.

Forschende in und aus dem Globalen Süden möchten sich möglicherweise eingehend mit lokalen politischen Fragen beschäftigen, oder sie möchten ihrem Material direkte Relevanz für allgemeine Überlegungen zu einer größeren Kategorie von Objekten verleihen, ohne den Umweg über eine Kritik anderer hegemonialer westlicher Formen von Wissen machen zu müssen. Manche Arbeiten werden möglicherweise von angesehenen westlichen Zeitschriften abgelehnt, weil sie nicht von »allgemeinem Interesse« sind, um anschließend von anderen angesehenen westlichen Zeitschriften abgelehnt zu werden, weil sie als »nicht kritisch genug« oder in einer verschlüsselten Bezeichnung für dasselbe Defizit als »nicht theoretisch genug« eingestuft werden.[64]

Als vergleichende Literaturwissenschaftlerin hat Gayatri Spivak harte Worte für einige Arbeiten auf dem Gebiet der Cultural Studies in Großbritannien gefunden, denen sie einen »diversifizierten, großstädtischen Nationalismus« vorwirft. Sie bezeichnet die »gelehrten ›Kulturstudien‹« als »großstädtisches Phänomen, das seinen Ursprung an den radikalen Rändern der nationalen philologischen Abteilungen hat« und von »großstädtischen sprachbasierten präsentischen und personalistischen politischen Überzeugungen« begrenzt ist, die »oft zu von vornhe-

---

64 Hyun Bang Shin, bei einer von Esra Ozyurek organisierten Paneldiskussion über akademische Freiheit vorgelegte Arbeit, London School of Economics, 29. November 2019.

rein feststehenden Schlussfolgerungen führen, die sich nicht mit der impliziten politischen Raffinesse der besten *area studies* messen können«.[65]

Spivaks Kommentare rufen uns in Erinnerung, dass hier abgesehen von den Diskussionen über die postkoloniale Theorie und die Globalisierung der Sozialwissenschaften noch ein weiteres Gespräch relevant ist, nämlich jenes über die prekäre Lage der Geisteswissenschaften und die Kürzungen, unter denen insbesondere Fremdsprachen und Literatur und die vergleichende Literaturwissenschaft in aller Welt leiden. Spivak erklärt, vom Aufstieg der postkolonialen Literaturwissenschaft in den Vereinigten Staaten habe vor allem das »globale Englisch« profitiert.[66] Die postkoloniale Literaturwissenschaft hat die Forschung zur französischen und englischen Literatur dazu bewegt, Romane aus Indien und der Karibik zu berücksichtigen, aber sie schließt unter Umständen indische Romane aus, die nicht in englischer Sprache erscheinen. Schwieriger ist die Anwendung des Zugangs auf Fälle aus Japan, China oder der Türkei.

Natürlich haben die postkolonialen Studien nicht mehr als andere Zugänge zum allgemeinen Trend schwindender Sprachkenntnisse bei Studierenden im Aufbaustudium in den USA, Großbritannien und anderswo beigetragen. In Anbetracht ihres Beitrags zur Erweiterung des Horizonts der national ausgerichteten Sozialwissenschaften sollten wir ihnen zuletzt Vorwürfe machen. Aber dem Problem ist nicht alleine mit den postkolonialen Studien zu begegnen, die manchmal als Stellvertreter umfassenderer internationaler Engagements gesehen werden können. Mit Blick auf die Rolle der Vereinigten Staaten und Großbritanniens in der akademischen Welt kann man eine Auseinandersetzung mit dem britischen Empire oder dem Globalen Atlantik nur in einem sehr spezifischen Sinn als international betrachten.

Die intraakademische Dynamik des Orientalismus

Ich habe Stellvertreter von Objektkategorien untersucht, die regional nicht markiert, aber von regionalen Stellvertretern geformt werden. Wie erzeugen Forschende als regional eingestuftes Wissen? Was nutzen

---

65 Spivak, *Death of a Discipline*, S. 8.
66 Ebenda, S. 7.

sie als Stellvertreter für diese regionalen Kategorien, und verwenden sie privilegierte Stellvertreter? Die kritische Auseinandersetzung mit dem »regionalen Wissen« in der Literatur stützt sich auf einige Fälle mehr als auf andere und privilegiert die Analyse des Wissens über den Orient in Frankreich und Großbritannien im 19. Jahrhundert durch Edward Said, und den Fall der *area studies* in den Vereinigten Staaten, eine von außenpolitischen Überlegungen aus der Ära des Kalten Kriegs beeinflusste Institutionalisierung von Wissen über die Außenwelt.[67]

In seiner Studie *Orientalismus* hebt Edward Said die engen Verbindungen zwischen der Orientalistik als Form von Wissen und als Herrschaftsmodus hervor, das heißt, er betrachtet die Orientalistik als eine Form von imperialer Machtausübung. Er erklärt, der Orientalismus stelle sich als »institutioneller Rahmen für den Umgang mit dem Orient dar, das heißt für die Legitimation von Ansichten, Aussagen, Lehrmeinungen und Richtlinien zum Thema sowie für ordnende und regulierende Maßnahmen. Kurz, der Orientalismus ist seither ein westlicher Stil, den Orient zu beherrschen, zu gestalten und zu unterdrücken.«[68] Nachdem ich davor gewarnt habe, herausragende Arbeiten zu bestimmten Forschungsobjekten einfach auf andere Objekte anzuwenden, möchte ich darauf hinweisen, dass es hilfreich ist, die spezifischen Entscheidungen Saids im Licht alternativer Fälle und Ansätze zu betrachten.

Ich habe mich mit der nicht notwendigen Allianz zwischen postkolonialer Theorie und Diskursanalyse beschäftigt. Suzanne Marchands Studie zur deutschen Orientalistik kann als Ausgangspunkt für die Beschäftigung mit anderen Ansätzen und zusätzlichen Fragen dienen: Marchand stellt Saids Konzentration auf den Diskurs einen Zugang gegenüber, der sich auf Praktiken konzentriert. Sie schreibt: »Ich habe den Eindruck, dass jene, die Saids Beispiel folgten und die foucaultsche Taktik anwandten, nur die Oberfläche der von ihnen untersuchten Texte zu analysieren, allzu oft lediglich wiederholen, was wir bereits wissen, nämlich dass Menschen Repräsentationen für ihre eigenen Zwecke er-

---

67 Vgl. Rafael, »The Culture of Area Studies«; Said, *Covering Islam*; Miyoshi/Harootunian/Chow, *Learning Places*; Szanton, *The Politics of Knowledge*; Engerman, *Know Your Enemy*; Gershenhorn, »»Not an Academic Affair««; sowie Leary, *A Cultural History of Underdevelopment*.

68 Said, *Orientalismus*, S. 11.

zeugen; sie fragen allzu selten nach der *Vielfalt* dieser Zwecke oder nach der Verwurzelung dieser Repräsentationen in schwächeren oder stärkeren Interpretationen von Originalquellen.«[69] Marchands empirische Analyse enthält eine eingehende Untersuchung der deutschen Orientalistik im 19. Jahrhundert. Sie baut auf Saids Arbeiten auf und beschäftigt sich mit imperialen Verflechtungen, Exotisierung und Antisemitismus, konzentriert sich jedoch auch auf akademische Praktiken und die Wurzeln der deutschen Orientalistik im Studium der antiken Sprachen. Marchand beleuchtet, wie Orientalisten wie Justus Olshausen oder Theodor Nöldeke von Disputen innerhalb der Universität inspiriert wurden und ihr Interesse an Indien, der Türkei und Persien teilweise in Opposition zu jenen verteidigten, die glaubten, nur das Griechische, Lateinische und Hebräische seien wichtig. Marchand erklärt, einige Orientalisten hätten durch ihre Gegnerschaft zur Theologie innerhalb der Geisteswissenschaften intellektuelle Freiräume erschlossen und zumindest einige der für die Gestaltung eines postimperialistischen Weltbilds benötigten Werkzeuge bereitgestellt.[70]

Stellvertreter regionaler Kategorien

Obwohl selbst die kritischsten Wissenschaftlerinnen implizit ortspezifische Sachkenntnis zu schätzen wissen, gibt es kaum vergleichende Forschung dazu, wie solches Wissen erzeugt und in Umlauf gebracht wird, die den vielen Orten der akademischen Wissensproduktion in der heutigen Welt Rechnung trägt. Für eine globale Analyse des Problems des globalen Wissens muss die weitere Forschung zahlreiche Kombinationen von Wissensgemeinschaften und regionalen epistemischem Zielen berücksichtigen.

Der empirische Fokus der kritischen Studien zum regionalen Wissen liegt auf den Vereinigten Staaten,[71] Großbritannien[72] und in einem gewissen Maß Frankreich; weitere westliche Fälle von Wissensge-

---

69 Marchand, *German Orientalism*, S. xxi.
70 Ebenda, S. xx.
71 Vgl. Anm. 67; vgl. auch zuletzt Khalil, *America's Dream Palace*; sowie Razavi, »The Systemic Problem of ›Iran Expertise‹ in Washington«.
72 Vgl. z. B. Bayly, »The (Re)turn to Empire in IR«; sowie Bayly, *Taming the Imperial Imagination*.

meinschaften wie zum Beispiel Deutschland werden mit Verzögerung hinzugefügt.[73] Wir können die Analyse der französischen, britischen, deutschen und amerikanischen Orientalistik durch die Analyse von »Randorientalismen« ergänzen, wie Trüber und Lindstedt kürzlich angeregt haben. In einem Aufruf zur Einreichung von Vorträgen, erklären sie, dies könne bedeuten,

> sich die Repräsentationen peripherer Gebiete (z. B. in Zentralasien, Ostafrika, Südostasien usw.) sowie von peripheren Themen anzusehen (kaum bekannte Sprachen oder Archive, sonderbare Entscheidungen, sich den Einheimischen anzuschließen, usw.). Und es kann bedeuten, einen Blick auf die peripheren Akteure im transnationalen Umfeld des Orientalismus zu werfen. Solche Akteure können entweder marginalen künstlerischen oder Forschungsgemeinden angehören, deren geringe Größe sie daran hinderte, ein klares nationales Profil zu entwickeln (ein Beispiel könnte der Orientalismus in Finnland sein); oder sie können einer größeren Tradition angehören, in der sie einen marginalen Platz einnahmen (z. B. weibliche Orientalismen oder jüdische Orientalismen).[74]

Obwohl sie sich intensiv mit der nichtwestlichen Wissensproduktion beschäftigt, zieht die von der postkolonialen Theorie inspirierte Literatur die sozialwissenschaftliche Produktion in nichtwestlichen Ländern normalerweise nicht als Objekt für vergleichende Studien in Betracht.[75] Wir können untersuchen, wie verschiedene europäische oder westliche Kontexte in Afrika, China, Lateinamerika und Südasien erforscht und theoretisiert worden sind und wie Afrika und China in China, Afrika, Lateinamerika und Südasien erforscht und theoretisiert worden sind.[76] Wie entwickeln bestimmte westliche oder nichtwestliche akademische Gemeinschaften implizite oder explizite regionale Kategorien? Was verwenden sie als Stellvertreter für diese regionalen Kategorien? Und verwenden sie privilegierte Stellvertreter? Hier kann ich lediglich

---

73 Für historische Darstellungen vgl. Marchand, *German Orientalism*; Steinmetz, *The Devil's Handwriting*; ders., »Social Fields«; sowie Truper, *Orientalism*.
74 Truper/Lindstedt, »Fringe Orientalisms«.
75 Vgl. jedoch Waas, *Science in Africa*; Altbach, »Centers and Peripheries in the Academic Profession«; Mosbah-Natanson/Gingras, »The Globalization of the Social Sciences?«; sowie Hanafi/Arvanitis, *Knowledge Production in the Arab World*.
76 Vgl. z. B. Anshan, »African Studies in China«.

auf Teile der Hypothese hinweisen, die eine solche Untersuchung strukturieren könnte. Trotz der Spannung zwischen dem, was in den Vereinigten Staaten als *area studies* bezeichnet wird, und den traditionellen Disziplinen können wir die Klischees der *area studies* in diesem umfassenderen Sinn besser verstehen, wenn wir auch die Rolle von Klischees in den Disziplinen verstehen, welche diese Wissenschaft bilden.

Die Arbeiten, die sich mit der ungleichmäßigen Internationalisierung der US-amerikanischen Sozialwissenschaften beschäftigen, veranschaulichen den Nutzen eines Vergleichs zwischen den in einer einzelnen Wissensgemeinschaft produzierten Erkenntnissen zu einer Vielzahl von Zielgebieten.[77] Wenn wir nach geografischen Gebieten fragen, sind verschiedene Disziplinen in verschiedenen Gebieten wichtig, und jede Disziplin hat ihr eigenes selektives Aufmerksamkeitsmuster. Ein allgemeiner Vergleich über verschiedene Gebiete der *area studies* in der westlichen Forschung hinweg zeigt, dass eine Kluft zwischen den Feldern mit einem Erbe von auf Sprachkenntnissen und Kenntnissen der klassischen Literatur beruhenden Programmen und Gebieten ohne solche Programme besteht. Die südasiatischen Studien, die wissenschaftliche Auseinandersetzung mit China und Japan sowie in gewissem Umfang die Erforschung des Nahen Ostens haben eine lange Geschichte in der deutschen Wissenschaft des 19. Jahrhunderts, in der die Sprachausbildung und eine umfassende Kenntnis klassischer Texte Vorrang hatte. Das Studium Afrikas und Lateinamerikas und der heute als postsowjetisch bezeichneten Region ist von diesem Erbe relativ unberührt geblieben.

Der Fall der Nahoststudien zeigt, dass es auch Debatten über die Bezeichnung der Region gibt, die vom disziplinären Fokus und den intellektuellen und nationalen Traditionen abhängt: Islamstudien und Religionswissenschaften beschäftigen sich mit der »islamischen Welt« und konzentrieren sich insbesondere auf das 8. Jahrhundert in Saudi-Arabien. Die Literaturwissenschaft beschäftigt sich mit Überlieferungen, die nach Sprachen als arabisch, persisch, türkisch und hebräisch eingestuft werden. Die Archäologie konzentriert sich auf den »Nahen Osten«, insbesondere auf Israel und Ägypten. Die Politikwissenschaft verwen-

---

77 Vgl. Szanton, *The Politics of Knowledge;* Kennedy / Centenno, »Internationalism and Global Transformations«; Kennedy, »Area Studies and Academic Disciplines«; Kurzman, »Scholarly Attention«; sowie Stevens / Miller-Idriss / Shami, *Seeing the World.*

det die Kategorien Naher Osten, MENA (Middle East and North Africa) und manchmal Türkei. Die Anthropologen arbeiten sowohl mit »Islam« als auch mit »Nahen Osten«, wobei Marokko in der ersten Kategorie einen wichtigen Platz einnimmt, jedoch nicht in die zweite passt.

Tabelle 6.1 zeigt ein Beispiel dafür, was ein Fokus auf Disziplinen und ihre Modellfälle für die Wissensproduktion in einem bestimmten Gebiet bedeuten kann. Die Tabelle enthält mehrere Hypothesen zum angloamerikanischen Wissen über Lateinamerika. Verschiedene epistemische Ziele lenken verschiedene Disziplinen zu verschiedenen Fällen und Ländern. Die Literaturwissenschaft orientiert sich an herausragenden literarischen Beiträgen; die Anthropologinnen beschäftigen sich historisch eher mit Ländern mit einer großen indigenen Bevölkerung. Die Politikwissenschaftlerinnen hingegen konzentrieren sich auf Länder wie Argentinien, das einen klassischen Fall von Populismus liefert.

Tabelle 6.1 Angloamerikanische Regionalwissenschaft: Lateinamerika

Disziplin	Probe	Spezifischer Modellfall der Disziplin	Spezifisches epistemisches Objekt der Disziplin	Epistemisches Ziel	Land	Region
Literatur	Ein Exemplar von *Hundert Jahre Einsamkeit*	*Hundert Jahre Einsamkeit*	Magischer Realismus	Stil	Kolumbien	Lateinamerika
Anthropologie	Beobachtungen einer bestimmten Gemeinschaft zu einer spezifischen Zeit	Amazonien	Indigene Bevölkerung	Kultur	Brasilien	Lateinamerika
Politikwissenschaft	Eine bestimmte Sammlung von Archivquellen	Peronismus	Populismus	Regierungsform	Argentinien	Lateinamerika

Wir können und sollten die Komplexität dieser Tabelle durch national unterschiedliche Forschungstraditionen und -schwerpunkte erweitern. Beispielsweise forschen amerikanische Sozialwissenschaftlerinnen Mexiko und Zentralamerika möglicherweise genauer als europäische Sozialwissenschaftler; hingegen schenken italienische Sozialwissenschaftler Argentinien historisch besondere Beachtung. Wir können auch die umgekehrte Frage stellen und untersuchen, wie spezifisch markierte nationale Kontexte eine bestimmte Disziplin geprägt haben; diese Frage behandelt Michael Kennedy anhand der wichtigen Rolle, die Polen für die amerikanische Soziologie gespielt hat.[78]

Fazit

In vielen disziplinären Wissensgemeinschaften ist die Aufmerksamkeit für materielle Forschungsobjekte in geografisch als anders definierten Gebieten sehr begrenzt. Auch ist sie bezüglich der epistemischen Ziele begrenzt, in deren Dienst diese Objekte gestellt werden. Die Auseinandersetzung mit den Stellvertretern sowohl regional ungekennzeichneter als auch gekennzeichneter Kategorien veranschaulicht die Bandbreite der Forschungsobjekte, die im wissenschaftlichen Gespräch einfach nicht auftauchen. Manche Stellvertreter werden vernachlässigt, und dasselbe gilt für einige Kombinationen von Stellvertretern und epistemischen Zielen.

Die postkoloniale Theorie hat die Aufmerksamkeit auf einige dieser vernachlässigten Stellvertreter und Kombinationen gelenkt. Ausgehend von materiellen Forschungsobjekten beleuchtet sie zusätzliche vernachlässigte Objekte sowie vernachlässigte Kombinationen von Kategorien und materiellen Forschungsobjekten.

Wenn diese Analyse in Beziehung zu den konkreten Entscheidungen individueller Forschender und wissenschaftlicher Gemeinschaften gesetzt wird, dürfte es hilfreich sein zu klären, was in der Diskussion über das globale Wissen normativ auf dem Spiel steht, und die unterschiedlichen normativen Herausforderungen herauszuarbeiten. Wir können versuchen, einige dieser Herausforderungen gleichzeitig in Angriff zu nehmen, aber wir können unter Umständen nicht alle Ziele gleichzeitig maximal erfüllen. Welche Ziele wir betonen, hängt möglicherweise nicht nur von unseren Werten ab, sondern auch davon, was in konkreten Situationen auf dem Spiel steht und was erreicht werden kann.

Wir können versuchen, den Auswirkungen der kolonialen Macht auf das öffentliche Selbstverständnis innerhalb ehemaliger Kolonialmächte entgegenzuwirken; wir können die Auswirkungen der Kolo-

---

78 Kennedy, *Globalizing Knowledge*, Kap. 5.

nialgeschichte auf das akademische Wissen begrenzen oder unser Verständnis »zentraler« und anderer epistemischer Ziele gestützt auf eine Kritik der angloamerikanischen Hegemonie überarbeiten. Wir können versuchen, innenpolitische und/oder globale politische Vorhaben zu verfolgen. Wir können versuchen, im Streben nach der bestmöglichen kollektiven Nutzung knapper Ressourcen für die Wissensproduktion auf die gesamte Bandbreite von Fällen und Möglichkeiten zuzugreifen. Wir können uns bemühen, Stellen und Anerkennung fairer zuzuteilen. Wir können versuchen, die Ungleichheit zwischen den Akademikerinnen innerhalb der einzelnen Länder sowie die Ungleichheit zwischen den Ländern zu verringern.

Gleichgültig worauf wir uns konzentrieren, es kann erneut eine Spannung zwischen der Produktion guten Wissens über spezifische Orte und Gruppen – einschließlich spezifischer Formen von kolonialer Unterdrückung und Widerstand dagegen und anderer Formen von Beherrschung – einerseits und der Produktion allgemeinen Wissens andererseits auftreten.

Wovon wir mehr brauchen	Wovon wir genug haben
• Studien zu vernachlässigten Fällen der Modernität	• Nicht komparative Arbeiten über die Vereinigten Staaten oder Großbritannien
• Berücksichtigung nichtwestlicher Kontexte, die nicht postkolonial sind	• Arbeiten, die Erkenntnisse über den Westen auf nichtwestliche Fälle anwenden
• Vergleiche zwischen Wissen über das gesamte Spektrum der in verschiedenen Kontexten der Wissensproduktion als regional anders markierten Fälle	• Darstellungen, die von bestimmten Fällen abgeleitete Konzepte als Metaphern heranziehen, um andere Fälle zu beschreiben, die verschiedenen Fälle jedoch nicht vergleichen
• Arbeiten zu vernachlässigten Kombinationen von Gebieten und disziplinären Fragen	

Schlussfolgerungen

Die Soziologin Susan Leigh Star hat darauf hingewiesen, dass sich in den Naturwissenschaften »vieles um die Verwendung von Materialen ›hinter den Kulissen‹ dreht, die dann später als formale Theoriebildung repräsentiert werden«.[1] Dasselbe gilt auch für die Sozialwissenschaften, und ich habe gestützt auf Untersuchungen von Soziologinnen, Anthropologen und Historikerinnen zu den Werkzeugen, Praktiken und Orten der Naturwissenschaft Fragen zu den Sozialwissenschaften gestellt und mich spezifisch auf die materiellen Forschungsobjekte konzentriert, die hinter dem stehen, was wir als unser Wissen über allgemeine soziale Phänomene betrachten.

Ich habe darauf hingewiesen, dass Soziologen, Politikwissenschaftlerinnen und Anthropologen genau wie Biologinnen und Literaturwissenschaftler Stellvertreter verwenden, um größere Gruppen von Forschungsobjekten zu untersuchen. Ich habe zwischen materiellen Forschungsobjekten und epistemischen Forschungsobjekten unterschieden und argumentiert, dass einige materielle Forschungsobjekte wiederholt untersucht werden und unverhältnismäßig großen Einfluss auf das Verständnis umfassenderer Kategorien haben.

Materielle Forschungsobjekte werden in den sozialwissenschaftlichen Debatten nicht unbedingt »versteckt«, aber sie werden leicht durch eine Reihe von Praktiken verdeckt, die ein fester Bestandteil des akademischen Alltags sind. Sie werden verdeckt, wenn Forschende ihre Beiträge in einem um epistemische Ziele angeordneten Gespräch verknüpfen oder wenn sich Beobachtungen zu bestimmten Objekten als »Theorie« über verschiedene Kontexte hinwegbewegen. Sie werden auch verdeckt, wenn das wissenschaftliche Gespräch durch Teilgebietskategorien strukturiert wird, die als mentale Abkürzungen zu Wissen dienen, das auf einer Vielzahl von Objekten beruht.

---

1   Star, »Craft vs. Commodity«, S. 257.

Materielle Forschungsobjekte werden auch durch die Struktur unserer Metagespräche verdeckt, also jener Gespräche, in denen sozialwissenschaftliche Erkenntnisse als Gegenstand betrachtet werden und die für ein gewisses Maß an Reflexivität sorgen sollten. Die Objekte werden verdeckt, wenn sich die Reflexion über die sozialwissenschaftliche Produktion auf Lager und Positionen konzentriert, die gestützt auf die Abstraktion als epistemologische konstruiert werden, seien sie nun präzise Vorschläge oder allgemeine Schlagworte, wie »analytisch«, »wissenschaftlich«, »kritisch« oder »interessant«. Ich möchte für mein Projekt und eine praxisorientierte Soziologie der Sozialwissenschaften im Allgemeinen einen Platz in den Metagesprächen neben der Philosophie der Sozialwissenschaften, der Methodologie und anderen Formen der »Theorie« beanspruchen.

Eine Konzentration auf materielle Forschungsobjekte versetzt uns in die Lage, eine besondere Karte der sozialwissenschaftlichen Landschaft zu zeichnen, die von Feldstandorten, Objekten und Beispielen ihren Ausgang nimmt. Diese Karte zeigt ein vielgestaltiges Gebiet, das jedoch nicht vollkommen ungeordnet ist; es ist eine Karte, auf der die in diesem Buch entwickelten Unterscheidungen die Orientierung erleichtern: die Unterscheidung zwischen materiellen und epistemischen Forschungsobjekten, zwischen materiellen Forschungsobjekten und privilegierten materiellen Forschungsobjekten, zwischen verschiedenen Logiken der Bewertung von Stellvertretern und zwischen Kategorien epistemischer Forschungsobjekte und Kategorien von theoretischen Ansätzen. Diese Unterscheidungen können herangezogen werden, um einige der Fragen zu analysieren, die bereits in der Debatte über das globale Wissen aufgeworfen worden sind. Sie beleuchten die Ungleichheit zwischen Standorten und Fällen zusätzlich zur Ungleichheit zwischen Forschenden, Institutionen und Epistemologien.

Obwohl eine Soziologie der Soziologie eine beharrliche Konzentration auf empirische Fragen erfordert, kann die hier vorgelegte Analyse als Grundlage für die Auseinandersetzung mit einigen normativen Fragen dienen. Welche Schlüsse können aus den Beobachtungen zu den Mustern im Umgang mit Forschungsobjekten für die Entscheidungen gezogen werden, mit denen individuelle Forschende und Forschungsgemeinschaften konfrontiert sind?

Jenseits von »falsch« und »richtig«

Die Diskussion über die Frage, wie wir Forschung betreiben sollten, kreist immer noch darum, wie man »es richtig macht«, sei es faktisch, methodologisch oder in Bezug auf die politischen Implikationen. In dieser Darstellung bewegt sich die Wissenschaft auf einem schmalen Pfad, zu dessen Seiten Krokodile lauern, vorwärts zur richtigen Art von Wissen (oder zur richtigen Art von Kritik). Tatsächlich müssen wir es *auch* richtig machen, aber aufgrund der Vielzahl von Objekten, Werkzeugen und Beziehungen, mit denen wir in der Forschung konfrontiert sind, hat das Richtige viele Dimensionen; wir müssen uns der gesamten Bandbreite von Werten bewusst sein, die auf dem Spiel stehen, darunter einige, die in einem Spannungsverhältnis zueinander stehen.[2]

Wissenschaftsphilosophen haben begonnen, der Vielzahl von Kriterien für »gute Wissenschaft« und den möglichen Zielkonflikten zwischen diesen Kriterien Rechnung zu tragen, sogar innerhalb dessen, was manchmal als »epistemischer« oder »kognitiver« Wert bezeichnet wird (im Gegensatz zu den häufiger behandelten Zielkonflikten zwischen reiner Wissenschaft einerseits und angewandter Wissenschaft oder gesellschaftlichem Nutzen andererseits). Thomas Kuhn nennt »Tatsachenkonformität, Widerspruchsfreiheit, Reichweite, Einfachheit und Fruchtbarkeit«; Helen Longino fügt »empirische Angemessenheit, Neuheit, ontologische Heterogenität, Komplexität der Interaktion, Anwendbarkeit auf menschliche Erfordernisse und Machtdezentralisierung«

---

2   Henning Truper hat die von den Historikern produzierte Geschichte mit einer Spielzeugrobbe verglichen, die aus Robbenfell gemacht ist, das ein beliebtes Nebenprodukt der Robbenjagd war: »Die Geschichte ist ein Objekt, wenn auch eines, das von einem komplexen Verwandlungsprozess abhängt, in dessen Verlauf es bezüglich der Herkunft seiner Bestandteile ein zusammengesetztes Objekt wird. Die Geschichte ist hybrid; wie die Spielzeugrobbe verbindet sie Teile des realen Objekts mit anderen Objekten, die nichts mit dem ursprünglichen Tier zu tun haben (Fütterung, Faden für die Nähte und Kunststoffperlen für die ›Augen‹).« Gestützt auf diesen Vergleich stellt Truper die These auf, dass ein metatheoretisches Gespräch über die Geschichte, das nur um die Frage kreist, ob die Fakten richtig sind, einem Gespräch über die Spielzeugrobbe entspricht, in dem es nur um die Frage geht, ob das Stofftier tatsächlich aus Robbenfell gemacht ist. Ich bin der Meinung, dasselbe gilt für andere Disziplinen der empirischen Sozialwissenschaften. Vgl. Truper, »The Flatness of Historicity«, S. 29.

hinzu.[3] In der Praxis verwenden Forschende bereits eine Vielzahl von Kriterien zur Beurteilung von Beiträgen, loben sie als besonders originell und, wie Guetzkow und Kollegen hervorgehoben haben, als originell auf unterschiedliche Art sowie als aktuell relevant, materiell anspruchsvoll, eine gute Version von X oder als »Kritik, die Y schon lange verdient hat«.[4]

Einige dieser Kriterien sind bereits insofern relational, als sie uns dazu bewegen, Arbeiten im Kontext der Ergebnisse anderer Arbeiten zu bewerten.[5] Das Design von Forschungsprojekten kann weiter verbessert werden, wenn die kollektiven Muster in Forschungsarbeiten einer kontinuierlichen Analyse unterzogen werden, die über das hinausgeht, was Autoren routinemäßig liefern, wenn sie einen Aufsatz strategisch als wichtigen Beitrag zur existierenden Literatur positionieren. Die Analyse kollektiver Muster in der Wissensproduktion lenkt die Aufmerksamkeit über die Fragen zu den individuellen Methoden hinaus auf die kollektiven Methoden.

Muster der Überproduktion

Wenn wir die Summe der tatsächlich vorgelegten Forschungsarbeiten mit dem Raum für mögliche Arbeiten vergleichen, können wir Muster identifizieren, in denen es Ansammlungen und Lücken gibt. Die wichtigsten Cluster, mit denen ich mich beschäftigt habe, sind Häufungen von Arbeiten über privilegierte materielle Forschungsobjekte sowie Cluster von Arbeiten, die Erkenntnisse über ein privilegiertes materielles Forschungsobjekt auf ein anderes anwenden.

Ich habe Faktoren identifiziert, die solche Arbeiten relativ unabhängig von ihren wissenschaftlichen Verdiensten wahrscheinlicher machen; dazu gehören Faktoren, die bestimmte Stellvertreter fördern, darunter die Bequemlichkeit, disziplinspezifische und allgemeine Sche-

---

3   Carrier, »Values and Objectivity in Science«, S. 2550. Vgl. auch Kuhn, »Objektivität, Werturteil und Theoriewahl«; Longino, »Gender, Politics, and the Theoretical Virtues«; sowie Levi, *Gambling with Truth*.

4   Guetzkow/Lamont/Mallard, »What Is Originality«; Lamont, *How Professors Think*.

5   Die Originalität stellt eine Ergänzung zu Robert Mertons Normen dar (Kommunismus, Universalismus, Desinteresse, organisierte Skepsis). Vgl. Ziman, *Real Science*, S. 182–245.

mata sowie der Makro- und Mikrohistorizismus. Forschungsartikel sind auch ein Nebenprodukt der nationalen, disziplinären und subdisziplinären Segmentierung von wissenschaftlichen Gesprächen. Die Notwendigkeit eines gewissen Maßes an Vielfalt der Kategorien von theoretischen Ansätzen und Objekten führt zu Stellen und Publikationen, die ihre Rechtfertigung darin finden, einem Publikum für das Objekt Y einen theoretischen Ansatz X zu erklären oder eine lokal oder regional definierte Gruppe wie eine Abteilung von der Bedeutung eines theoretischen Ansatzes oder eines Forschungsgegenstands zu überzeugen. Solche Publikationen können ein gewisses Maß an Originalität besitzen, aber diese ist oft nicht erforderlich, damit solche Arbeiten angefordert, veröffentlicht und belohnt werden.

Ist diese Häufung von Arbeiten problematisch, und wenn ja, inwiefern? Sie ist nicht unbedingt ein Problem, was die individuellen Arbeiten anbelangt, die im Prinzip methodologisch weder besser noch schlechter sind als andere Arbeiten. Obwohl die Versuchung groß ist, ein Moratorium für Doktorarbeiten über die Französische Revolution oder die Gentrifizierung New Yorks zu fordern, würden wir uns mit einer solchen Entscheidung so manchen vorzüglichen Beitrag entgehen lassen – viele Arbeiten, die sich im Lauf der Zeit als wichtig erweisen, sind in ihrer Fallauswahl nicht originell – und uns der Möglichkeit berauben, auf der vorhandenen Konzentration von Forschungsarbeiten zu spezifischen Fällen aufzubauen.[6]

Aber in einer kollektiven Perspektive ist die Häufung aus zwei Gründen problematisch. Da ist zunächst das Problem der Reflexivität: Faktoren, die Stellvertreter sponsern, prägen unser Wissen auf eine Art, die nicht eingestanden oder reflektiert wird, und das wirkt sich auf die Qualität des Wissens aus, das wir zu besitzen glauben. Die Konventionen über privilegierte materielle Forschungsobjekte sind nicht explizit und werden nicht als Frage der kollektiven Methode betrachtet. Die Forschenden beschäftigen sich kaum mit den unterschiedlichen Instanziierungen materieller Forschungsobjekte, weshalb wir nicht in der

---

6   Für interessante Beiträge, die mit der Möglichkeit eines Moratoriums spielen, vgl. McGovern, »Contradictions at Work«, zum Konzept des »Widerspruchs« sowie zum Konzept der Wahl oder Entscheidung vgl. Abend, »Choices and Conceptual Choices«.

Lage sind, die Vorteile einer gebündelten Aufmerksamkeit wirklich zu nutzen.

Zweitens verursacht die mit diesen Häufungen einhergehende Duplizierung Opportunitätskosten. Neben regelrechten »Plagiaten«, »doppelten Publikationen« und der Frage der »multiplen Entdeckungen« finden wir die profane Realität dessen, was wir als »Pseudobeiträge« bezeichnen können.[7] Wenn es stimmt, dass zahlreiche Artikel mit geringem originellem Inhalt produziert werden, bedeutet dies, dass wir die Ressourcen besser nutzen könnten, um kollektive Ziele in wissenschaftlichen wie in anderen Bereichen zu verfolgen.

Kumulation und der Raum der Forschungsmöglichkeiten

Was sind unsere kollektiven Ziele als Forschende? Eine wichtige Rolle in den Diskussionen über spezifisch forschungsbezogene kollektive Ziele spielt das Konzept der Kumulation, das heißt die Idee, dass separate Forschungsvorhaben durch Koordinierung und Rechenschaftspflicht aufeinander aufbauen und das Wissen vergrößern, falsche Erkenntnisse beseitigen und den Fortschritt der Wissenschaft vorantreiben. Im folgenden Abschnitt werde ich mich kurz mit der Kumulation und einigen ihrer Alternativen beschäftigen und behaupten, dass ein Mangel an Reflexivität und Duplikation das Streben nach allen möglichen kollektiven Zielen behindern. Sie werden je eigene Vorstellen dazu haben, welche Ziele Ihnen am wichtigsten oder am ehesten erreichbar scheinen – ein Mangel an Reflexivität und Duplikation von Beiträgen hilft selten.

Diese Vorstellung von der Kumulation findet man in Darstellungen der zuvor behandelten Logik der Erforschung von Modellorganismen in der Biologie: »Die Erforschung von Modellsystemen ermöglicht es, bestimmte Systeme sehr eingehend und umfassend zu untersuchen, und ebnet den Weg für Synergien durch Akkumulierung und gemeinsame Nutzung von großen Datensätzen, Werkzeugen, Infrastrukturen, vereinheitlichten Forschungsprotokollen und Wissen aus zahlreichen Dis-

---

7 Für eine Systematisierung im Kontext der Naturwissenschaften vgl. Mojon-Azzi/Mojon, »Scientific Misconduct«; Durani, »Duplicate Publications«; sowie Norman/Griffiths, »Duplicate Publication and ›Salami Slicing‹«. Vgl. auch Souder, »The Ethics of Scholarly Peer Review«.

ziplinen.«[8] Zu beachten ist, dass Kumulation nicht unbedingt gleichbedeutend mit Verallgemeinerung ist: Wir können auch vom Einzelnen zum Einzelnen denken. Doch wie Kritiker erklären, beruht die Idee der Kumulation auf der Annahme, dass verschiedene Vorbedingungen erfüllt sind, die selbst in den Naturwissenschaften nicht zwangsläufig gegeben sind.

Die Kumulation setzt eine klare Kommunikation zwischen Forschungsprojekten voraus, und die Annahme einer solchen Kommunikation minimiert und/oder trivialisiert die Rolle der Sprache in der Einordnung von Forschungsproblemen und Erkenntnissen. Kuhn hat am Beispiel der theoretischen Physik veranschaulicht, dass Brüche zwischen Forschenden Probleme im Lauf der Zeit neu definieren, was bedeutet, dass die Kumulation wenn überhaupt nur innerhalb von Paradigmen möglich ist.[9] Evelyn Fox Keller hat gezeigt, dass Konzepte wie jenes des »Gens« von verschiedenen Forschungsgemeinschaften innerhalb der Biowissenschaften sehr unterschiedlich verstanden werden, weshalb sich die Frage stellt, inwieweit Erkenntnisse füreinander von Nutzen sein können.[10]

In den Sozialwissenschaften können die Hindernisse für die Kumulation sogar noch größer sein: Konzepte sind vielleicht in noch geringerem Maß standardisiert – und manche Autoren sind sogar der Meinung, sie könnten überhaupt nicht standardisiert werden.[11] Die Exemplare von Forschungsobjekten in den Sozialwissenschaften sind nicht standardisiert, wie ich in Kapitel 3 gezeigt habe. Sozialwissenschaftlerinnen beklagen sich seit Langem darüber, dass immer wieder gute Ideen in Vergessenheit geraten, während so manche schlechte Idee Bestand hat.[12]

Es gibt einen alternativen Wert, an dem man sich bei der Beurteilung kollektiver Arbeit orientieren kann und den wir im Gegensatz zur Kumulation nutzbringend diskutieren können: Wir könnten ihn als das Prinzip der »wissenschaftlichen Bewahrung« bezeichnen. Hier räumen die Forschenden ein, dass ein Großteil der wissenschaftlichen Wis-

---

8   Kueffer/Pyšek/Richardson, »Integrative Invasion Science«, S. 618.
9   Kuhn, *Die Struktur wissenschaftlicher Revolutionen*.
10   Keller, »Paradigm Shifts and Revolutions«.
11   Smith, »The Conceptual Incoherence«; Giddens, *Interpretative Soziologie*.
12   Vgl. Sorokin, *Fads and Foibles*; Gans, »Sociological Amnesia«; Starbuck, »The Constant Causes; sowie Campbell, *Has Sociology Progressed?*.

sensproduktion vorhandenes Wissen reproduziert, weisen aber darauf hin, dass dies auch einen Wert hat, der nicht unterschätzt werden sollte.

Die wissenschaftliche Bewahrung kann mit humanistischen oder ästhetischen Vorstellungen von »den besten Arbeiten« und von »der Kultur« begründet werden (diese Vorstellungen können einen kultur-konservativen oder kritischen Beigeschmack haben oder beides miteinander verbinden); und sie kann eine Betonung der intellektuellen und methodologischen Vielfalt als an sich erhaltenswerten Wert beinhalten. Andrew Abbott hat sich in seiner Auseinandersetzung mit der Diversität als Wert zu dem Prinzip geäußert, »nichts zu lange in Vergessenheit geraten zu lassen«.[13] Das Prinzip der wissenschaftlichen Bewahrung beruht auf der Einsicht, dass einmal erzeugtes Wissen nicht als selbstverständlich betrachtet werden kann, sondern von spezifischen Personen am Leben erhalten werden muss; wenn wir breit gefächerte wissenschaftliche Zugänge und Spezialisierungen wollen, brauchen wir spezifische Personen, die unterschiedliche Traditionen verkörpern. Um auf eines der vorhergehenden Kapitel zurückzugreifen, brauchen wir tatsächlich »Botschafter«.

Das Streben nach wissenschaftlicher Diversität muss nicht auf das bereits Vorhandene beschränkt sein. Ich würde die wissenschaftliche Bewahrung nicht mit Blick auf die Vergangenheit, sondern mit Blick auf das Mögliche neu definieren. Das Streben nach Vielfalt ist das Bemühen, den Raum der möglichen Forschungsstrategien insbesondere mit Blick auf die Forschungsziele und die Kombination von Zielgegenständen und theoretischen Ansätzen in der Hoffnung auf Wahrheit und Entdeckungen zu füllen. In diesem Sinn kann Diversität in der Reproduktion zu Entdeckungen und neuen Ideen führen.

Ich habe mich skeptisch über Gesten von Personen oder bestimmten theoretischen Schulen geäußert, die behaupten, uns aus den in diesen Debatten aufgeworfenen Dilemmata befreien zu können. Nachdem ich mich von der Philosophie der Sozialwissenschaften abgewandt habe, kann ich jetzt nicht gut für ein Leitprinzip oder das Andere argumentieren. Gestützt auf die Beschäftigung mit Forschungspraktiken und Artikeln denke ich nicht, dass die Entscheidung so kategorisch ist,

---

13 Abbott, »After Cumulation«. Vgl. auch Abbott, »Reconceptualizing Knowledge Accumulation in Sociology«.

wie ideologisch motivierte Darstellungen der Kumulation und einige Reaktionen darauf nahelegen.

Ich nehme die Belege für die empirischen Probleme des Kumulationsprojekts ernst. Weder neige ich dazu, die Idee der Kumulation (und des Neuen) abstrakt zu verteidigen, noch möchte ich die Vorstellung verfechten, es gebe überhaupt keine neuen Ideen, weshalb wir lediglich auf das bereits Vorhandene hoffen können. Ich behaupte, dass die Duplizierung und das Versäumnis einer reflexiven Auseinandersetzung damit sowohl die Kumulation als auch die Bewahrung oder das Füllen des Raums behindern. Die Vermeidung der Duplizierung setzt Ressourcen für die Kumulation und für das Füllen des Raums frei. Die Reflexion kann helfen, methodische Fehler zu vermeiden und die Aufmerksamkeit auf Räume zu lenken, die gefüllt werden sollten.

Stärken nutzen, Schwächen ausgleichen

Gestützt auf die vorhergehende Analyse können wir Gelegenheiten identifizieren, um entweder die Konzentration der Aufmerksamkeit auf spezifische materielle Forschungsobjekte besser zu nutzen oder den Schaden zu verringern, der durch diese Konzentration entstehen kann. In meinen Hinweisen dazu, »wovon wir mehr brauchen« am Ende jedes Kapitels habe ich zu wenig genutzte Möglichkeiten für beide Vorgehensweisen identifiziert.

Wenn wir die Belege dafür ernst nehmen, dass die Menschen Kategorien mit Blick auf privilegierte Mitglieder dieser Kategorien verstehen und dass sich die Aufmerksamkeit der Sozialwissenschaftler auf bestimmte Fälle konzentriert, können wir das deutlicher herausarbeiten. Eine gute Kenntnis bestimmter Fälle hat kollektive Vorteile: Materielle Forschungsobjekte, die Teil einer wissenschaftlichen Tradition sind, erleichtern es uns, theoretische Unterschiede herauszuarbeiten und nachvollziehbar zu debattieren. Die Erforschung von Modellfällen könnte versuchen, sich weniger auf die implizite Legitimität der Verwendung eines Modellfalls zu stützen und diesen stattdessen explizit als Bestandteil des ganzen Spektrums möglicher Fälle zu rechtfertigen, die gesamte frühere Forschung zu diesem Fall zu nutzen und sich mit der Varianz unter den Exemplaren auseinanderzusetzen.

Dies gilt auch für jene Fälle, die quantitativen Studien zugrunde liegen, die mit Stichproben von »Populationen« arbeiten. Forschende, die mit repräsentativen Stichproben von Populationen in spezifischen Ländern arbeiten, könnten die Tatsache anerkennen und nutzen, dass sie sich mit spezifischen Ländern beschäftigen. In der biologischen Modellsystemforschung zeigt sich, dass qualitatives Wissen über einen einzelnen Fall die Auswertung quantitativer Studien erleichtert, und dies schließt das qualitative Wissen ein, das aus der gemeinsamen Auswertung verschiedenartiger quantitativer Studien gewonnen wird.

Die Konzentration der Aufmerksamkeit und die Art und Weise, wie Objekte, Kategorien und theoretische Ansätze miteinander verknüpft oder nicht verknüpft werden, führen ebenfalls dazu, dass viele Möglichkeiten ungenutzt bleiben. Es gibt vernachlässigte materielle Forschungsobjekte und vernachlässigte Kombinationen von Objekten und Zugängen, deren Untersuchung sich in einigen Fällen lohnen könnte. Besonders deutlich werden die Probleme, wenn wir betrachten, wie extrem selektiv geografisch und historisch markierte Objekte – »the past« *und* »foreign countries« – in der zeitgenössischen Wissenschaft behandelt werden.

Es gibt Objekte, die wir selten untersuchen oder selten mit Blick auf die Produktion allgemeiner Erkenntnisse untersuchen; es gibt Objekte, die wir nur in Bezug auf bestimmte Kategorien, nicht jedoch auf andere untersuchen. Es gibt Kombinationen von Objekten und Zugängen, mit denen wir uns fast überhaupt nie beschäftigen. Die Folge ist, dass uns möglicherweise Wissen fehlt, das in bestimmten Kontexten relevant ist. Wir nutzen auch nicht die gesamte Varianz in der Welt für die Theoriebildung.

Natürlich haben verschiedene Personen verschiedene Vorstellungen von den übergeordneten kollektiven Zielen der Forschung: Wer ein kumulatives Ideal der Sozialwissenschaften anstrebt, interessiert sich möglicherweise mehr für die Nutzung der bestehenden Konzentration der Aufmerksamkeit als für den nachweislichen epistemischen Gewinn. Es kann dann scheinen, dass das Studium vernachlässigter Fälle in erster Linie der Schadensminderung dient. Aber ich möchte Sie ermutigen, auch darüber nachzudenken, wie man zur Kumulation beitragen kann, indem man weniger ausgetretene Pfade beschreitet, auch wenn das bedeutet, eine weniger dogmatische Haltung gegenüber der Kumulation einzunehmen oder weniger ausgetretene Pfade stärker in größere Kontexte einzuordnen.

Medienspezifizität für die Sozialwissenschaften

Wissenschaftliche Arbeiten erfüllen eine Reihe von Funktionen neben jener, originelle Beiträge zur Forschung zu liefern. Wir können diese Bandbreite von Funktionen von wissenschaftlichen Arbeiten zur Bandbreite der Formen, die sie annimmt und annehmen könnte, in Beziehung setzen. Ich bin der Ansicht, dass manche Arbeiten, die gegenwärtig als Forschungsbeiträge veröffentlicht werden, ihre Funktion in einer anderen Form besser erfüllen würden.

Das Prinzip der »Medienspezifizität« geht teilweise auf den Essay zum »Laokoon« des Philosophen Gotthold Ephraim Lessing zurück. Darin lädt uns Lessing ausgehend von der Auseinandersetzung mit einer bekannten hellenistischen Marmorskulptur ein, Kunstwerke abhängig davon zu beurteilen, wie sie die Möglichkeiten des jeweiligen Mediums nutzen, sei es Marmorskulptur, Radierung oder Ölmalerei.[14] Wir können unser Urteilsvermögen trainieren, um in Planung und Gestaltung wissenschaftlicher Arbeiten und bei ihrer Beurteilung etwas Ähnliches wie das Kriterium der Medienspezifizität einzubeziehen.

Die sozialwissenschaftliche Produktion nimmt bereits zahlreiche verschiedene Formen an: Forschungsbericht, Monografie, Handbuch, Interview, Sammelband, Übersetzung, populärwissenschaftliche Abhandlung, Lehrbuch, Blog, Buchrezension, Peer Review, Besprechungsaufsatz und veröffentlichte Vortragsnotizen. Wissenschaftlerinnen produzieren auch Filme, Ausstellungen, Fotoessays, Diagramme oder Musik oder könnten solche Medien produzieren.[15] Dazu kommen Seminare, Vorträge, Prüfungsfragen, öffentliche Veranstaltungen, Podcasts, kleine Konferenzen, Konferenzbeiträge und persönliche Gespräche mit Studierenden oder Kolleginnen.

Die Sozialwissenschaftler verfolgen neben origineller Forschung auch andere, breit gefächerte Ziele. Sie diskutieren darüber, wie sie die Formen am besten den Zielen anpassen können oder umgekehrt. Es wird bereits (wenn auch keineswegs universell) anerkannt, dass einige Anwendungen von Konzepten auf neue Fälle durchaus im Vorlesungssaal oder in der virtuellen Lernumgebung bleiben können und

---

14   Lessing, »Laokoon«; Greenberg, »Towards a Newer Laocoon«.
15   Vgl. Guggenheim, »The Media of Sociology«.

dass nicht jede Vorlesung ein Buch werden muss. Teile der Sozialwissenschaften gestehen auch ein, dass Zeitschriftenartikel nicht der beste Weg sind, um ein größeres Publikum mit politischen Zielen zu erreichen – dieses Eingeständnis schlägt sich in der Gründung spezifischer Zeitschriften wie *Discover Society* oder *Contexts* nieder, die Soziologinnen helfen sollen, mit der Öffentlichkeit zu kommunizieren.

Ich möchte kurz die Diskussion über die Lehre und über umfassendere politische und kulturelle Ziele einklammern, die mit gutem Grund große Bedeutung für die Forschenden haben und bereits in zahlreichen disziplinären und interdisziplinären Gesprächen thematisiert werden. Ein Teil der Überproduktion an Arbeiten, mit der ich mich in den vorhergehenden Kapiteln beschäftigt habe, scheint eine Vielzahl von Zielen für die Kommunikation *unter* den Intellektuellen zu betreffen, über die weniger diskutiert wird.

Ich habe den Eindruck, dass ein Teil der Kommunikation zwischen Kollegen tatsächlich keine eigentliche Forschung darstellt, sondern als eine Form der Lehre betrachtet und beurteilt werden sollte. Es gibt zahlreiche gute Gründe dafür, dass Wissenschaftlerinnen nicht nur ihre Studierenden, sondern auch einander unterrichten wollen. Dies schließt eine Dynamik der Mentorschaft zwischen erfahrenen und jüngeren Kolleginnen ein, ist jedoch nicht darauf begrenzt. Der Generationenwechsel und die Segmentierung der Gespräche entlang nationaler und regionaler Grenzen sowie der Grenzen zwischen Teildisziplinen eröffnen Gelegenheiten, um Kollegen zu unterrichten und ihnen beispielsweise alte Ideen in Erinnerung zu rufen, Brücken zwischen Literaturen zu schlagen oder sie auf neue Gegebenheiten hinzuweisen.

Wenn wir die Lehre *unter* Kolleginnen als wichtige Funktion anerkennen, stellen wir möglicherweise auch hier fest, dass der Zeitschriftenartikel oder auch der Handbuchbeitrag vielleicht nicht immer die beste Form dafür ist. Einige Aspekte dieser Funktion können zum Beispiel Interviews, Neuveröffentlichungen existierender Texte oder Retweets alter Ideen erfüllen.

Betrachten wir zwei ungewöhnliche Interventionen in die soziologische Debatte in jüngster Zeit, die der Funktion dienten, Kolleginnen alte Ideen in Erinnerung zu rufen, und mit einem geschickten Einsatz ihres Mediums einhergingen. Im Jahr 2007 inszenierten französische Intellektuelle eine Debatte zwischen Gabriel Tarde und Émile Durkheim neu, die ursprünglich im Jahr 1903 stattgefunden hatte, wobei Bruno

Latour in die Rolle Tardes schlüpfte.[16] Im Jahr 2019 präsentierte John Hall Max Webers »Politik als Beruf« vor Studierenden und Kollegen an der University of California in Santa Cruz.[17] Für beide Beiträge wurden keine neuen Texte geschrieben, aber sie verknüpften einen alten Text, ein spezifisches Publikum und dessen zeitgenössische Anliegen zu einer neuen Kombination. Als extreme Beispiele veranschaulichen sie die performative Dimension der kreativen Reproduktion, der wir ebenfalls Wert beimessen sollten.

---

16 Vgl. Latour, »The Tarde Durkheim Debate«; Vargas u. a., »The Debate between Tarde and Durkheim«.

17 Diese Vorführung von John Hall findet man im Internet: California, »Max Weber, ›Politics as a Vocation‹, from 1919 to 2019«, *YouTube*, 16.3.2019, https://www.youtube.com/watch?v=CyfwF9oQI_E [23.1.2023].

Danksagungen

Ich hätte dieses Buch nicht ohne Michael Guggenheim schreiben können. Michael erzählte mir von Mary Pooveys Vergleich der Literaturwissenschaft mit der Biologie und führte uns so zu einem Gespräch über
den Kanon der Modellfälle in der Soziologie; außerdem prägte er dieses
Projekt als Mitautor eines Artikels, auf dem dieses Buch beruht: Michael
Guggenheim und Monika Krause, »How Facts Travel: The Model Systems of Sociology«, in: *Poetics* 40 (2012), S. 101–17.

Dieses Buch existiert auch dank zweier Institutionen, die Angehörige verschiedener Disziplinen zusammenbringen, damit sie voneinander lernen können: Das ZiF (Zentrum für interdisziplinäre Forschung)
an der Universität Bielefeld und das Helsinki Collegium for Advanced
Studies.

Die Gespräche mit Kollegen und Kolleginnen, Mentorinnen und
Mentoren in diesen Institutionen sowie am Goldsmiths College und der
London School of Economics haben dieses Buch geprägt. Ich habe auch
vom Feedback der Teilnehmenden an einem von Melissa Aaronczyk und
Ailsa Craig organisierten und vom Canadian Social Sciences and Humanities Research Council (SSHRC) finanzierten Workshop »Cultures
of Circulation« profitiert. Ich habe von Mitgliedern und Gästen des von
der Deutschen Forschungsgemeinschaft (DFG) gegründeten Netzwerks
für die Soziologie der Soziologie gelernt. Ich bedanke mich für die groß-
zügige Unterstützung der Teilnehmenden am Workshop »Soon-to-be-
author-meets-noncritics«, den Wayne Brekhus, Thomas DeGloma und
Eviatar Zerubavel leiteten. Dieses Buch und ich verdanken Doug Mitchell
sehr viel; er hat Menschen über die Liebe zu Monografien zusammenge-
bracht und mich im Glauben an dieses Projekt bestätigt. Ich danke Elizabeth Branch Dyson, Mollie McFee und ihren Kolleginnen und Kollegen
bei der University of Chicago Press sowie fünf anonymen Gutachterinnen bzw. Gutachtern für ihre Unterstützung und ihre Anregungen.

Ich bedanke mich auch bei Melissa Aaronczyk, Andrew Abbott,

Danah Abdullah, Fabien Accominotti, Hillary Angelo, Claudio Benzecry, Chetan Bhatt, Craig Calhoun, Neal Caren, Jill Conte, Will Davies, Christian Dayé, Claire Decoteau, Timothy Dowd, Rebecca Elliot, Ivan Ermakoff, Sina Farzin, Christian Fleck, Martina Franzen, Carrie Friese, Thomas Gieryn, Julian Go, Michael Goebel, Peter Haan, Suzi Hall, Elina Hartikainen, Michael Hechter, Christopher Hill, Stefan Hirschauer, Daniel Hirschman, Robert Jansen, Jane Jones, Ann Kelly, Michael Kennedy, Lars Kuchinke, Christoph Küffer, Javier Lezaun, Ilkka Lindstedt, Omar Lizardo, Eeva Luhtakallio, Noortje Marres, Charlie Masqualier, Linsey McGoey, Michael McQuarrie, Daniel Menchik, Sibille Merz, Mary Morgan, Kate Nash, Fran Osrecki, Britta Padberg, Aaron Panofsky, Jörg Potthast, Arvind Rajagopal, Isaac Reed, Johanna Rosenbohm, Marsha Rosengarten, Sara Salem, Salla Sariola, Mike Savage, Anna Schabel, Richard Sennett, Hyun Bang Shin, Mario Luis Small, Lisa Stampnitzki, Barbara Sutter, Iddo Tavory, Henning Trüper, Stephen Turner, Minna-Kerttu Vienola, Judy Wajcman, Leon Wansleben, Tobias Werron, William Wootten und Barbie Zelizer.

Ich danke Michael, Hani und Yossi dafür, dass sie nach Finnland gezogen sind und dass sie ihre Lockdowns mit mir verbracht haben.

Bibliografie

Aalbers, Manuel B./Rossi, Ugo, »Beyond the Anglo-American Hegemony in Human Geography: A European Perspective«, in: *GeoJournal* 67/2 (2006), S. 137–147.

Ders., »Creative Destruction through the Anglo-American Hegemony: A Non-Anglo-American View on Publications, Referees and Language«, in: *Area* 36/3 (2004), S. 319–322.

Abbott, Andrew, »After Cumulation«, in: Social Life of Methods, CRESC-Jahreskonferenz, Oxford, 1. September 2010.

Ders., »Reconceptualizing Knowledge Accumulation in Sociology«, in: *American Sociologist* 37/2 (2006), S. 57–66.

Ders., *Methods of Discovery: Heuristics for the Social Sciences*, New York 2004.

Ders., *Chaos of Disciplines*, Chicago 2001.

Abend, Gabriel, »Choices and Conceptual Choices«, Vortrag, London School of Economics, 27.3.2019.

Ders., »The Meaning of ›Theory‹«, in: *Sociological Theory* 26/2 (2008), S. 173–199.

Accominotti, Fabien, »Consecration as a Population-Level Phenomenon«, in: *American Behavioral Scientist* 1/16 (2018), S. 1–16.

Acker, Joan, »Women and Social Stratification: A Case of Intellectual Sexism«, in: *American Journal of Sociology* 48/4 (1973), S. 936–945.

Adair-Toteff, Christopher, »Ferdinand Tonnies: Utopian Visionary«, in: *Sociology Theory* 13/1 (1995), S. 58–65.

Adorno, Theodor Wiesengrund/Albert, Hans/Dahrendorf, Ralf/Habermas, Jürgen/Pilot, Harald/Popper, Karl Raimund, *Der Positivismusstreit in der deutschen Soziologie*, Berlin 1970.

Agamben, Giorgio, *Signatura rerum. Zur Methode*, Frankfurt a. M. 2009.

Akresh, Ilana Redstone, »Departmental and Disciplinary Divisions in Sociology: Responses from Departmental Executive Officers«, in: *American Sociologist* 48/3–4 (2017), S. 541–560.

Alatas, Syed F., »Academic Dependency and the Global Division of Labour in the Social Sciences«, in: *Current Sociology* 51/6 (2003), S. 599–613.

Alexander, Jeffrey C./Smith, Philip, »The Strong Program in Cultural Theory: Elements of a Structural Hermeneutics«, in: Jonathan H. Turner (Hg.), *Handbook of Sociological Theory*, New York 2001, S. 135–150.

Ders., »Sociology and Discourse: On the Centrality of the Classics«, in: ders. (Hg.), *Structure and Meaning: Relinking Classical Sociology*, New York 1989, S. 8–67.

Allen, Mike/Burrell, Nancy, »Comparing the Impact of Homosexual and Heterosexual Parents on Children: Meta-analysis of Existing Research«, in: *Journal of Homosexuality* 32/2 (1996), S.19–35.

Altbach, Phillip G., »Centers and Peripheries in the Academic Profession: The Special Challenges of Developing Countries«, in: ders. (Hg.), *The Decline of the Guru: The Academic Profession in Developing and Middle-Income Countries*, Chestnut Hill 2002, S.1–22.

Amann, Klaus, »Menschen, Mäuse und Fliegen«, in: *Zeitschrift für Soziologie* 23/1 (1994), S.22–40.

American Historical Association, »Affiliated Societies«, o.D., https://www.historians.org/about-aha-and-membership/affiliated-societies [15.8.2020]

Anderson, Benedict, *Die Erfindung der Nation: Zur Karriere eines folgenreichen Konzepts*, Berlin 1998.

Anisimov, Vladimir N./Ukraintseva, Svetlana V./Yashin, Anatoly I., »Cancer in Rodents: Does It Tell Us about Cancer in Humans?«, in: *Nature Reviews Cancer* 5 (2005), S.807–819.

Ankeny, Rachel A./Leonelli, Sabina, »What's So Special about Model Organisms?«, in: *Studies in History and Philosophy of Science* 42/2 (2011), S.313–323.

Anshan, Li, »African Studies in China in the Twentieth Century: A Historiographical Survey«, in: *African Studies Review* 48/1 (2005), S.59–87.

Anspach, Renee R., *Deciding Who Lives: Fateful Choices in the Intensive-Care Nursery*, Berkeley 1993.

Appadurai, Arjun, »Putting Hierarchy in Its Place«, in: *Cultural Anthropology* 3/1 (1988), S.36–49.

Ardener, Edwin, »Remote Areas: Some Theoretical Considerations«, in: *HAU: Journal of Ethnographic Theory* 2/1 (2012), S.519–533.

Arnett, Jeffrey Jensen, »The Neglected 95 %: Why American Psychology Needs to Become Less American«, in: *American Psychologist* 63/7 (2008), S.602–614.

Arnold, Ken, *Cabinets for the Curious: Looking Back at Early English Museums*, London 2006.

Asma, Stephen T., *Stuffed Animals and Pickled Heads: The Culture and Evolution of Natural History Museums*, New York 2001.

Atwood, Roger, *Stealing History: Tomb Raiders, Smugglers, and the Looting of the Ancient World*, New York 2004.

Baehr, Peter, *Founders, Classics, Canons: Modern Disputes over the Origins and Appraisal of Sociology's Heritage*, London 2017.

Ders., »The Honored Outsider: Raymond Aron as Sociologist«, in: *Sociological Theory* 31/2 (2013), S.93–115.

Ders./O'Brien, Michael, »Founders, Classics and the Concepts of a Canon«, in: *Current Sociology* 42/1 (1994), S.1–151.

Bargheer, Stefan, »The Invention of Theory: A Transnational Case Study of the Changing Status of Max Weber's Protestant Ethic Thesis«, in: *Theory and Society* 46/6 (2017), S.1–45.

Ders., »Taxonomic Morality«, Social Science History Association (SSHA) 34. Jahrestreffen, Long Beach, November 2009.

Barlow, Tani E., *Formations of Colonial Modernity in East Asia*, Durham 1997.

Barthes, Roland, *Image, Music, Text*, New York 1977.

Bastide, Roger, *The African Religions of Brazil: Toward a Sociology of the Interpenetration of Civilizations*, Baltimore 1978.

Bausinger, Hermann, *Volkskultur in der technischen Welt*, Stuttgart 1961.

Bayly, Martin, *Taming the Imperial Imagination: Colonial Knowledge, International Relations, and the Anglo-Afghan Encounter, 1808–1878*, Cambridge 2018.

Ders., »The (Re)turn to Empire in IR: Colonial Knowledge Communities and the Construction of the Idea of the Afghan Polity, 1808–1838«, in: *Review of International Studies* 40/3 (2014), S. 443–464.

Bearman, Peter S./Moody, James/Stovel, Katherine, »Chains of Affection: The Structure of Adolescent Romantic and Sexual Networks«, in: *American Journal of Sociology* 110/1 (2004), S. 44–91.

Beck, Colin J., »The Comparative Method in Practice: Case Selection and the Social Science of Revolution«, in: *Social Science History* 43/3 (2017), S. 533–554.

Becker, Howard S./Geer, Blanche/Hughes, Everett C./Strauss, Anselm, *Boys in White: Student Culture in Medical School*, Chicago 1961.

Beckert, Jens, »Shall I Publish This auf Deutsch or in English?«, in: *Sociologica* 13/1 (2019), https://doi.org/10.6092/issn.1971-8853/9378 [28.1.2023].

Beer, Tanya/Coffman, Julia, »How Shortcuts Cut Us Short: Cognitive Traps in Philanthropic Decision Making«, Center for Evaluation Innovation, Mai 2014, https://www.evaluationinnovation.org/publication/how-shortcuts-cut-us-short-cognitive-traps-in-philanthropic-decision-making/ [28.1.2023].

Beigel, Fernanda, »Current Tensions and Trends in the World Scientific System«, in: *Current Sociology* 62 (2014), S. 617–625.

Bell, Colin/Newby, Howard, *Community Studies: An Introduction to the Sociology of the Local Community*, London 1971.

Bellen, Hugo J./Tong, Chao/Tsuda, Hiroshi, »100 Years of *Drosophila* Research and Its Impact on Vertebrate Neuroscience: A History Lesson for the Future«, in: *Nature Reviews Neuroscience* 11/7 (2010), S. 514–522.

Beneria, Lourdes, »The Enduring Debate over Unpaid Labour«, in: *International Labour Review* 138/3 (1999), S. 287–309.

Bennett, Tony, *The Birth of the Museum: History, Theory, Politics*, London 1995.

Benson, Michaela/O'Reilly, Karen, »From Lifestyle Migration to Lifestyle in Migration: Categories, Concepts and Ways of Thinking«, in: *Migration Studies* 4/1 (2016), S. 20–37.

Dies., *The British in Rural France: Lifestyle Migration and the Ongoing Quest for a Better Way of Life*, Manchester 2011.

Benzecry, Claudio, »Restabilizing Attachment to Cultural Objects: Aesthetics,

Emotions and Biography«, in: *British Journal of Sociology* 66/4 (2015), S.779–800.

Bergmann, Jörg R., »Der Fall als epistemisches Objekt«, in: Jörg R. Bergmann/ Ulrich Dausendschon-Gay/Frank Oberzaucher (Hg.), *Der Fall: Studien zur epistemischen Praxis professionellen Handelns*, Bielefeld 2014, S.423–441.

Besserman, Lawrence (Hg.), *The Challenge of Periodization: Old Paradigms and New Perspectives*, New York 1996.

Besson, Alain, »Private Medical Libraries«, in: ders. (Hg.), *Thornton's Medical Books, Libraries and Collectors*, Aldershot 1990.

Best, Rachel Kahn, »Disease Politics and Medical Research Funding: Three Ways Advocacy Shapes Policy«, in: *American Sociological Review* 77/5 (2012), S.780–803.

Best, Ulrich, »The Invented Periphery: Constructing Europe in Debates about ›Anglo Hegemony‹ in Geography«, in: *Social Geography* 4 (2009), S.83–91.

Beverley, John, *Subalternity and Representation: Arguments in Cultural Theory*, Durham 1999.

Bhabha, Homi, *Die Verortung der Kultur*, Tübingen 2000.

Bhambra, Gurminder K., *Connected Sociologies*, London 2014.

Dies., »A Sociological Dilemma: Race, Segregation and US Sociology«, in: *Current Sociology* 62/4 (2014), S.472–492.

Dies., *Rethinking Modernity: Postcolonialism and the Sociological Imagination*, London 2007.

Dies., »Sociology and Post-colonialism: Another ›Missing‹ Revolution?«, in: *Sociology* 41/5 (2007), S.871–884.

Bhatt, Chetan, »The Fetish of the Margins: Religious Absolutism, Anti-racism and Postcolonial Silence«, in: *New Formations* 59 (2006), S.98–115.

Biagioli, Mario, »From Relativism to Contingentism«, in: Peter Galison/David J.Stump (Hg.), *The Disunity of Science: Boundaries, Contexts, and Power*, Stanford 1996, S.189–206.

Blau, Peter M./Duncan, Otis Dudley, *The American Occupational Structure*, New York 1967.

Bloch, Ernst, *Erbschaft dieser Zeit*, Zürich 1935.

Bloor, David, »Toward a Sociology of Epistemic Things«, in: *Perspectives on Science* 13/3 (2005), S.285–312.

Ders., *Knowledge and Social Imagery*, Chicago 1991.

Boas, George, »Historical Periods«, in: *Journal of Aesthetics and Art Criticism* 11/3 (1952), S.248–254.

Borch, Christian, *The Politics of Crowds: An Alternative History of Sociology*, Cambridge 2012.

Ders., »Crowds and Pathos: Theodor Geiger on Revolutionary Action«, in: *Acta Sociologica* 49/1 (2006), S.5–18.

Bornmann, Lutz/Thor, Andreas/Marx, Werner/Levdesdorff, Loet, »Identifying Seminal Works Most Important for Research Fields: Software for the Reference Publication Year Spectroscopy (RPYS)«, in: *CollNetJournal of Scientometrics and Information Management* 10/1 (2016), S.125–140.

Bosk, Charles, *Forgive and Remember: Managing Medical Failure*, Chicago 1979.

Bourdieu, Pierre, »The Political Field, the Social Science Field, and the Journalistic Field«, in: Rodney Benson/Erik Neveu (Hg.), *Pierre Bourdieu and the Journalistic Field*, Cambridge 2005, S.29–47.

Ders., *Der Staatsadel*, Konstanz 2004.

Ders., *Meditationen: Zur Kritik der scholastischen Vernunft*, Frankfurt a.M. 2001.

Ders./Wacquant, Loïc, »On the Cunning of Imperialist Reason«, in: *Theory, Culture and Society* 16/1 (1999), S.41–58.

Ders., »Concluding Remarks: For a Sociogenetic Understanding of Cultural Works«, in: Craig Calhoun/Edward LiPuma/Moishe Postone (Hg.), *Bourdieu: Critical Perspectives*, Cambridge 1993, S.263–275.

Ders./Passeron, Jean-Claude, *Reproduction in Education, Society and Culture*, London 1990.

Ders., *Die feinen Unterschiede: Kritik der gesellschaftlichen Urteilskraft*, Frankfurt a.M. 1982.

Ders., *Entwurf einer Theorie der Praxis: Auf der ethnologischen Grundlage der kabylischen Gesellschaft*, Frankfurt a.M. 1976.

Ders., »The Specificity of the Scientific Field and the Social Conditions of the Progress of Reason«, in: *Social Science Information* 14/6 (1975), S.19–47.

Bouton, Christophe, »The Critical Theory of History: Rethinking the Philosophy of History in the Light of Koselleck's Work«, in: *History and Theory* 55/2 (2016), S.163–184.

Brecht, Bertold, »Vergnügungstheater oder Lehrtheater?«, in: ders., *Schriften zum Theater*, Bd.3, Frankfurt a.M. 1963.

Brekhus, Wayne H., *Culture and Cognition: Patterns in the Social Construction of Reality*, Cambridge 2015.

Ders., »›The Rutgers School‹: A Zerubavelian Culturalist Cognitive Sociology«, in: *European Journal of Social Theory* 10/3 (2007), S.448–464.

Ders., »A Sociology of the Unmarked: Redirecting Our Focus«, in: *Sociological Theory* 16/1 (1998), S.34–51.

Brickell, Claire, »Geographies of Contemporary Christian Mission(aries)«, in: *Geography Compass*, 6.12.2012, S.725–739.

Brook, Daniel, »Slumming It«, in: *Baffler*, Nr. 25, Juli 2014, https://thebaffler.com/salvos/slumming-it [28.1.2023].

Brubaker, Rogers, *Staats-Bürger: Deutschland und Frankreich im historischen Vergleich*, Hamburg 1994.

Buck-Morss, Susan, »Hegel and Haiti«, in: *Critical Inquiry* 26/4 (2000), S.821–865.

Bujak, Franciszek, »Maszkienice, rozwojwsi od r. 1900 do 1911«, in: *Rozprawy PAU* 2/3 (1915).

Ders., *Maszkienice, wid powiatu brzeskiego*, Krakau 1901.

Bulmer, Martin, »W.E.B. Du Bois as a Social Investigator: The Philadelphia Negro, 1889«, in: Kevin Bales Bulmer/Kathryn Kish Sklar (Hg.), *The Social Survey in Historical Perspective, 1880–1940*, New York 1991, S. 170–188.

Ders., »Philanthropic Foundations and the Development of the Social Sciences in the Early Twentieth Century: A Reply to Donald Fisher«, in: *Sociology* 18/4 (1984), S. 572–579.

Ders./Bulmer, Joan, »Philanthropy and Social Science in the 1920s: Beardsley Ruml and the Laura Spelman Rockefeller Memorial, 1922–29«, in: *Minerva* 19 (1981), S. 347–407.

Burawoy, Michael, »For Public Sociology«, in: *American Sociological Review* 70/1 (2005), S. 4–28.

Ders., »Revisits: An Outline of a Theory of Reflexive Ethnography«, in: *American Sociological Review* 68/5 (2003), S. 645–679.

Ders., »The Extended Case Method«, in: *Sociological Theory* 16/1 (1998), S. 4–33.

Burt, Dave W., »Emergence of the Chicken as a Model Organism: Implications for Agriculture and Biology«, in: *Poultry Science* 86/7 (2007), S. 1460–1471.

Caldwell, J., »Problems and Opportunities in Toxicity Testing Arising from Species Differences in Xenobiotic Metabolism«, in: *Toxicology Letters*, Nr. 64–65, Dezember 1992, S. 651–659.

Calhoun, Craig/Duster, Troy Duster/VanAntwerpen, Jonathan, »The Visions and Divisions of American Sociology«, in: Sujata Patel (Hg.), *The ISA Handbook of Diverse Sociological Traditions*, London 2010, S. 114–125.

Ders./Sennet, Richard, »Introduction«, in: dies. (Hg.), *Practicing Culture*, Oxford 2007, S. 1–13.

Ders./VanAntwerpen, Jonathan, »Orthodoxy, Heterodoxy, and Hierarchy: ›Mainstream‹ Sociology and Its Challengers«, in: Craig Calhoun (Hg.), *Sociology in America: A History*, Chicago 2007, S. 367–411.

Ders., »The Rise and Domestication of Historical Sociology«, in: Terrence J. McDonald (Hg.), *The Historic Turn in the Human Sciences*, Ann Arbor 1996, S. 305–338.

Ders., »Whose Classics? Which Readings? Interpretation and Cultural Difference in the Canonization of Sociological Theory«, in: Stephen P. Turner (Hg.), *Social Theory and Sociology: The Classics and Beyond*, Oxford 1996, S. 70–96.

Ders., *Critical Social Theory*, Oxford 1995.

Ders., *The Question of Class Struggle: The Social Foundations of Popular Radicalism during the Industrial Revolution*, Chicago 1982.

Camacho-Miñano, María-del-Mar/Núñez-Nickel, Manuel, »The Multilayered Nature of Reference Selection«, in: *Journal of the American Society for Information Science and Technology* 60/4 (2009), S. 763–777.

Camic, Charles/Gross, Neil/Lamont, Michele (Hg.) *Social Knowledge in the Making*, Chicago 2011.

Ders., »Reputation and Predecessor Selection – Parsons and the Institutionalists«, in: *American Sociological Review* 57/4 (1992), S. 421–445.

Campbell, Colin, *Has Sociology Progressed? Reflections of an Accidental Academic*, London 2019.

Cappell, Charles L./Guterbock, Thomas M., »Visible Colleges: The Social and Conceptual Structure of Sociology Specialties«, in: *American Sociological Review* 57/2 (1992), S. 266–273.

Carrier, Martin, »Values and Objectivity in Science: Value-Ladenness, Pluralism and the Epistemic Attitude«, in: *Science and Education* 22/10 (2013), S. 2547–2568.

Cerulo, Karen A. (Hg.), *Culture in Mind: Toward a Sociology of Culture and Cognition*, New York 2002.

Chakrabarty, Dipesh S., *Europa als Provinz. Perspektiven postkolonialer Geschichtsschreibung*, Frankfurt a. M. 2010.

Ders., *Provincializing Europe. Postcolonial Thought and Political Difference [2000]*, New Jersey 2007.

Charles, Nickie/Crow, Graham, »Community Re-studies and Social Change«, in: *Sociological Review* 60/3 (2012), S. 399–404.

Chatterjee, Partha, *The Nation and Its Fragments: Colonial and Postcolonial Histories*, Princeton 1994.

Chatterji, Roma, »Plans, Habitation and Slum Redevelopment: The Production of Community in Dharavi, Mumbai«, in: *Contributions to Indian Sociology* 39/2 (2005), S. 197–218.

Chen, Katherine K., »Using Extreme Cases to Understand Organizations«, in: Kimberly D. Elsbach/Roderick M. Kramer (Hg.), *Handbook of Qualitative Organizational Research: Innovative Pathways and Methods*, New York 2015, S. 33–44.

Chi, Michelene T.H./Feltovich, Paul J./Glaser, Robert, »Categorization and Representation of Physics Problems by Experts and Novices«, in: *Cognitive Science* 5/2 (1981), S. 121–152.

Dies./Glaser, Robert/Farr, Marshall J., *The Nature of Expertise*, Hillsdale 1980.

Chubin, Daryl E., »State of the Field: The Conceptualization of Scientific Specialties«, in: *Sociological Quarterly* 17/4 (1976), S. 448–476.

Chun, Allen, »Introduction: (Post)Colonialism and Its Discontents, or the Future of Practice«, in: *Cultural Studies* 14/3–4 (2000), S. 379–384.

Clarke, Adele E./Fujimura, Joan H. (Hg.), *The Right Tools for the Job: At Work in Twentieth-Century Life Sciences*, Princeton 1992.

Dies., »What Tools? Which Jobs? Why Right?«, in: dies. (Hg.), *The Right Tools for the Job: At Work in Twentieth-Century Life Sciences*, Princeton 1992, S. 3–47.

Dies., »Research Materials and Reproductive Science in the United States, 1910–1940«, in: Gerald L. Geison (Hg.), *Physiology in the American Context, 1850–1940*, Bethesda 1987, S. 323–350.

Clause, Bonnie, »The Wistar Rat as a Right Choice: Establishing Mammalian Standards and the Ideal of a Standardized Mammal«, in: *Journal of the History of Biology* 26/2 (1993), S. 329–349.

Clegg, Stuart, »How to Become an Internationally Famous British Social Theorist«, in: *Sociological Review* 40/3 (2012), S. 576–598.

Clifford, James, »Notes on Travel and Theory«, in: *Inscriptions* 5/29 (1989), S. 177–188.

Coe, Michael D., »From Huaquero to Connoisseur: The Early Market in Pre-Columbian Art«, in: Elizabeth Hill Boone (Hg.), *Collecting the Pre-Columbian Past: A Symposium*, Washington D.C. 1993, S. 279–281.

Cole, Jonathan/Zuckerman, Harriet, »The Emergence of a Scientific Speciality: The Self-Exemplifying Case of the Sociology of Science«, in: Lewis Coser (Hg.), *The Idea of Social Structure: Papers in Honor of Robert K. Merton*, New York 1975, S. 139–174.

Collins, Patricia Hill, *Black Feminist Thought*, London 1990.

Collinson, Simon/Rugman, Allan M., »Case Selection Biases in Management Research«, in: *European Journal of International Management* 4/5 (2010), S. 441–463.

Comaroff, Jean/Comaroff, John L., »Theory from the South: Or, How Euro-America Is Evolving toward Africa«, in: *Anthropological Forum* 22/2 (2012), S. 113–131.

Combes, Philippe/Linnemer, Laurent/Visser, Michael, »Publish or Peer-Rich? The Role of Skills and Networks in Hiring Economics Professors«, in: *Labour Economics* 15/3 (2008), S. 423–441.

Condran, Conal, *The Status and Appraisal of Classic Texts*, Princeton 1985.

Connell, Raewyn W./Collyer, Fran/Maia, Joao/Morrell, Robert, »Toward a Global Sociology of Knowledge: Post-colonial Realities and Intellectual Practices«, in: *International Sociology* 32/11 (2016), S. 21–37.

Dies., *Southern Theory: The Global Dynamics of Knowledge in Social Science*, Cambridge 2007.

Dies., »Why Is Classical Theory Classical?«, in: *American Journal of Sociology* 102/6 (1997), S. 1511–1557.

Cook, Ian R./Ward, Kevin, »Relational Comparisons: The Assembling of Cleveland's Waterfront Plan«, Imagining Urban Futures Working Paper, University of Manchester 2010.

Ders./Ward, Kevin, »›Cities Are Fun!‹ Inventing and Spreading the Baltimore Model of Cultural Urbanism«, in: Javier Monclus/Manuel Guardia (Hg.), *Culture, Urbanism and Planning*, Aldershot 2006, S. 271–285.

Cooper, Frederick, »Conflict and Connection: Rethinking Colonial African History«, in: *American Historical Review* 99/5 (1994), S. 1516–1545.

Creager, Angela N.H./Lunbeck, Elizabeth/Wise, N. Norton (Hg.), *Science without Laws: Model Systems, Cases, Exemplary Narratives*, Durham 2007.

Dies., *The Life of a Virus: Tobacco Mosaic Virus as an Experimental Model, 1930–1965*, Chicago 2002.

Criado Perez, Caroline, *Invisible Women: Exposing Data Bias in a World Designed for Men*, London 2019.

Cronon, William, *Nature's Metropolis: Chicago and the Great West*, New York 1991.

Crossley, Ceri / Small, Ian (Hg.), *The French Revolution and British Culture*, Oxford 1989.

Crow, Graham, »Community Re-studies: Lessons and Prospects«, in: *Sociological Review* 60/3 (2012), S. 405–420.

Curato, Nicole, »A Sociological Reading of Classical Sociological Theory«, in: *Philippine Sociological Review* 61/2 (2013), S. 265–287.

Davies, Charlotte / Charles, Nickie, »The Piano in the Parlour: Methodological Issues in the Conduct of a Restudy«, in: *Sociological Research Online* 7/2 (2002).

Davis, Kathleen, *Periodization and Sovereignty: How Ideas of Feudalism and Secularization Govern the Politics of Time*, Philadelphia 2008.

Davis, Murray S., »›That's Classic!‹ The Phenomenology and Rhetoric of Successful Social Theories«, in: *Philosophy of the Social Sciences* 16 (1986), S. 285–301.

Daye, Christian, »›A Fiction of Long Standing‹: Techniques of Prospection and the Role of Positivism in US Cold War Social Science, 1950–65«, in: *History of the Human Sciences* 29/4–5 (2016), S. 35–58.

Ders., »Soziologische Konzeptualisierungen von wissenschaftlichen Kollektiven und ihr Einsatz in der Soziologiegeschichte«, in: Stephan Moebius / Andrea Ploder (Hg.), *Handbuch der Geschichte der deutschsprachigen Soziologie*, Wiesbaden 2016, S. 1–18.

Dear, Michael J. / Dahmann, Nicholas, »Urban Politics and the Los Angeles School of Urbanism«, in: *Urban Affairs Review* 44/2 (2008), S. 266–289.

Ders. / Dishman, J. Dallas (Hg.), *From Chicago to L.A.: Making Sense of Urban Theory*, Thousand Oaks 2002.

Ders. / Flusty, Steven, »The Resistible Rise of the L.A. School«, in: Michael J. Dear / J. Dallas Dishman (Hg.), *From Chicago to L.A.: Making Sense of Urban Theory*, Thousand Oaks 2002.

Dennis, Norman / Henriques, Fernando / Slaughter, Clifford, *Coal Is Our Life: Analysis of a Yorkshire Mining Community*, New York 1969.

Dhome, Nicole, »L'Enrichissement du travail humain dans le groupe Volvo«, in: *Revue francaise des affaires sociales* 3 (1976).

Diamond, Jared, *Arm und reich: Die Schicksale menschlicher Gesellschaften*, Frankfurt a. M. 1998.

DiMaggio, Paul J., »Culture and Cognition«, in: *Annual Review of Sociology* 23/1 (1997), S. 263–287.

Dingwall, Robert, »Introduction«, in: ders. / Philip S. C. Lewis (Hg.), *The Sociology of the Professions: Lawyers, Doctors and Others*, London 1983, S. 1–19.

Ders. / Lewis, Philip S. C. (Hg.), *The Sociology of the Professions: Lawyers, Doctors and Others*, London 1983.

Doenecke, Justus, *Nothing Less than War: A New History of America's Entry into World War I*, Lexington 2011.

Dominguez Rubio, Fernando, »Preserving the Unpreservable: Docile and Unruly Objects at MoMA«, in: *Theory and Society* 43/6 (2014), S. 617–664.

Douard, Henri, »Innovation industrielle et changement social: Volvo et Fiat«, in: *Esprit* 448 (1975), S. 23–33.

Downs, Laura Lee, »War Work«, in: Jay Winter (Hg.), *The Cambridge History of the First World War*, Bd. 3, Cambridge 2014, S. 72–95.

Draney, Michael L. / Shultz, Jeffrey W., »Harvestmen (Opiliones) of the Savannah River Site, South Carolina«, in: *Southeastern Naturalist* 15 / 4 (2016), S. 595–613.

Druglitro, Tone / Kirk, Robert G.W., »Building Transnational Bodies: Norway and the International Development of Laboratory Animal Science, ca. 1956–1980«, in: *Science in Context* 27 / 2 (2014), S. 333–357.

Dubois, Laurent, *Avengers of the New World: The Story of the Haitian Revolution*, Cambridge 2005.

Du Bois, William E.B., »The Souls of White Folk« [1920], in: ders., *Darkwater: Voices from within the Veil*, London 2021, S. 17–31.

Durani, Piyush, »Duplicate Publications: Redundancy in Plastic Surgery Literature«, in: *Journal of Plastic, Reconstructive & Aesthetic Surgery* 59 / 9 (2006), S. 975–977.

Durig, Alexander, »What Did Susanne Langer Really Mean?«, in: *Sociological Theory* 12 / 3 (1994), S. 254–265.

Dyson, Stephen L., *In Pursuit of Ancient Pasts: A History of Classical Archaeology in the Nineteenth and Twentieth Centuries*, New Haven 2008.

Edgell, Stephen, *The Sociology of Work: Continuity and Change in Paid and Unpaid Work*, London 2011.

Elias, Norbert, *Mozart, Zur Soziologie eines Genies*, Frankfurt a. M. 1991.

Elsner, John / Cardinal, Roger, *The Cultures of Collecting*, Cambridge 1994.

Engerman, David C., *Know Your Enemy: The Rise and Fall of America's Soviet Experts*, Oxford 2009.

Ennis, James G., »The Social Organization of Sociological Knowledge: Modeling the Intersection of Specialties«, in: *American Sociological Review* 57 / 2 (1992), S. 259–265.

Ermakoff, Ivan, »Exceptional Cases: Epistemic Contributions and Normative Expectations«, in: *European Journal of Sociology* 55 / 2 (2014), S. 223–243.

Ders., *Ruling Oneself Out: A Theory of Collective Abdication*, Chapel Hill 2008.

Escobar, Arturo, »Worlds and Knowledges Otherwise: The Latin American Modernity / Coloniality Research Program«, in: *Cultural Studies* 21 / 2–3 (2007), S. 179–210.

Ders., *Encountering Development: The Making and Unmaking of the Third World*, Princeton 1995.

Espeland, Wendy / Sauder, Michael, *Engines of Anxiety: Academic Rankings, Reputation, and Accountability*, New York 2016.

Fabian, Johannes, *Time and the Other: How Anthropology Makes Its Object*, New York 2014.

Fahnestock, Jeanne / Secor, Marie, »The Rhetoric of Literary Criticism«, in: Charles Bazerman / James G. Paradis (Hg.), *Textual Dynamics of the Professions:*

Historical and Contemporary Studies of Writing in Professional Communities, Madison 1991, S. 76–96.

Dies./Marie Secor, »The Stases in Scientific and Literary Argument«, in: *Written Communication* 5/4 (1988), S. 93–115.

Fardon, Richard (Hg.), *Localizing Strategies: Regional Traditions of Ethnographic Writing*, Washington 1990.

Farias, Ignacio/Wilkie, Alex, *Studio Studies*, London 2016.

Farzin, Sina, »Paradigmatologisches Denken – Die vielen Gründungsszenen des Michel Foucault«, in: dies./Henning Laux (Hg.), *Gründungsszenen soziologischer Theorie*, Wiesbaden 2014, S. 175–186.

Dies./Laux, Henning (Hg.), *Gründungsszenen soziologischer Theorie*, Wiesbaden 2014.

Dies./Laux, Henning, »Was sind Gründungsszenen?«, in: dies. (Hg.), *Gründungsszenen soziologischer Theorie*, Wiesbaden 2014, S. 175–186.

Dies., *Inklusion/Exklusion: Entwicklungen und Probleme einer systemtheoretischen Unterscheidung*, Bielefeld 2006.

Fassin, Didier, »Inequalities of Lives, Hierarchies of Humanity: Moral Commitments and Ethical Dilemmas of Humanitarianism«, in: I. Feldman/M. Ticktin (Hg.), *In the Name of Humanity: The Government of Threat and Care*, Durham 2010, S. 238–255.

Favell, Adrian, *Eurostars and Eurocities: Free Movement and Mobility in an Integrating Europe*, Malden 2008.

Feher, Ferenc (Hg.), *The French Revolution and the Birth of Modernity*, Berkeley 1990.

Findlen, Paula, *Possessing Nature: Museums, Collecting, and Scientific Culture in Early Modern Italy*, Berkeley 1994.

Firebaugh, Glenn, *Seven Rules for Social Research*, Princeton 2008.

Fisher, Donald, »Philanthropic Foundations and the Social Sciences: A Response to Martin Bulmer«, in: *Sociology* 18/4 (1984), S. 580–587.

Ders., »The Role of Philanthropic Foundations in the Reproduction and Production of Hegemony: Rockefeller Foundations and the Social Sciences«, in: *Sociology* 17/2 (1983), S. 206–233.

Ders., »American Philanthropy and the Social Sciences in Britain, 1919–1939: The Reproduction of a Conservative Ideology«, in: *Sociological Review* 28/2 (1980), S. 277–315.

Fleck, Christian, »Für eine soziologische Geschichte der Soziologie«, in: *Österreichische Zeitschrift für Soziologie* 24/2 (1999), S. 52–65.

Flyvbjerg, Bent, »Five Misunderstandings about Case-Study Research«, in: *Qualitative Inquiry* 12/2 (2006), S. 219–245.

Focillon, Henri, *Das Leben der Formen*, München 1954.

Forrester, John, »The Psychoanalytic Case: Voyeurism, Ethics, and Epistemology in Robert Stoller's *Sexual Excitement*«, in: Angela N.H. Creager/Elizabeth Lunbeck/M. Norton Wise (Hg.), *Science without Laws: Model Systems, Cases, Exemplary Narratives*, Durham 2007, S. 189–212.

Ders., »If *p*, Then What? Thinking in Cases«, in: *History of the Human Sciences* 9/3 (1996), S. 1–25.

Foucault, Michel, »Was ist ein Autor«, in: ders., *Foucault, Schriften zur Literatur*, Berlin 2003, S. 234–270.

Foucault, Michel, *Überwachen und Strafen: Die Geburt des Gefängnisses*, Frankfurt a. M. 1977.

Fourcade, Marion, »The Construction of a Global Profession: The Transnationalization of Economics«, in: *American Journal of Sociology* 112/1 (2006), S. 145–195.

Fox, Renée C., »Medical Humanitarianism and Human Rights: Reflection on Doctors without Borders and Doctors of the World«, in: *Social Science and Medicine* 41/12 (1995), S. 1607–1616.

Dies., *Experiment Perilous: Physicians and Patients Facing the Unknown*, Piscataway 1959.

Franzen, Martina/Krause, Monika/Daye, Christian/Halsmayer, Verena/Hamann, Julian/Holzhauser, Nicole/Korte, Jasper/Osrecki, Fran/Ploder, Andrea/Sutter, Barbara, »Das DFG-Netzwerk ›Soziologie soziologischen Wissens‹«, in: *Soziologie* 48/3 (2019), S. 293–308.

Freeman, Derek, *Margaret Mead and Samoa: The Making and Unmaking of an Anthropological Myth*, Cambridge 1983.

Fremontier, Jacques, *Renault, la Forteresse ouvrière*, Paris 1971.

Freund, Michael/Manton, Janos/Flos, Birgit, *Marienthal 1930–1980: Rückblick und sozialpsychologische Bestandaufnahme in einer ländlichen Industriegemeinde*, Wien 1982.

Frickel, Scott/Gross, Neil, »A General Theory of Scientific/Intellectual Movements«, in: *American Sociological Review* 70/2 (2005), S. 204–232.

Friedrichs, Robert W., *A Sociology of Sociology*, New York 1970.

Frost, Bryan-Paul, »Resurrecting a Neglected Theorist: The Philosophical Foundations of Raymond Aron's Theory of International Relations«, in: *Review of International Studies* 23/2 (1997), S. 143–166.

Fujimura, Joan H., *Crafting Science: A Sociohistory of the Quest for the Genetics of Cancer*, Cambridge 1996.

Dies., »Standardizing Practices: A Socio-history of Experimental Systems in Classical Genetic and Viriological Cancer Research, ca. 1920–1978«, in: *History and Philosophy of the Life Sciences* 18 (1996), S. 3–54.

Dies., »Constructing ›Do-able‹ Problems in Cancer Research«: Articulating Alignment«, in: *Social Studies of Science* 17/2 (1987), S. 257–293.

Fumasoli, Tatiana/Goastellec, Gaele, »Global Models, Disciplinary and Local Patterns in Academic Recruitment Processes«, in: Tatiana Fumasoli/Gaele Goastellec/Barbara M. Kehm (Hg.), *Academic Work and Careers in Europe: Trends, Challenges, Perspectives*, Dordrecht 2015, S. 69–93.

Galison, Peter/Stump, David J. (Hg.), *The Disunity of Science: Boundaries, Contexts, and Power*, Stanford 1996.

Gandy, Matthew, »Learning from Lagos«, in: *New Left Review* 33 (2005), S. 37–53.

Gans, Herbert J., »Some Problems of and Futures for Urban Sociology: Toward a Sociology of Settlements«, in: *City & Community* 8/3 (2009), S. 211–219.

Ders., »Sociological Amnesia: The Noncumulation of Normal Social Science«, in: *Sociological Forum* 7/4 (1992), S. 701–710.

Garland, David, »The Criminal and His Science: A Critical Account of the Formation of Criminology at the End of the Nineteenth Century«, in: *British Journal of Criminology* 25/2 (1985), S. 109–137.

Garrett, Zoe/Newman, Mark/Elbourne, Diana/Bradley, Steve/Noden, Philip/Taylor, Jim/West, Anne, *Secondary School Size: A Systematic Review*, London 2004.

Gates, Henry Louis Jr., »Critical Fanonism«, in: *Critical Inquiry* 17/3 (1991), S. 457–470.

Geiss, Peter, »›Wozu brauche ich das alles im Unterricht?‹ – Geschichtswissenschaft in der Lehrerbildung«, in: Roland Isler Geiss/Rainer Kaenders mit Unterstützung von Victor Henri Jaeschke (Hg.), *Fachkulturen in der Lehrerbildung*, Göttingen 2016, S. 61–94.

Gerring, John/Cojocaru, Lee, »Selecting Cases for Intensive Analysis: A Diversity of Goals and Methods«, in: *Sociological Methods and Research* 45/3 (2016), S. 392–423.

Gershenhorn, Jerry, »›Not an Academic Affair‹: African American Scholars and the Development of African Studies Programs in the United States, 1942–1960«, in: *Journal of African American History* 94/1 (2009), S. 44–68.

Gerth, Hans H./Mills, C. Wright (Hg.), *From Max Weber: Essays in Sociology*, New York 1946.

Geva, Dorit, *Militär und Familie: Eine andere Geschichte moderner Staatlichkeit*, Hamburg 2022.

Gibbs, Frederick W./Cohen, Daniel J., »A Conversation with Data: Prospecting Victorian Words and Ideas«, in: *Victorian Studies* 54/1 (2011), S. 69–77.

Giddens, Anthony, *Die Konstitution der Gesellschaft*, Frankfurt a. M. 1988.

Ders., *Interpretative Soziologie*, Frankfurt a. M. 1984.

Ders., *Die Klassenstruktur fortgeschrittener Gesellschaften*, Frankfurt a. M. 1979.

Giere, Ronald N., »The Cognitive Structure of Scientific Theories«, in: *Philosophy of Science* 61/2 (1994), S. 276–296.

Gieryn, Thomas F., *Truth-Spots: How Places Make People Believe*, Chicago 2018.

Ders., »City as Truth-Spot«, in: *Social Studies of Science* 36/1 (2006), S. 5–38.

Gilbert, Scott F., »The Adequacy of Model Systems for Evo-Devo: Modeling the Formation of Organisms/Modeling the Formation of Society«, in: Anouk Barberousse/Michel Morange/Thomas Pradeu (Hg.), *Mapping the Future of Biology*, Dordrecht 2009, S. 57–68.

Glaeser, Edward, *Triumph of the City: How Our Greatest Invention Makes Us Richer, Smarter, Greener, Healthier, and Happier*, Basingstoke 2011.

Glazer, Nona Y., »Servants to Capital: Unpaid Domestic Labor and Paid Work«, in: *Review of Radical Political Economics* 16/1 (1984), S. 60–87.

Go, Julian, *Postcolonial Thought and Social Theory*, New York 2015.

Ders., »For a Postcolonial Sociology«, in: *Theory and Society* 42/1 (2013), S. 25–55.

Ders., »Sociology's Imperial Unconscious: The Emergence of American Sociology in the Context of Empire«, in: George Steinmetz (Hg.), *Sociology and Empire: Entanglements of a History*, Chapel Hill 2013, S. 83–105.

Goffman, Erving, *Rahmen-Analyse: Ein Versuch über die Organisation von Alltagserfahrungen*, Frankfurt a. M. 1977.

Golub, Alex, »Is There an Anthropological Canon? Evidence from Theory Anthologies«, in: *Savage Minds: Notes and Queries in Anthropology*, 6.4.2014, https://savageminds.org/2014/04/06/is-there-an-anthropological-canon-evidence-from-theory-anthologies/ [28.1.2023].

Gombrich, Ernst, »The Renaissance – Period or Movement«, in: Joseph B. Trapp (Hg.) *Background to the English Renaissance*, London 1974, S. 1–30.

Goodyear, Michael, »Learning from the TGN1412 Trial«, in: *British Medical Journal* 332/7543 (2006), S. 677–678.

Gouldner, Alvin W., *The Coming Crisis of Western Sociology*, New York 1970.

Graf, Oskar Maria, *Wir sind Gefangene: Ein Bekenntnis aus diesem Jahrzehnt*, Berlin 1928.

Grafton, Anthony, *The Footnote: A Curious History*, Cambridge 1997.

Greenberg, Clement, »Towards a Newer Laocoon«, in: *Partisan Review* VII/4 (1940), S. 296–310.

Griffiths, Paul E./Stotz, Karola, »Experimental Philosophy of Science«, in: *Philosophy Compass* 3/3 (2008), S. 507–521.

Griswold, Wendy/Mangione, Gemma/McDonnell, Terence E., »Objects, Words, and Bodies in Space: Bringing Materiality into Cultural Analysis«, in: *Qualitative Sociology* 36 (2013), S. 343–364.

Gross, Christiane/Jungbauer-Gans, Monika/Kriwy, Peter, »Die Bedeutung meritokratischer und sozialer Kriterien für wissenschaftliche Karrieren – Ergebnisse von Expertengesprächen in ausgewählten Disziplinen«, in: *Beiträge zur Hochschulforschung* 30/4 (2008), S. 7–32.

Gross, Neil, »Becoming a Pragmatist Philosopher: Status, Self-Concept, and Intellectual Choice«, in: *American Sociological Review* 67/1 (2002), S. 52–76.

Guetzkow, Joshua/Lamont, Michele/Mallard, Gregoire, »What Is Originality in the Humanities and the Social Sciences?«, in: *American Sociological Review* 69/2 (2004), S. 190–212.

Guggenheim, Michael, »The Media of Sociology: Tight or Loose Translations?«, in: *British Journal of Sociology* 66/2 (2015), S. 345–372.

Ders., »Laboratizing and De-laboratizing the World: Changing Sociological Concepts for Places of Knowledge-Production«, in: *History of the Human Sciences* 25/1 (2012), S. 99–118.

Ders./Krause, Monika, »How Facts Travel: The Model Systems of Sociology«, in: *Poetics* 40/2 (2012), S. 101–117.

Ders., »The Laws of Foreign Buildings: Flat Roofs and Minarets«, in: *Social and Legal Studies* 19/4 (2010), S.441–460.

Guillory, John, *Cultural Capital: The Problem of Literary Canon Formation*, Chicago 1993.

Gupta, Akhil/Ferguson, James (Hg.), *Anthropological Locations: Boundaries and Grounds of a Field Science*, Berkeley 1997.

Hacking, Ian, »The Looping Effects of Human Kinds«, in: Dan Sperber/David Premack/Ann James Premack (Hg.), *Symposia of the Fyssen Foundation: Causal Cognition: A Multidisciplinary Debate*, New York 1995, S.351–394.

Ders., »The Self-Vindication of the Laboratory Sciences«, in: Andrew Pickering (Hg.), *Science as Practice and Culture*, Chicago 1992, S.44–64.

Hafferty, Frederic W., *Into the Valley: Death and the Socialization of Medical Students*, New Haven 1991.

Hage, Per/Miller, Wick R., »›eagle‹ = ›bird‹: A Note on the Structure and Evolution of Shoshoni Ethnoornithological Nomenclature«, in: *American Ethnologist* 3/3 (1976), S.481–488.

Hamann, Julian/Beljean, Stefan, »Career Gatekeeping in Cultural Fields«, in: *American Journal of Cultural Sociology* 9 (2021), S.43–69.

Hanafi, Sari/Arvanitis, Riga, *Knowledge Production in the Arab World: The Impossible Promise*, London 2016.

Haraway, Donna J., Modest_Witness@Second_Millenium.FemaleMan©_Meets_OncoMouse™: *Feminism Meets Technoscience*, New York/London 1997.

Harding, Sandra, *Whose Science? Whose Knowledge? Thinking from Women's Lives*, Ithaca 2016.

Hausen, Karen, »Die Nicht-Einheit der Geschichte als historiografische Herausforderung: Zur historischen Relevanz und Anstößigkeit der Geschlechtergeschichte«, in: Bettina Hitzer/Thomas Weslkopp (Hg.), *Die Bielefelder Sozialgeschichte: Klassische Texte zu einem geschichtswissenschaftlichen Programm und seinen Kontroversen*, Bielefeld 2010, S.371–393.

Heath, Christian/Knoblauch, Hubert/Luff, Paul, »Technology and Social Interaction: The Emergence of ›Workplace Studies‹«, in: *British Journal of Sociology* 51/2 (2000), S.299–320.

Hechter, Michael/Pfaff, Steven/Underwood, Patrick, »Grievances and the Genesis of Rebellion: Mutiny in the Royal Navy, 1740 to 1820«, in: *American Sociological Review* 81/1 (2016), S.165–189.

Heesen, Anke te/Spary, Emma C., *Sammeln als Wissen: Sammeln und seine wissenschaftsgeschichtliche Bedeutung*, Göttingen 2001.

Heilbron, Johan, »The Social Sciences as an Emerging Global Field«, in: *Current Sociology* 62/5 (2014), S.685–703.

Ders., *The Rise of Social Theory*, Cambridge 2013.

Ders./Guilhot, Nicolas/Jeanpierre, Laurent, »Toward a Transnational History of the Social Sciences«, in: *Journal of the History of the Behavioral Sciences* 44/2 (2008), S.146–160.

Heinrich, Joseph/Heine, Steven J./Norenzayan, Ara, »The Weirdest People in the World«, in: *Behavioural and Brain Science* 33/2–3 (2010), S. 1–23.

Herzfeld, Michael, »The Horns of the Mediterraneanist Dilemma«, in: *American Ethnologist* 11/3 (1984), S. 439–454.

Hess, Andreas, »Making Sense of Individual Creativity: An Attempt to Trespass the Academic Boundaries of the Sociology of Ideas and Intellectual History«, in: Christian Fleck/Andreas Hess (Hg.), *Knowledge for Whom*, New York 2016, S. 27–46.

Hilgers, Mathieu, »Contribution à une anthropologie des villes secondaires«, in: *Cahiers d'Etudes Africaines* 1/205 (2012), S. 29–55.

Hirschauer, Stefan, »Der Quexit: Das Mannemer Milieu im Abseits der Soziologie«, in: *Zeitschrift für theoretische Soziologie* 7/1 (2018), S. 153–167.

Ders., »Editorial Judgments: A Praxeology of ›Voting‹ in Peer Review«, in: *Social Studies of Science* 40/1 (2010), S. 71–103.

Hirschman, Daniel, »Stylized Facts in the Social Sciences«, in: *Sociological Science*, 19.7.2016.

Ho, Karen, *Liquidated: An Ethnography of Wall Street*, Durham 2009.

Hobbie, John E./Carpenter, Stephen R./Grimm, Nancy B./Gosz, James R./Seastedt, Timothy R., »The US Long Term Ecological Research Program«, in: *BioScience* 53/1 (2003), S. 21–32.

Hodgkinson, Gerard P./Healy, Mark P., »Cognition in Organizations«, in: *Annual Review of Psychology* 59 (2008), S. 387–417.

Hoffman, Robert R., *The Psychology of Expertise: Cognitive Research and Empirical AI*, Mahwah 1992.

Hoheisel, Sieglinde/Meyer, Helmut/Oelrichs, Angelika/Stocker, Rosa-Maria, »Gewerkschaftspolitik in Italien – gesellschaftliche Rahmenbedingungen und ›gewerkschaftliche Erneuerung‹«, in: Werner Olle (Hg.), *Einführung in die internationale Gewerkschaftspolitik*, Bd. 2, Berlin 1978, S. 49–78.

Holmes, Frederic L., »The Old Martyr of Science: The Frog in Experimental Physiology«, in: *Journal of the History of Biology* 26/2 (1993), S. 311–328.

Hooks, Bell, *Feminist Theory: From Margin to Center*, Cambridge 2000.

Horrobin, David F., »Modern Biomedical Research: An Internally Self-Consistent Universe with Little Contact with Medical Reality?«, in: *Nature Reviews Drug Discovery* 2 (2003), S. 151–154.

Howlett, Peter/Morgan, Mary S. (Hg.), *How Well Do Facts Travel? The Dissemination of Reliable Knowledge*, Cambridge 2010.

Hsu, Greta/Hannan, Michael T., »Identities, Genres, and Organizational Forms«, in: *Organization Science* 16/5 (2005), S. 474–490.

Huebner, Daniel R., »The Construction of Mind, Self, and Society: The Social Process behind G.H. Mead's Social Psychology«, in: *Journal of the History of the Behavioural Sciences* 48/2 (2012), S. 134–153.

Hughes, Everett, »The Professions«, in: *Daedalus* 92/4 (1963), S. 655–668.

Huxley, Thomas, »Letter on Agriculture«, in: *Yorkshire Herald*, April 1891, https://mathcs.clarku.edu/huxley/UnColl/PMG/PMGetal/Agri.html [28.1.2023].

Igo, Sarah E., »Subjects of Persuasion: Survey Research as a Solicitous Science; or, The Public Relations of the Polls«, in: Charles Camic/Neil Gross/Michele Lamont (Hg.), *Social Knowledge in the Making*, Chicago 2011, S. 285–307.

Dies., *The Averaged American*, Cambridge 2008.

Dies., »From Main Street to Mainstream: Middletown, Muncie, and ›Typical America‹«, in: *Indiana Magazine of History* 101/3 (2005), S. 239–266.

International Social Science Council, *World Social Science Report*, Paris 2010.

Jacobson, Mark, »Dharavi: Mumbai's Shadow City«, in: *National Geographic*, Mai 2007.

Jacoby, Russell/Glauberman, Naomi (Hg.), *The Bell Curve Debate: History, Documents, Opinions*, New York 1995.

Jahoda, Marie/Lazarsfeld, Paul F./Zeisel, Hans, *Die Arbeitslosen von Marienthal: Ein soziographischer Versuch über die Wirkungen langandauernder Arbeitslosigkeit*, Frankfurt a. M. 1975.

James, Cyril L.R., *Die schwarzen Jakobiner: Toussaint Louverture und die Haitianische Revolution*, Berlin 2022.

Jansen, Robert S. Jansen, *Revolutionizing Repertoires: The Rise of Populist Mobilization in Peru*, Chicago 2017.

Jerolmack, Colin/Khan, Shamus, »Talk Is Cheap: Ethnography and the Attitudinal Fallacy«, in: *Sociological Methods & Research* 43/2 (2014), S. 178–209.

Johnson, Jim [Bruno Latour], »Die Vermischung von Menschen und Nicht-Menschen: Die Soziologie eines Türschließers«, in: Andréa Belliger/David J. Krieger (Hg.), *ANThology: Ein einführendes Handbuch zur Akteur-Netzwerk-Theorie*, Bielefeld 2006, S. 237–258.

Johnston, William, M., *Celebrations: The Cult of Anniversaries in Europe and the United States Today*, London 1991.

Jones, Robert Alun, *The Development of Durkheim's Social Realism*, Cambridge 1999.

Ders., »Myth and Symbol among the Nacirema Tsigoloicos: A Fragment«, in: *American Sociologist* 15/4 (1980), S. 207–212.

Ders., »Our Understanding of the Sociological Classics«, in: *American Journal of Sociology* 83/2 (1977), S. 279–319.

Jones, Stephanie P., »Supporting the Team, Sustaining the Community: Gender and Rugby in a Former Mining Village«, in: Charlotte A. Davies/Stephanie P. Jones (Hg.), *Welsh Communities: New Ethnographic Perspectives*, Cardiff 2003.

Dies., »›Still a Mining Community‹: Gender and Change in the Upper Dulais Valley«, Dissertationsschrift, University of Wales in Swansea, 1997.

Judd, Dennis R./Simpson, Dick W. (Hg.), *The City, Revisited: Urban Theory from Chicago, Los Angeles, and New York*, Minneapolis 2011.

Katznelson, Ira, »Working Class Formations: Constructing Cases and Comparisons«, in: dies./Aristide R. Zolberg (Hg.), *Working Class Formations: Nineteenth-Century Patterns in Western Europe and the United States*, Princeton 1986, S. 3–44.

Kaufmann, Franz-Xaver, »Interdisziplinäre Wissenschaftspraxis: Erfahrungen und Kriterien«, in: Jürgen Kocka (Hg.), *Interdisziplinarität: Praxis – Herausforderungen – Ideologie*, Frankfurt a. M. 1987, S. 63–81.

Keating, Peter/Cambrioso, Alberto/Mackenzie, Michael, »The Tools of the Discipline: Standards, Models, and Measures in the Affinity/Avidity Controversy in Immunology«, in: Adele. E. Clarke/Joan H. Fujimura (Hg.), *The Right Tools for the Job: At Work in Twentieth-Century Life Sciences*, Princeton 1992, S. 312–354.

Keighren, Innes M./Abrahamsson, Christian/della Dora, Veronica, »On Canonical Geographies«, in: *Dialogues in Human Geography* 2/3 (2012), S. 296–312.

Keim, Wiebke/Celik, Ercument/Wohrer, Veronika (Hg.), *Global Knowledge Production in the Social Sciences: Made in Circulation*, London 2014.

Keller, Evelyn Fox, »Climate Science, Truth, and Democracy«, in: *Studies in History and Philosophy of Biological and Biomedical Sciences* 64 (2017), S. 106–122.

Dies., »Paradigm Shifts and Revolutions in Contemporary Biology«, Vortrag, University of King's College, Halifax, 30. Oktober 2012.

Dies., »Models Of and Models For: Theory and Practice in Contemporary Biology«, in: *Philosophy of Science* 67, Supplement. Proceedings of the 1998 Biennial Meetings of the Philosophy of Science Association. Part II: Symposia Papers (2000), S. S72–S86.

Dies., »*Drosophila* Embryos as Transitional Objects: The Work of Donald Poulson and Christiane and Nusslein-Volhard«, in: *Historical Studies in the Physical and Biological Sciences* 26/2 (1996), S. 313–346.

Dies., *A Feeling for the Organism: The Life and Work of Barbara McClintock*, New York 1983.

Kelly, Ann H./Beisel, Uli, »Neglected Malarias: The Frontlines and Backalleys of Global Health«, in: *BioSocieties* 6/1 (2011), S. 71–87.

Kennedy, Michael, *Globalizing Knowledge: Intellectuals, Universities, and Publics in Transformation*, Stanford 2015.

Ders., »Area Studies and Academic Disciplines across Universities: A Relational Analysis with Organizational and Public Implications«, in: David Wiley/Robert Glew (Hg.), *International and Language Education for a Global Future: Fifty Years of Title VI and Fulbright-Hays Programs*, East Lansing 2010, S. 195–226.

Ders./Centeno, Miguel, »Internationalism and Global Transformations in American Sociology«, in: Craig Calhoun (Hg.), *Sociology in America: A History*, Chicago 2007, S. 666–712.

Kermode, Frank, *Pleasure and Change: The Aesthetics of Canon*, Oxford 2004.

Khalil, Osama, *America's Dream Palace: Middle East Expertise and the Rise of the National Security State*, Cambridge 2016.

Kieserling, André, »Die Soziologie der Selbstbeschreibung: Über Reflexionstheorien der Funktionssysteme und ihre Rezeption der soziologischen Theorie«, in: Henk de Berg und Johannes F.K. Schmidt (Hg.), *Rezeption und Reflexion: Zur Resonanz der Systemtheorie Nuklas Luhmanns außerhalb der Soziologie*, Frankfurt a. M. 2000, S. 38–93.

Kimmelman, Barbara, »Organisms and Interests in Scientific Research: R.A. Emerson's Claims for the Unique Contribution of Agricultural Genetics«, in: Adele. E. Clarke/Joan H. Fujimura (Hg.), *The Right Tools for the Job: At Work in Twentieth-Century Life Sciences*, Princeton 1992, S. 198–232.

Kirk, Robert G., »A Brave New Animal for a Brave New World: The British Laboratory Animals Bureau and the Constitution of International Standards of Laboratory Animal Production and Use, Circa 1947–1968«, in: *Isis* 101/1 (2010), S. 62–94.

Klinenberg, Eric, *Heat Wave: A Social Autopsy of Disaster in Chicago*, Chicago 2012.

Knight, Andrew/Bailey, Jarrod/Balcombe, Jonathan, »Animal Carcinogenicity Studies: 1. Poor Human Predictivity«, in: *Alternatives to Laboratory Animals* 34 (2006), S. 19–27.

Knorr-Cetina, Karin, *Die Fabrikation von Erkenntnis: Zur Anthropologie der Naturwissenschaft*, Berlin 2002.

Dies., »Sociality with Objects: Social Relations in Postsocial Knowledge Societies«, in: *Theory, Culture & Society* 14/4 (1997), S. 1–30.

Dies., »Epistemic Cultures: Forms of Reason in Science«, in: *History of Political Economy* 23/1 (1991), S. 105–122.

Dies., »Scientific Communities or Transepistemic Arenas of Research? A Critique of Quasi-economic Models of Science«, in: *Social Studies of Science* 12/1 (1982), S. 101–130.

Dies., »Social and Scientific Method or What Do We Make of the Distinction between the Natural and the Social Sciences?«, in: *Philosophy of the Social Sciences* 11/3 (1981), S. 335–359.

Kohler, Robert E., *Inside Science: Stories from the Field in Human and Animal Science*, Chicago 2019.

Ders., »Finders, Keepers: Collecting Sciences and Collecting Practice«, in: *History of Science* 45/4 (2007), S. 428–454.

Ders., *Landscapes and Labscapes: Exploring the Lab-Field Border in Biology*, Chicago 2002.

Ders., *Lords of the Fly: Drosophila Genetics and the Experimental Life*, Chicago 1994.

Kohn, Hans, *Die Idee des Nationalismus: Ursprung und Geschichte bis zur Französischen Revolution*, Frankfurt a. M. 1962.

Konczyk, Jean Marie, *Gaston, L'aventure d'un ouvrier*, Paris 1971.

Koselleck, Reinhart, *Vergangene Zukunft: Zur Semantik geschichtlicher Zeiten*, Frankfurt a. M. 1988.

Kotsonas, Antonis, »Politics of Periodization and the Archaeology of Early Greece«, in: *American Journal of Archaeology* 120/2 (2016), S. 239–270.

Krause, Monika, »On Reflexivity«, Lewis A. Coser Lecture, American Sociological Association Annual Meeting, 2020.

Dies., »What Is Zeitgeist? Examining Period-Specific Cultural Patterns«, in: *Poetics* 76 (2019), https://doi.org/10.1016/j.poetic.2019.02.003 [28.1.2023].

Dies., »Western Hegemony in the Social Sciences: Fields and Model Systems«, in: *Sociological Review* 64/2 (2016), S. 194–211.

Dies., »The Ruralization of the World«, in: *Public Culture* 25/2 (2013), S. 233–248.

Dies./Guggenheim, Michael, »The Couch as a Laboratory? The Knowledge-Spaces of Psychoanalysis between the Sciences and the Professions«, in: *European Journal of Sociology* 54/2 (2013), S. 187–210.

Dies., »Theory as an Anti-subfield Subfield«, in: *Perspectives* 34/2 (2012), S. 6–12.

Dies., »Practicing Authorship: The Case of Brecht's Plays«, in: Craig Calhoun/Richard Sennett (Hg.), *Practicing Culture*, Oxford 2007, S. 215–230.

Krebs, Hans, »The August Krogh Principle: ›For Many Problems There Is an Animal on Which It Can Be Most Conveniently Studied‹«, in: *Journal of Experimental Zoology* 194/1 (1975), S. 221–226.

Krogh, August, »The Progress of Physiology«, in: *American Journal of Physiology* 90/2 (1929), S. 243–251.

Kueffer, Christoph/Pyšek, Petr/Richardson, David M., »Integrative Invasion Science: Model Systems, Multi-site Studies«, in: *New Phytologist* 200/3 (2013), S. 615–633.

Kuhn, Thomas S., »Objektivität, Werturteil und Theoriewahl«, in: ders., *Die Entstehung des Neuen. Studien zur Struktur der Wissenschaftsgeschichte*, hg. von Lorenz Krüger, Frankfurt a. M. 1977, S. 421–445.

Ders., *Die Struktur wissenschaftlicher Revolutionen*, 2. Aufl., Frankfurt a. M. 1976.

Kuklick, Henrika/Kohler, Robert E. (Hg.), *Science in the Field, Osiris* 11 (1996).

Kunkel, Joe, »What Makes a Good Model System?«, in: *Joe Kunkel's Web Page: Biological Research & Development*, 22.9.2006, https://www.bio.umass.edu/biology/kunkel/modelsys.html [28.1.2023].

Ders., »The Cockroach: A Model System for Biologists«, in: *Joe Kunkel's Web Page: Biological Research & Development*, 11.11.1995, zuletzt aktualisiert am 24.11.1996, http://www.bio.umass.edu/biology/kunkel/blattari.html [28.1.2023].

Kuper, Adam, »Postmodernism, Cambridge and the Great Kalahari Debate«, in: ders. (Hg.), *Among the Anthropologists: History and Context in Anthropology*, London 1999, S. 15–35.

Kurzman, Charles, »Scholarly Attention and the Limited Internationalization of US Social Science«, in: *International Sociology* 32/6 (2017), S. 775–795.

Kwaschik, Anne/Wimmer, Mario (Hg.), *Von der Arbeit des Historikers: Ein Wörterbuch zur Theorie und Praxis*, Bielefeld 2014.

Lakoff, George, *Women, Fire, and Dangerous Things: What Categories Reveal about the Mind*, Chicago 1987.

Lamont, Michèle, *How Professors Think: Inside the Curious World of Academic Judgment*, Cambridge 2009.

Dies., »How to Become a Dominant French Philosopher: The Case of Jacque Derrida«, in: *American Journal of Sociology* 94/1 (1987), S. 79–109.

Landecker, Hannah, »It Is What It Eats: Chemically Defined Media and the History of Surrounds«, in: *Studies in History and Philosophy of Biology and Biomedical Sciences* 57 (2016), S. 148–160.

Larkin, Jill/Mc Dermott, John/Simon, Dorothea P./Simon, Herbert A., »Expert and Novice Performance in Solving Physics Problems«, in: *Science* 208/4450 (1980), S. 1335–1342.

Lassiter, Luke Eric, »›To Fill in the Missing Piece of the Middletown Puzzle‹: Lessons from Re-studying Middletown«, in: *Sociological Review* 60/3 (2012), S. 421–437.

Ders./Goodall, Hurley/Campbell, Elizabeth/Johnson, Michelle Natasya (Hg.), *The Other Side of Middletown: Exploring Muncie's African American Community*, Lanham 2004.

Latin American Subaltern Studies Group, »Founding Statement«, in: *Boundary 2* 20/3 (1993), S. 110–121.

Latour, Bruno, »The Tarde Durkheim Debate«, 2011, http://www.bruno-latour.fr/node/354.html [28.1.2023].

Ders./Harm, Graham/Erdelyi, Peter, *The Prince and the Wolf: Latour and Harman at the LSE*, London 2011.

Ders., *Eine neue Soziologie für eine neue Gesellschaft: Einführung in die Akteur-Netzwerk-Theorie*, Frankfurt a. M. 2007.

Ders., *Die Hoffnung der Pandora: Untersuchungen zur Wirklichkeit der Wissenschaft*, Berlin 2002.

Ders., *Science in Action: How to Follow Scientists and Engineers through Society*, Cambridge 1987.

Ders./Woolgar, Steve, *Laboratory Life: The Construction of Scientific Facts*, Princeton 1986.

Law, John/Rupper, Evelyn/Savage, Mike, »The Double Social Life of Methods«, CRESC Working Paper Series, Working Paper Nr. 95, Open University 2011.

Lawler, Andrew, »Neglected Civilization Grabs Limelight«, in: *Science* 302/5647 (2003), S. 979.

Lawson, George, »Revolutions and the International«, in: *Theory and Society* 44/4 (2015), S. 299–319.

Leary, John Patrick, *A Cultural History of Underdevelopment: Latin America in the U.S. Imagination*, Charlottesville 2016.

Leavens, David A./Bard, Kim A./Hopkins, William D., »Bizarre Chimpanzees Do Not Represent ›the Chimpanzee‹«, in: *Behavioural and Brain Sciences* 32/2 (2010), S. 100–101.

Lederman, Rena, »Anthropological Regionalism«, in: Henrika Kuklick (Hg.), *A New History of Anthropology*, Malden 2008, S. 310–325.

Dies., »Globalization and the Future of Culture Areas: Melanesianist Anthropology in Transition«, in: *Annual Review of Anthropology* 27 (1998), S. 427–449.

Lee, Raymond, »›The Most Important Technique ...‹: Carl Rogers, Hawthorne, and the Rise and Fall of Nondirective Interviewing in Sociology«, in: *Journal of the History of the Behavioral Sciences* 47/2 (2011), S. 123–146.

Legewie, Joscha/Schaeffer, Merlin, »Contested Boundaries: Explaining Where Ethnoracial Diversity Provokes Neighborhood Conflict«, in: *American Journal of Sociology* 122/1 (2016), S. 125–161.

Legras, Horacio, »Review of *The Latin American Subaltern Studies Reader*«, in: *Americas* 61/1 (2004), S. 125–127.

Lemert, Charles, »A Classic from the Other Side of the Veil: Du Bois's *Souls of Black Folk*«, in: *Sociological Quarterly* 35/3 (1994), S. 385–396.

Lengermann, Patricia/Niebrugge, Jill, »Intersubjectivity and Domination: A Feminist Investigation of the Sociology of Alfred Schutz«, in: *Sociological Theory* 13/1 (1995), S. 25–36.

Leonelli, Sabina, »Circulating Evidence across Research Contexts: The Locality of Data and Claims in Model Organism Biology«, in: *LSE Working Papers on the Nature of Evidence: How Well Do ›Facts‹ Travel?*, Nr. 25/08, 2008.

Lessing, Derek/Bonini, Nancy M., »Maintaining the Brain: Insight into Human Neurodegeneration from *Drosophila* Mutants«, in: *Nature Review Genetics* 10/6 (2009), S. 359–370.

Lessing, Gotthold Ephraim, »Laokoon oder über die Grenzen der Malerei und Poesie«, http://www.zeno.org/Literatur/M/Lessing,+Gotthold+Ephraim/%C3%84sthetische+Schriften/Laokoon [28.1.2023].

Letourneau, Charles, *Sociology Based upon Ethnography*, London 1881.

Levi, Isaac, *Gambling with Truth: An Essay on Induction and the Aims of Science*, Cambridge 1973.

Levine, Donald N., *Visions of the Sociological Tradition*, Chicago 1995.

Ders./Carter, Ellwood B./Miller Gorman, Eleanor, »Simmel's Influence on American Sociology. I.«, in: *American Journal of Sociology* 81/4 (1976), S. 813–841.

Levine, Philippa, *The Amateur and the Professional: Antiquarians, Historians and Archaeologists in Victorian England, 1838–1886*, Cambridge 2008.

Lewis, Oscar, *Life in a Mexican Village: Tepoztlán Revisited* [1951], Urbana 1963.

Lezaun, Javier/Calvillo, Nerea, »In the Political Laboratory: Kurt Lewin's ›Atmospheres‹«, in: *Journal of Cultural Economy* 7/4 (2014), S. 434–457.

Ders., »A Market of Opinions: The Political Epistemology of Focus Groups«, in: *Sociological Review* 55/2 (2007), S. 130–151.

Linhart, Robert, *Eingespannt: Erzählung aus dem Inneren des Motors*, Berlin 1980.

Lizardo, Omar/Mowry, Robert/Sepulvado, Brandon/Stolz, Dustin S./Taylor, Marshall A./Van Ness, Justin/Wood, Michael, »What Are Dual Process Models? Implications for Cultural Analysis in Sociology«, in: *Sociological Theory* 34/4 (2016), S. 287–310.

Ders., »Beyond the Comtean Schema: The Sociology of Culture and Cognition Versus Cognitive Social Science«, in: *Sociological Forum* 29/4 (2014), S. 983–989.

Ders., »The End of Theorists«, Lewis Coser Memorial Lecture and Salon, Annual Meeting of the American Sociological Association, 2014, http://osf.io/preprints/socarxiv/3ws5f/ [28.1.2023].

Löffler, Winfried, »Vom Schlechten des Guten: Gibt es schlechte Interdisziplinarität?«, in: Michael Jungert/Elsa Romfeld/Thomas Sukopp/Uwe Voigt (Hg.), *Interdisziplinarität: Theorie, Praxis, Probleme*, Darmstadt 2010, S. 157–172.

Logan, Cheryl, »Before There Were Standards: The Role of Test Animals in the Production of Empirical Generality in Physiology«, in: *Journal of the History of Biology* 35/2 (2002), S. 329–363.

Dies., »[A]re Norway Rats ... Things?‹ Diversity versus Generality in the Use of Albino Rats in Experiments on Development and Sexuality«, in: *Journal of the History of Biology* 34/2 (2001), S. 287–314.

Logan, John R., »Settlement Patterns in Metropolitan America«, in: Mary Waters Reed Ueda (Hg.), *The New Americans: A Guide to Immigration since 1965*, Cambridge 2007, S. 83–97.

Ders./Schneider, Mark, »Racial Segregation and Racial Change in American Suburbs, 1970–1980«, in: *American Journal of Sociology* 89/4 (1984), S. 874–888.

Longino, Helen E., »Gender, Politics, and the Theoretical Virtues«, in: *Synthese* 104 (1995), S. 383–397.

Ludden, David, *Reading Subaltern Studies: Critical Histories, Contested Meanings, and the Globalization of South Asia*, Neu-Delhi 2001.

Lukács, Georg, *Geschichte und Klassenbewusstsein*, Bielefeld 2013.

Lynch, Michael E., »Material Work and Critical Inquiry: Investigations in a Scientific Laboratory«, in: *Social Studies of Science* 12/4 (1982), S. 499–533.

Ders./Bogen, David, »Sociology's Asociological ›Core‹: An Examination of Textbook Sociology in Light of the Sociology of Scientific Knowledge«, in: *American Sociological Review* 62/3 (1997), S. 481–493.

Lynd, Robert/Lynd, Helen, *Middletown: A Study in Contemporary American Culture*, London 1929.

Ders./Lynd, Helen, *Middletown in Transition: A Study in Cultural Conflicts*, New York 1937.

Lyon, Dawn/Crow, Graham, »The Challenges and Opportunities of Re-studying Community on Sheppey: Young People's Imagined Futures«, in: *Sociological Review* 60/3 (2012), S. 498–517.

MacDonald, Keith, *The Sociology of the Professions*, London 1995.

MacDonald, Susan Peck, »Data-Driven and Conceptually Driven Academic Discourse«, in: *Written Communication* 6/4 (1989), S. 411–435.

MacGregor, Arthur, *Curiosity and Enlightenment: Collectors and Collections from the Sixteenth to the Nineteenth Century*, New Haven 2007.

Mallard, Gregoire, »Interpreters of the Literary Canon and their Technical Instruments: The Case of Balzac Criticism«, in: *American Sociological Review* 70/6 (2005), S. 992–1010.

Mandel, Hadas/Semyonov, Moshe, »Going Back in Time? Gender Differences in

Trends and Sources of the Racial Pay Gap, 1970 to 2010«, in: *American Sociological Review* 81/5 (2016), S. 1039–1068.

Marchand, Suzanne, *German Orientalism in the Age of Empire: Religion, Race and Scholarship*, Cambridge 2009.

Marcus, George E., »A Broad(er) Side to the Canon: Being a Partial Account [...]«, in: *Cultural Anthropology* 6/3 (1991), S. 385–405.

Marshall, Thomas H., *Bürgerrechte und soziale Klassen: Zur Soziologie des Wohlfahrtsstaates*, Frankfurt a. M. 1992.

Marx, Karl/Engels, Friedrich, »Die deutsche Ideologie«, in: *Marx Engels Werke*, Bd. 3, Ost-Berlin 1978, S. 9–532.

Dies., *Das Kapital*, Bd. 1, in: *Marx Engels Werke*, Bd. 23, Ost-Berlin 1962.

Matthews, David, *Medievalism: A Critical History*, Cambridge 2015.

Mayhew, Emily, *Wounded: A New History of the Western Front in World War I*, Oxford 2013.

McAllister, James W., »The Virtual Laboratory: Thought Experiments in Seventeenth-Century Mechanics«, in: Helmar Schramm/Ludger Schwarte/Jan Lazardzig (Hg.) *Collection, Laboratory, Theater*, Berlin 2005, S. 35–56.

McDonald, Lynn, *The Women Founders of the Social Sciences*, Montreal 1998.

Dies., »Classical Social Theory with the Women Founders Included«, in: Charles Camic (Hg.), *Reclaiming the Sociological Classics: The State of the Scholarship*, Malden 1997, S. 112–141.

McDonnell, Terence, *Best Laid Plans: Cultural Entropy and the Unraveling of AIDS Media Campaigns*, Chicago 2016.

McGoey, Linsey, »Profitable Failure: Antidepressant Drugs and the Triumph of Flawed Experiments«, in: *History of the Human Sciences* 23/1 (2010), S. 58–78.

Dies./Jackson, Emily, »Seroxat and the Suppression of Clinical Trial Data: Regulatory Failure and the Uses of Legal Ambiguity«, *Journal of Medical Ethics* 35/2 (2009), S. 107–112.

McGovern, Patrick, »Contradictions at Work: A Critical Review«, in: *Sociology* 48/1 (2013), S. 20–37.

McLaughlin, Neil, »How to Become a Forgotten Intellectual«, in: *Sociological Forum* 13/2 (1998), S. 215–246.

Ders., »Why Do Schools of Thought Fail? Neo-Freudianism as a Case Study in the Sociology of Knowledge«, in: *Journal of the History of the Behavioral Sciences* 34/2 (1998), S. 113–134.

McMahan, Peter/Evans, James, »Ambiguity and Engagement«, in: *American Journal of Sociology* 124/3 (2018), S. 860–912.

Mead, Margaret, *Kindheit und Jugend in Samoa*, München 1970.

Meara, Hannah, »Honor in Dirty Work: The Case of American Meat Cutters and Turkish Butchers«, in: *Sociology of Work and Occupations* 1/3 (1974), S. 259–283.

Mendieta, Eduardo, »Re-mapping Latin American Studies: Postcolonialism, Subaltern Studies, Postoccidentalism and Globalization Theory«, in: *Dispositio* 25/52 (2005), S. 179–202.

Merilainen, Susan/Tienari, Janne/Thomas, Robyn/Davies, Annette, »Hegemonic Academic Practices: Experiences of Publishing from the Periphery«, in: *Organization* 15/4 (2008), S. 584–597.

Merton, Robert K., *Mass Persuasion: The Social Psychology of a War Bond Drive*, New York 2004.

Ders./Barber, Elinor, *The Travels and Adventures of Serendipity: A Study in Sociological Semantics and the Sociology of Science*, Princeton 2004.

Ders., »Three Fragments from a Sociologist's Notebooks: Establishing the Phenomenon, Specified Ignorance, and Strategic Research Materials«. In: *Annual Review of Sociology* 13 (1987), S. 1–29.

Ders., *Science, Technology and Society in Seventeenth-Century England*, Brügge 1973.

Ders./Reader, George G./Kendall, Patricia L. (Hg.), *The Student Physician: Introductory Studies in the Sociology of Medical Education*, Oxford 1957.

Ders., »The Bearing of Sociological Theory on Research«, in: *American Sociological Review* 13/5 (1948), S. 505–515.

Michael, Mike, »On Making Data Social: Heterogeneity in Sociological Practice«, in: *Qualitative Research* 4/1 (2004), S. 5–23.

Mignolo, Walter, »Decolonizing Western Epistemology: Building Decolonial Epistemologies«, in: Ada Maria Isasi-Diaz/Eduardo Mendieta (Hg.), *Decolonizing Epistemologies: Latina/o Theology and Epistemology*, New York 2011, S. 19–44.

Ders., »Are Subaltern Studies Postmodern or Postcolonial? The Politics and Sensibilities of Geo-cultural Locations«, in: *Dispositio* 19/46 (1994), S. 45–73.

Misra, Joya/Kennelly, Ivy/Karides, Marina, »Employment Chances in the Academic Job Market in Sociology: Do Race and Gender Matter?«, in: *Sociological Perspectives* 42/2 (1999), S. 215–247.

Mitchell, Timothy, *Colonising Egypt*, Berkeley 1991.

Miyoshi, Masao/Harootunian, Harry/Chow, Rey (Hg.), *Learning Places: The Afterlives of Area Studies*, Durham 2002.

Mojon-Azzi, Stefania M./Mojon, Daniel S., »Scientific Misconduct: From Salami Slicing to Data Fabrication«, in: *Ophthalmologica* 218 (2014), S. 1–3.

Mol, Annemarie, »I Eat an Apple: On Theorizing Subjectivities«, in: *Subjectivity* 22 (2008), S. 28–37.

Moody, James/Light, Ryan, »A View from Above: The Evolving Sociological Landscape«, in: *American Sociologist* 37 (2006), S. 67–86.

Morgan, Mary S., »›If p? Then What?‹ Thinking within, with and from Cases«, in: *History of the Human Sciences* 33/3–4 (2020), S. 198–217.

Dies., »Exemplification and the Use-Values of Cases and Case Studies«, in: *Studies in History and Philosophy of Science* 78 (2019), S. 5–13.

Dies., »Glass Ceilings and Sticky Floors: Drawing New Ontologies«, in: K. Chemla/E. Fox Keller (Hg.), *Cultures without Culturalism in the Making of Scientific Knowledge*, Chapel Hill 2017, S. 145–170.

Dies., *The World in the Model: How Economists Work and Think*, Cambridge 2012.

Dies./Knuuttila, Tarja, »Models and Modelling in Economics«, in: Uskali Maki (Hg.), *Philosophy of Economics: Handbook of the Philosophy of Science*, Bd. 13, Amsterdam 2012, S. 49–87.

Dies., »Afterword: Reflections on Exemplary Narratives, Cases, and Model Organisms«, in: Angela N.H. Creager/Elizabeth Lunbeck/M. Norton Wise (Hg.), *Science without Laws: Model Systems, Cases, Exemplary Narratives*, Durham 2007, S. 264–275.

Dies., »The Curious Case of the Prisoner's Dilemma: Model Situation? Exemplary Narrative?«, in: Angela N.H. Creager/Elizabeth Lunbeck/M. Norton Wise (Hg.), *Science without Laws: Model Systems, Cases, Exemplary Narratives*, Durham 2007, S. 157–186.

Dies./Boumans, Marcel J., »Secrets Hidden by Two-Dimensionality: The Economy as a Hydraulic Machine«, in: Soraya de Chadarevian/Nick Hopwood (Hg.), *Models: The Third Dimension of Science*, Palo Alto 2004, S. 369–401.

Dies./Morrison, Margaret (Hg.), *Models as Mediators: Perspectives on Natural and Social Science*, Cambridge 1999.

Morris, Aldon, »The Souls of White Folk«, in: *Sociology of Race and Ethnicity* 4/1 (2018), S. 158–159.

Morris, Steven A./Van der Veer Martens, Betsy, »Mapping Research Specialties«, in: *Annual Review of Information Science and Technology* 42/1 (2008), S. 213–295.

Mosbah-Natanson, Sebastien/Gingras, Yves, »The Globalization of the Social Sciences? Evidence from a Quantitative Analysis of 30 Years of Production, Collaboration and Citations in the Social Sciences (1980–2009)«, in: *Current Sociology* 62/5 (2013), S. 626–646.

Mothé, Daniel, *Les O. S.*, Paris 1972.

Ders., *Militant chez Renault*, Paris 1965.

Mouzelis, Nicos, »In Defence of the Sociological Canon: A Reply to David Parker«, in: *Sociological Review* 45/2 (1997), S. 244–253.

Mudimbe, Valentin-Yves, *The Idea of Africa*, Bloomington 1994.

Musselin, Christine, *The Market for Academics*, New York 2010.

Dies., »European Academic Labor Markets in Transition«, in: *Higher Education* 49/1–2 (2005), S. 135–154.

Nandy, Madhurima, »Harvard Students Get Lessons on Dharavi«, in: *Livemint*, zuletzt aktualisiert am 23.3.2010, http://www.livemint.com/Home-Page/XA3QExMDx4Z5vcEyQsLUvL/Harvard-students-get-lessons-on-Dharavi.html [28.1.2023].

Nash, Roderick, *Wilderness and the American Mind*, New Haven 2001.

Nauta, Lolle Nauta, »Historical Roots of the Concept of Autonomy in Western Philosophy«, in: *Praxis International* 4/4 (1984), S. 363–377.

Negt, Oskar/Kluge, Alexander, *Geschichte und Eigensinn*, Frankfurt a. M. 1981.

Nekoei, Arash/Weber, Andrea, »Does Extending Unemployment Benefits Improve Job Quality?«, in: *American Economic Review* 107/2 (2017), S. 527–561.

Nichols, Shaun/Stich, Stephen/Weinberg, Johnathan, »Meta-skepticism: Meditations on Ethno-epistemology«, in: Steven Luper (Hg.), *The Skeptics*, London 2003, S. 227–247.

Nisbet, Robert, »The French Revolution and the Rise of Sociology in France«, in: *American Journal of Sociology* 49/2 (1943), S. 156–164.

Norman, Ian/Griffiths, Peter, »Duplicate Publication and ›Salami Slicing‹: Ethical Issues and Practical Solutions«, in: *International Journal of Nursing Studies* 45/9 (2008), S. 1257–1260.

Novick, Peter, *That Noble Dream: The »Objectivity Question« and the American Historical Profession*, Cambridge 1989.

Nutt-Kofoth, Rüdiger/Plachta, Bodo/van Vliet, H.T.M./Zwerschina, Hermann (Hg.), *Text und Edition: Positionen und Perspektiven*, Berlin 2000.

Obeyesekare, Gananath, *The Apotheosis of Captain Cook: European Mythmaking in the Pacific*, Princeton 1992.

Ollion, Etienne/Abbott, Andrew, »French Connections: The Reception of Sociologists in the USA (1977–2012)«, in: *European Journal of Sociology* 57/2 (2016), S. 331–371.

O'Reilly, Karen, »Ethnographic Returning, Qualitative Longitudinal Research and the Reflexive Analysis of Social Practice«, in: *Sociological Review* 60/3 (2012), S. 518–536.

Osrecki, Fran, »Glücklich ist, wer vergisst«, in: *Soziopolis – Gesellschaft beobachten*, 27.6.2018, https://www.soziopolis.de/verstehen/was-tut-die-wissenschaft/artikel/gluecklich-ist-wer-vergisst/ [28.1.2023].

Ders., »Constructing Epochs: The Argumentative Structures of Sociological Epochalisms«, in: *Cultural Sociology* 9/2 (2015), S. 131–146.

Ders., *Die Diagnosegesellschaft: Zeitdiagnostik zwischen Soziologie und medialer Popularität*, Bielefeld 2011.

Osterhammel, Jürgen, *Die Verwandlung der Welt: Eine Geschichte des 19. Jahrhunderts*, München 2009.

Oswalt, Philipp (Hg.), *Shrinking Cities*, Bd. 1: *International Research*, Ostfildern-Ruit 2005.

Padberg, Britta, »The Center for Interdisciplinary Research (ZiF) – Epistemic and Institutional Considerations«, in: Peter Weingart/Britta Padberg (Hg.), *University Experiments in Interdisciplinarity*, Bielefeld 2014, S. 95–113.

Palm, Michael, *Technologies of Consumer Labor*, London 2016.

Park, Robert E./Burgess, Ernest W./McKenzie, Roderick D., *The City*, Chicago 1925.

Parker, David, »Viewpoint: Why Bother with Durkheim? Teaching Sociology in the 1990s«, in: *Sociological Review* 45/1 (1997), S. 122–146.

Parsons, Talcott, »Revisiting the Classics throughout a Long Career«, in: Buford Rhea (Hg.), *The Future of the Classics*, London 1981, S. 183–194.

Ders., *Essays in Sociological Theory*, Glencoe 1949.

Ders., »The Professions and Social Structure«, in: *Social Forces* 17/4 (1939), S. 457–467.

Passeron, Jean-Claude / Revel, Jacques, *Penser par Cas*, Paris 2005.

Pateman, Carole, *The Sexual Contract*, Cambridge 1988.

Patil, Vrushali, »Sex, Gender and Sexuality in Colonial Modernity: Towards a Sociology of Webbed Connectivity«, in: Julian Go / George Lawson (Hg.), *Global Historical Sociology*, Cambridge 2017, S. 124–141.

Pauly, Philip J., *Controlling Life: Jacques Loeb and the Engineering Ideal in Biology*, New York 1987.

Peaucelle, Jean-Louis, »Adam Smith's Use of Multiple References for His Pin Making Example«, in: *European Journal of the History of Economic Thought* 13/4 (2006), S. 489–512.

Pedrique, Belen / Strub-Wourgaft, Nathalie / Some, Claudette / Olliaro, Piero / Trouiller, Patrice / Ford, Nathan / Pecoul, Bernard / Bradol, Jean-Herve, »The Drug and Vaccine Landscape for Neglected Diseases (2000–11): A. Systematic Assessment«, in: *Lancet* 1/6 (2013), S. 371–379.

Perrieux, Anne-Sophie, *Renault et les Sciences Sociales, 1948–1991*, Paris 1999.

Phillipson, Chris, »Community Studies and Re-studies in the 21st Century: Methodological Challenges and Strategies for the Future«, in: *Sociological Review* 60/3 (2012), S. 537–549.

Pitti, Laure, »Renault, la ›forteresse ouvrière‹ a l'épreuve de la guerre d'Algérie«, in: *Vingtième Siècle: Revue d'histoire* 83/3 (2004), S. 131–143.

Platt, Jennifer, »Has Funding Made a Difference to Research Methods?«, in: *Sociological Research Online* 1/1 (1996), S. 69–79.

Dies., »The United States' Reception of Durkheim's ›The Rules of Sociological Method‹«, in: *Sociological Perspectives* 38/1 (1995), S. 77–105.

Dies., »Cases of Cases ... of Cases«, in: Charles Ragin / Howard S. Becker (Hg.), *What Is a Case? Exploring the Foundations of Social Inquiry*, Cambridge 1992, S. 21–52.

Plümper, Thomas / Schimmelfennig, Frank, »Wer wird Prof – und wann? Berufungsdeterminanten in der deutschen Politikwissenschaft«, in: *Politische Vierteljahresschrift* 48/1 (2007), S. 97–117.

Polanyi, Karl, *The Great Transformation: Politische und ökonomische Ursprünge von Gesellschaften und Wirtschaftssystemen*, Frankfurt a. M. 1978.

Pomian, Krzysztof, *Collectors and Curiosities: Paris and Venice, 1500–1800*, Cambridge 1990.

Poovey, Mary, »The Model System of Contemporary Literary Criticism«, in: *Critical Inquiry* 27/3 (2001), S. 408–438.

Powell, Richard C., »Notes on a Geographical Canon? Measures, Models and Scholarly Enterprise«, in: *Journal of Historical Geography* 49 (2015), S. 2–8.

Psalidopoulos, Michalis (Hg.), *The Canon in the History of Economics: Critical Essays*, London 2002.

Puwar, Nirmal, »Puzzlement of a Déjà Vu: Illuminaries of the Global South«, in: *Sociological Review* 68/3 (2020), S. 540–556.

Quine, Willard Van Orman, *Wort und Gegenstand*, Stuttgart 1980.

Rader, Karen A., *Making Mice: Standardizing Animals for American Biomedical Research, 1900–1955*, Princeton 2004.

Dies., »The Mouse People«: Murine Genetics Work at the Bussey Institution, 1909–1936«, in: *Journal of the History of Biology* 31/3 (1998), S. 327–354.

Rafael, Vicente, »The Culture of Area Studies in the United States«, in: *Social Text* 41 (1994), S. 91–111.

Ragin, Charles C., »Introduction: Cases of ›What Is a Case‹«, in: Charles Ragin / Howard S. Becker (Hg.), *What Is a Case? Exploring the Foundations of Social Inquiry*, Cambridge 1992, S. 1–18.

Ders. / Becker, Howard S. (Hg.), *What Is a Case? Exploring the Foundations of Social Inquiry*, Cambridge 1992.

Rajagopal, Arvind, *Politics after Television: Hindu Nationalism and the Reshaping of the Public in India*, Cambridge 2001.

Rancière, Jacques, *Der Philosoph und seine Armen*, Wien 2010.

Razavi, Negar, »The Systemic Problem of ›Iran Expertise‹ in Washington«, in: *Jadaliyya*, 4.9.2019, https://www.jadaliyya.com/Details/39946 [28.1.2023].

Redfield, Peter, *Life in Crisis: The Ethical Journey of Doctors Without Borders*, Berkeley 2013.

Redfield, Robert, *Tepoztlán – a Mexican Village*, Chicago 1930.

Reed, Isaac, *Power in Modernity: Agency Relations and the Creative Destruction of the King's Two Bodies*, Chicago 2020.

Rehberg, Karl-Siegbert. »The Various Traditions and Approaches of German Sociology«, in: Sujata Patel (Hg.), *The ISA Handbook of Diverse Sociological Traditions*, London 2010, S. 81–93.

Rheinberger, Hans-Jörg, »Difference Machines«, in: *Configurations* 23/2 (2015), S. 165–176.

Ders., »Über den Eigensinn epistemischer Dinge«, in: Hans-Peter Hahn (Hg.), *Vom Eigensinn der Dinge: Für eine neue Perspektive auf die Welt des Materiellen*, Berlin 2015, S. 147–162.

Ders., »Historische Epistemologie«, in: Anne Kwaschik / Mario Wimmer (Hg.), *Von der Arbeit des Historikers: Ein Wörterbuch zur Theorie und Praxis der Geschichtswissenschaft*, Bielefeld 2014, S. 103–106.

Ders., »Epistemic Objects / Material Objects«, in: Ulijana Feest / Hans-Jorg Rheinberger / Gunter Abel (Hg.), *Epistemic Objects*, Berlin 2009, S. 93–98.

Ders., *Epistemologie des Konkreten: Studien zur Geschichte der modernen Biologie*, Berlin 2006.

Ders., »A Reply to David Bloor: ›Toward a Sociology of Epistemic Things‹«, in: *Perspectives on Science* 13/3 (2005), S. 406–410.

Ders., »Experimental Systems: Entry Encyclopedia for the History of the Life Sciences«, in: *The Visual Laboratory: Essays and Ressources on the Experimentalization of Life*, Max-Planck-Institut für Wissenschaftsgeschichte, 2004, https://vlp.mpiwg-berlin.mpg.de/essays/data [28.1.2023].

Ders., *Experimentalsysteme und epistemische Dinge: Eine Geschichte der Proteinsynthese im Reagenzglas*, Göttingen 2001.

Rivera, Lauren A., »When Two Bodies Are (Not) a Problem: Gender and Relationship Status Discrimination in Academic Hiring«, in: *American Sociological Review* 82/6 (2017), S. 1111−1138.

Robinson, Jennifer, *Ordinary Cities: Between Modernity and Development*, London 2006.

Rodriguez, Ileana (Hg.), *The Latin American Subaltern Studies Reader*, Durham 2001.

Rolle, Pierre, »Compte rendu: La Révolution automobile«, in: *Sociologie du travail* 21/1 (1979), S. 105−106.

Rons, Nadine, »Bibliometric Approximation of a Scientific Specialty by Combining Key Sources, Title Words, Authors and References«, in: *Journal of Informetrics* 12/1 (2018), S. 113−132.

Rosch, Eleanor/Mervisa, Carolyn B./Gray, Wayne D./Johnson, David M./Boyes-Braem, Penny, »Basic Objects in Natural Categories«, in: *Cognitive Psychology* 8/3 (1976), S. 382−439.

Dies., »On the Internal Structure of Perceptual and Semantic Categories«, in: Timothy E. Moore (Hg.), *Cognitive Development and the Acquisition of Language*, New York/London 1973, S. 111−144.

Rose, Jacqueline, »This Is Not a Biography«, in: *London Review of Books* 24/16, 22.8.2002.

Rose, Nikolas/O'Malley, Pat/Valverde, Mariana, »Governmentality«, in: *Annual Review of Law and Social Science* 2 (2006), S. 83−104.

Ders., »Government, Authority and Expertise in Advanced Liberalism«, in: *Economy and Society* 22/3 (1993), S. 283−299.

Rose-Greenland, Fiona, »Looters, Collectors, and a Passion for Antiquities«, in: *Journal of Modern Italian Studies* 19/5 (2014), S. 570−582.

Rosette, Ashleigh S./Leonardelli, Geoffrey J./Phillips, Katherine W., »The White Standard: Racial Bias in Leader Categorization«, in: *Journal of Applied Psychology* 93/4 (2008), S. 758−777.

Rossmann, Charles, »»The New *Ulysses*: The Hidden Controversy««, in: *New York Review of Books* 35 (1988).

Rot, Gwenaele, *Sociologie de l'atelier: Renault, le travail ouvrier et le sociologue*, Toulouse 2006.

Roth, Jürgen/Wieland, Rayk, *Öde Orte: Ausgesuchte Stadtkritiken: Von Aachen bis Zwickau*, Leipzig 2001.

Rozin, Paul, »What Is Really Wrong with A Priori Claims of Universality? Sampling, Validity, Process Level, and the Irresistible Drive to Reduce«, in: *Behavioural and Brain Science* 33/2−3 (2010), S. 107−108.

Rubin, Gerald M./Lewis, Edward B., »A Brief History of Drosophila's Contributions to Genome Research«, in: *Science* 287/5461 (2000), S. 2216−2218.

Rüschemeyer, Dieter, »Professional Autonomy and the Social Control of Expertise«, in: Robert Dingwall und Philip Lewis (Hg.), *The Sociology of the Professions: Lawyers, Doctors and Others*, London 1983, S. 38−59.

Ruppert, Evelyn/Law, John/Savage, Mike, »Reassembling Social Science Methods: The Challenge of Digital Devices«, in: *Theory, Culture & Society* 30/4 (2013), S. 22–46.

Dies., »Population Objects: Interpassive Subjects«, in: *Sociology* 45/2 (2011), S. 218–233.

Dies., »Becoming Peoples: Counting Heads in Northern Wilds«, in: *Journal of Cultural Economy* 2/1–2 (2009), S. 11–31.

Said, Edward, *Orientalismus*, Frankfurt a. M. 2009.

Ders., *Covering Islam: How the Media and Experts Shape How We See the Rest of the World*, London 1997.

Ders., »Theorien auf Wanderschaft«, in: ders., *Die Welt, der Text und der Kritiker*, Frankfurt a. M. 1997, S. 263–292.

Santos, Boaventura de Sousa, *Epistemologien des Südens: Gegen die Hegemonie des westlichen Denkens*, Münster 2021.

Ders., »Beyond Abyssal Thinking: From Global Lines to Ecologies of Knowledges«, in: *Review* 20/1 (2007), S. 45–89.

Sapiro, Gisèle (Hg.), *Translation: Le marché de la traduction en France à l'heure de la mondialisation*, Paris 2008.

Dies./Heilbron, Johan/Lenoir, Remi, *Pour une Histoire des sciences sociales*, Paris 2008.

Savage, Mike, *Identities and Social Change in Britain since 1940: The Politics of Method*, Oxford 2010.

Ders., »Against Epochalism: An Analysis of Conceptions of Change in British Sociology«, in: *Cultural Sociology* 3/2 (2009), S. 217–238.

Ders./Burrows, Roger, »The Coming Crisis of Empirical Sociology«, in: *Sociology* 41/5 (2007), S. 885–899.

Scharnhorst, Andrea/Borner, Katy/van den Besselaar, Peter (Hg.), *Models of Science Dynamics*, Berlin/Heidelberg 2012.

Schlechtriemen, Tobias, *Bilder des Sozialen: Das Netzwerk in der soziologischen Theorie*, Paderborn 2014.

Ders., »Die Metapher des Organismus und ihre Funktionen in frühen soziologischen Theorien«, in: Matthias Junge (Hg.), *Methoden der Metaphernforschung und -analyse*, Wiesbaden 2014, S. 33–250.

Schmitz, Andreas/Schmidt-Wellenburg, Christian/Witte, Daniel/Keil, Maria, »In welcher Gesellschaft forschen wir eigentlich? Struktur und Dynamik des Feldes der deutschen Soziologie«, in: *Zeitschrift für theoretische Soziologie* 8/2 (2020), S. 245–279.

Schneider, Wolfgang Ludwig/Osrecki, Fran, »Zum Gedächtnis wissenschaftlicher Disziplinen unter primärer Berücksichtigung der Soziologie«, in: *Zeitschrift für theoretische Soziologie* 9/1 (2020), S. 122–144.

Schütz, Alfred, *Der sinnhafte Aufbau der sozialen Welt: Eine Einleitung in die verstehende Soziologie*, Frankfurt a. M. 1974.

Ders., »Der Fremde«, in: ders., *Gesammelte Aufsätze*, Bd. 2: *Studien zur soziologischen Theorie*, hg. von Arvid Brodersen, Den Haag 1972, S. 53–69.

Ders., *On Phenomenology and Social Relations*, hg. von Helmut R. Wagner, Chicago 1970.

Schwab, Michael (Hg.), *Experimental Systems: Future Knowledge in Artistic Research*, Leuven 2013.

Schwartz Cowan, Ruth, *More Work for Mother: The Ironies of Household Technology from the Open Hearth to the Microwave*, New York 1985.

Schwarzkopf, Stefan, »Magic Towns: Creating the Consumer Fetish in Market Research Test Sites«, in: *Research in Consumer Behaviour* 20 (2019), S. 121–135.

Seidman, Steven, *The Postmodern Turn: New Perspectives on Social Theory*, Cambridge 1994.

Senior, Ian, *Home Before the Leaves Fall: A New History of the German Invasion of 1914*, Oxford 2012.

Sennett, Richard, *Der flexible Mensch: Die Kultur des neuen Kapitalismus*, Berlin 1998.

Sewell, William H., »Ideologies and Social Revolutions: Reflections on the French Case«, in: *Journal of Modern History* 57/1 (1994), S. 57–85.

Shank, Niall/Greek, Ray/Nobis, Nathan/Swingle-Greek, Jean, »Animals and Medicine: Do Animal Experiments Predict Human Response?«, in: *Skeptic* 13/3 (2007), S. 44–51.

Shankman, Paul, »The ›Fateful Hoaxing‹ of Margaret Mead: A Cautionary Tale«, in: *Current Anthropology* 54/1 (2013), S. 51–70.

Ders., *The Trashing of Margaret Mead: Anatomy of an Anthropological Controversy*, Madison 2009.

Shansky, Rebecca M., »Are Hormones a ›Female Problem‹ for Animal Research?«, in: *Science* 364/6443 (2019), S. 825–826.

Shapin, Stefan/Schaffer, Simon, *Leviathan and the Air-Pump: Hobbes, Boyle, and the Experimental Life*, Princeton 1985.

Sharma, Kalpana, *Rediscovering Dharavi: Stories From Asia's Largest Slum*, Neu-Delhi 2000.

Sherman, Rachel, *Class Acts: Service and Inequality in Luxury Hotels*, Berkeley 2007.

Shilliam, Robbie, »The Crisis of Europe and Colonial Amnesia: Freedom Struggles in the Atlantic Biotope«, in: Julian Go/George Lawson (Hg.), *Global Historical Sociology*, Cambridge 2017, S. 101–123.

Sica, Alan, »Gabel's Micro/Macro Bridge: The Schizophrenic Process Writ Large«, in: *Sociological Theory* 13/1 (1995), S. 66–99.

Silva, Filipe Carreira da/Vieira, Mónica Brito, »Books and Canon Building in Sociology: The Case of Mind, Self and Society«, in: *Journal of Classical Sociology* 11/4 (2011), S. 356–377.

Simmonds, Ian G., *An Environmental History of Great Britain: From 10,000 Years Ago to the Present*, Edinburgh 2001.

Simone, AbdouMaliq, *Improvising Lives: Afterlives of an Urban South*, Cambridge 2018.

Ders., *For the City Yet to Come: Urban Life in Four African Cities*, Durham 2004.

Simonson, Peter, »The Serendipity of Merton's Communication Research«, in: *International Journal of Public Opinion Research* 17/3 (2005), S. 277–297.

Simpson, Edward, »Community Restudies: Trials and Tribulations«, in: *Economic and Political Weekly* 51/26–27 (2016), S. 33–42.

Skalnik, Peter, »Anthropology of Europe and Community Re-studies: Proposal for a New Concerted Research Initiative«, in: Timothy McCajor Hall/Rosie Read (Hg.), *Changes in the Heart of Europe: Recent Ethnographies of Czechs, Romas, Slovaks and Sorbs*, Stuttgart 2012, S. 313–339.

Skinner, Quentin, »Some Problems in the Analysis of Political Thought and Action«, in: *Political Theory* 2/3 (1974), S. 277–302.

Ders., »Meaning and Understanding in the History of Ideas«, in: *History and Theory* 8/1 (1969), S. 3–53.

Skocpol, Theda, »Cultural Idioms and Political Ideologies in the Revolutionary Reconstruction of State Power: A Rejoinder to Sewell«, in: *Journal of Modern History* 57/1 (1985), S. 86–96.

Dies., *States and Social Revolutions: A Comparative Analysis of France, Russia, and China*, Cambridge 1979.

Small, Mario L., »No Two Ghettos Are Alike«, in: *Chronicle of Higher Education*, 17.3.2014, https://www.chronicle.com/article/no-two-ghettos-are-alike/ [28.1.2023].

Ders., »Is There Such a Thing as ›the Ghetto‹? The Perils of Assuming That the South Side of Chicago Represents Poor Black Neighborhoods«, in: *City* 11/3 (2007), S. 413–421.

Smith, Adam, *Der Wohlstand der Nationen: Eine Untersuchung seiner Natur und seiner Ursachen*, 13. Aufl., München 2013.

Smith, Chris, »The Conceptual Incoherence of Culture in American Sociology«, in: *American Sociologist* 47/4 (2016), S. 388–415.

Smith, Dorothy, *The Everyday World as Problematic*, Toronto 1987.

Somers, Margaret, »Narrativity, Narrative Identity, and Social Action: Rethinking English Working-Class Formation«, in: *Social Science History* 16/4 (1992), S. 591–630.

Sorensen, Roy A., *Thought Experiments*, Oxford 1999.

Sorokin, Pitirim, *Fads and Foibles in Modern Sociology and Related Sciences*, Chicago 1956.

Souder, Lawrence, »The Ethics of Scholarly Peer Review: A Review of the Literature«, in: *Learned Publishing* 24/1 (2011), S. 55–74.

Spillman, Lyn, *Solidarity in Strategy: Making Business Meaningful in American Trade Associations*, Chicago 2012.

Spivak, Gayatri Chakravorty, *Can the Subaltern Speak? Postkolonialität und subalterne Artikulation*, Wien 2008.

Dies., *Death of a Discipline*, New York 2003.

Stacey, Judith/Biblarz, Timothy, »Does the Sexual Orientation of Parents Matter?«, in: *American Sociological Review* 66/22 (2001), S. 159–183.

Dies., *Brave New Families: Stories of Domestic Upheaval in Late Twentieth-Century America*, New York 1990.

Stacey, Margeret/Batstone, Eric/Bell, Colin/Murcott, Anne, *Power, Persistence and Change: A Second Study of Banbury*, London 1975.

Star, Susan Leigh, »Craft vs. Commodity, Mess vs. Transcendence: How the Right Tool Became the Wrong One in the Case of Taxidermy and Natural History«, in: Adele E. Clarke/Joan H. Fujimura (Hg.), *The Right Tools for the Job: At Work in Twentieth-Century Life Sciences*, Princeton 1992, S. 257–286.

Dies., *Regions of the Mind: Brain Research and the Quest for Scientific Certainty*, Stanford 1989.

Dies./James Griesemer, »Institutional Ecology, ›Translations‹ and Boundary Objects: Amateurs and Professionals in Berkeley's Museum of Vertebrate Zoology, 1907–39«, in: *Social Studies of Science* 19/3 (1989), S. 387–420.

Starbuck, William H., »The Constant Causes of Never-Ending Faddishness in the Behavioral and Social Sciences«, in: *Scandinavian Journal of Management* 25/1 (2009), S. 108–116.

Stehr, Nico/Larsson, Lyle E., »The Rise and Decline of Areas of Specializations«, in: *American Sociologist* 7/7 (1972), S. 3–7.

Steinmetz, George, »Social Fields and Subfields at the Scale of Empires: Colonial States and Colonial Sociology« in: Julian Go/Monika Krause (Hg.), *Fielding Transnationalism*, London 2016, S. 89–123.

Ders., »Scientific Autonomy and Empire, 1880–1945: Four German Sociologists«, in: Bradley Naranch/Geoff Eley (Hg.), *German Colonialism in a Global Age*, Durham 2014, S. 46–73.

Ders., *Sociology and Empire: The Imperial Entanglements of a Discipline*, Chapel Hill 2013.

Ders., »Ideas in Exile: Refugees from Nazi Germany and the Failure to Transplant Historical Sociology into the United States«, in: *International Journal of Politics, Culture, and Society* 23/1 (2010), S. 1–27.

Ders., »American Sociology before and after World War II: The (Temporary) Settling of a Disciplinary Field«, in: Craig Calhoun (Hg.), *Sociology in America*, Chicago 2007, S. 314–366.

Ders., *The Devil's Handwriting: Precoloniality and the German Colonial State in Qingdao, Samoa, and Southwest Africa*, Chicago 2007.

Ders., »Odious Comparison: Incommensurability, the Case Study and Small Ns in Sociology«, in: *Sociological Theory* 22/3 (2004), S. 371–400.

Stern, Claudio D., »The Chick: A Great Model System Becomes Even Greater«, in: *Developmental Cell* 8/1 (2005), S. 9–17.

Stevens, Mitchell L./Miller-Idriss, Cynthia/Shami, Senteney, *Seeing the World: How US Universities Make Knowledge in a Global Era*, Princeton 2018.

Stich, Stephen, »Philosophy and Weird Intuition«, in: *Behavioral and Brain Sciences* 33/2–3 (2010), S. 110–111.

Stinchcombe, Arthur L., »Should Sociologists Forget Their Mothers and Fathers?«, in: *American Sociologist* 17/1 (1982), S. 2–11.

Ders., »A Structural Analysis of Sociology«, in: *American Sociologist* 10/2 (1975), S. 57–64.

Stockelova, Tereza, »Frame against the Grain: Asymmetries, Interference and the Politics of EU Comparison«, in: Joe Deville/Michael Guggenheim/Zuzana Hrdličkova (Hg.), *Practising Comparison: Logics, Relations, Collaboration*, Manchester 2015, S. 166–186.

Strachan, Hew, *Der Erste Weltkrieg: Eine neue illustrierte Geschichte*, München 2004.

Strathern, Marilyn (Hg.), *Audit Cultures: Anthropological Studies in Accountability, Ethics and the Academy*, London 2000.

Strauss, Anselm/Schatzman, Leonard/Bucher, Rue/Ehrlich, Danuta/Sabshin, Melvin, *Psychiatric Ideologies and Institutions*, New York 1965.

Subrahmanyam, Sanjay, »Connected Histories: Notes towards a Reconfiguration of Early Modern Eurasia«, in: *Modern Asian Studies* 31/3 (1997), S. 735–762.

Suchman, Lucy, *Plans and Situated Actions: The Problem of Human-Machine Interaction*, Cambridge 1987.

Swann, John P., *Academic Scientists and the Pharmaceutical Industry: Cooperative Research in Twentieth-Century America*, Baltimore 1988.

Swedberg, Richard, »Can You Visualize Theory? On the Use of Visual Thinking in Theory Pictures, Theorizing Diagrams, and Visual Sketches«, in: *Sociological Theory* 34/3 (2016), S. 250–275.

Szanton, David (Hg.), *The Politics of Knowledge: Area Studies and the Disciplines*, Berkeley 2005.

Tavory, Iddo/Timmermans, Stefan, *Abductive Analysis: Theorizing Qualitative Research*, Chicago 2014.

Ders./Timmermans, Stefan, »Two Cases of Ethnography: Grounded Theory and the Extended Case Method«, in: *Ethnography* 10/3 (2009), S. 243–263.

Taylor, Gary/Warren, Michael (Hg.), *The Division of the Kingdoms: Shakespeare's Two Versions of »King Lear«*, Oxford 1983.

Taylor, Marshall A./Stolz, Dustin/McDonnell, Terence E., »Binding Significance to Form: Cultural Objects, Neural Binding and Cultural Change«, in: *Poetics* 73 (2019), S. 1–16.

Teplitskiy, Misha, »Frame Search and Re-search: How Quantitative Sociological Articles Change during Peer Review«, in: *The American Sociologist* 47/2–3, S. 264–288.

Terranova, Tiziana, »Free Labour: Producing Culture for the Digital Economy«, in: *Social Text* 18/2 (2000), S. 33–58.

Thiel, Darren, »Class in Construction: London Building Workers, Dirty Work and Physical Cultures«, in: *British Journal of Sociology* 58/2 (2007), S. 227–251.

Thomas, Nicholas, *Entangled Objects: Exchange, Material Culture, and Colonialism in the Pacific*, Cambridge 1991.

Thompson, Edward P., *Die Entstehung der englischen Arbeiterklasse*, 2 Bde., Frankfurt a. M. 1987.

Thompson, William E., »Hanging Tongues: A Sociological Encounter with the Assembly Line«, in: *Qualitative Sociology* 6/3 (1983), S. 215–237.

Tiryakian, Edward A., »Sociology, Schools in«, in: William A. Derity (Hg.), *International Encyclopedia of the Social Sciences*, Farmington Hills 2008, S. 9–12.

Todes, Daniel, »Pavlov's Physiology Factory«, in: *Isis* 88/2 (1997), S. 205–246.

Travis, Joseph, »Is It What We Know or Who We Know? Choice of Organism and Robustness of Inference in Ecology and Evolutionary Biology«, in: *American Naturalist* 167/3 (2006), S. 303–314.

Trompette, Pascale, »›Un Rayon de soleil dans l'atelier …‹: Le quotidien du travail dans une usine nucléaire«, in: *Terrain: Anthropologie & sciences humaines* 39 (2002), S. 49–68.

Troyer, Ronald J./Markle, Gerald E., *Cigarettes: The Battle over Smoking*, New Brunswick 1983.

Truper, Henning, *Orientalism, Philology, and the Illegibility of the Modern World*, London 2020.

Ders./Lindstedt, Ilkka, »Fringe Orientalisms: Europe's Other Others in Modern History«, Konferenzwebsite, https://blogs.helsinki.fi/fringe-orientalisms/ [28.1.2023].

Ders., »The Flatness of Historicity«, in: *History and Theory* 58/1 (2019), S. 23–49.

Turner, Fred, *From Counterculture to Cyberculture: Stewart Brand, the Whole Earth Network, and the Rise of Digital Utopianism*, Chicago 2010.

Turner, Stephen, »The Origins of ›Mainstream Sociology‹ and Other Issues in the History of American Sociology«, in: *Social Epistemology* 8/1 (1994), S. 41–67.

Ders./Turner, Jonathan H., *The Impossible Science: An Institutional Analysis of American Sociology*, Newbury Park/London/Neu-Delhi 1990.

Ders., »›Contextualism‹ and the Interpretation of the Classical Sociological Texts«, in: *Knowledge and Society: Studies in the Sociology of Culture Past and Present* 4 (1983), S. 273–291.

Tversky, Amos/Kahneman, Daniel, »Belief in the Law of Small Numbers«, in: *Psychological Bulletin* 76/2 (1971), S. 105–110.

Vaisey, Stephen, »Motivation and Justification: A Dual Process Model of Culture in Action«, in: *American Journal of Sociology* 114/6 (2009), S. 1675–1715.

Van den Brink, Marieke/Benschop, Yvonne, »Gender Practices in the Construction of Academic Excellence: Sheep with Five Legs«, in: *Organization* 19/4 (2012), S. 507–524.

Vargas, Eduardo Viana/Latour, Bruno/Karsenti, Bruno/Ait-Touati, Frederique/Salmon, Louise, »The Debate between Tarde and Durkheim«, in: *Environment and Planning D: Society and Space* 26/5 (2008), S. 761–777.

Veeser, Harold (Hg.), *The New Historicism*, London 1989.

Venkatesh, Sudhir A., *Off the Books: The Underground Economy of the Urban Poor*, Cambridge 2006.

Ders., *American Project: The Rise and Fall of a Modern Ghetto*, Cambridge 2000.

Ventresca, Mark, »When States Count: Institutional and Political Dynamics in

Modern Census Establishment, 1800–1993«, Dissertation, Stanford University, 1995.

Verdesio, Gustavo (Hg.), »Latin American Subaltern Studies Revisited«, in: *Disposicio* 25/52 (2005).

Voosen, Paul, »Jilted Again, Venus Scientists Pine for Their Neglected Planet«, in: *Science* 355/6321 (2017), S.116–117.

Waas, Roland, *Science in Africa: An Overview*, Paris 2001.

Wacquant, Loïc, *Die Verdammten der Stadt: Eine vergleichende Soziologie fortgeschrittener Marginalität*, Wiesbaden 2018.

Ders., *Leben für den Ring: Boxen im amerikanischen Ghetto*, Konstanz 2003.

Wagenknecht, Susann/Pflüger, Jessica, »Making Cases: On the Processuality of Casings in Social Research«, in: *Zeitschrift für Soziologie* 47/5 (2018), S.289–305.

Wagner, Gerhard, »The Imitation of Science: On the Problem of the Classics in Sociology«, in: Hans-Georg Söffner (Hg.), *Transnationale Vergesellschaftungen: Verhandlungen des 35. Kongresses der Deutschen Gesellschaft für Soziologie in Frankfurt am Main 2010*, Wiesbaden 2013, S.111–123.

Wagner, Peter, »The Resistance That Modernity Constantly Provokes: Europe, America and Social Theory«, in: *Thesis Eleven* 58/1 (1999), S.35–58.

Wall, Robert J./Shani, Moshe, »Are Animal Models as Good as We Think?«, in: *Theriogenology* 69 (2008), S.2–9.

Wallerstein, Immanuel, »Eurocentrism and Its Avatars: The Dilemmas of Social Science«, in: *New Left Review* 226 (1997), S.93–108.

Ward, Steven V., »›Cities Are Fun!‹ Inventing and Spreading the Baltimore Model of Cultural Urbanism«, in: Javier Monclus/Manuel Guardia (Hg.), *Culture, Urbanism and Planning*, Aldershot 2006, S.271–285.

Warner, W. Lloyd, »The Modern Community as a Laboratory«, in: Colin Bell/Howard Newby (Hg.), *The Sociology of Community: A Selection of Readings*, London 1974, S.273–281.

Warwick, Dennis/Littlejohn, Gary, *Coal, Capital and Culture: A Sociological Analysis of Mining Communities in West Yorkshire*, London 1992.

Weber, Eugen, *Peasants into Frenchmen: The Modernization of Rural France, 1870–1914*, Stanford 1979.

Weinberg, Jonathan M./Nichols, Shaun/Stich, Stephen, »Normativity and Epistemic Intuitions«, in: *Philosophical Topics* 29/1–2 (2001), S.429–460.

Weinstein, Lisa, *The Durable Slum: Dharavi and the Right to Stay Put in Globalizing Mumbai*, Minneapolis 2014.

Wheeler, Grant N./Brandli, Andre W., »Simple Vertebrate Models for Chemical Genetics and Drug Discovery Screens: Lessons from Zebrafish and *Xenopus*«, in: *Developmental Dynamics* 283 (2009), S.1287–1308.

Wieviorka, Michel, »Case Studies: History or Sociology?«, in: Charles C.Ragin/Howard S.Becker (Hg.), *What Is a Case? Exploring the Foundations of Social Inquiry*, Cambridge 1992, S.159–173.

Willer, Stefan/Ruchatz, Jens/Pethes, Nicolas, »Zur Systematik des Beispiels«, in: dies. (Hg.), *Das Beispiel: Epistemologie des Exemplarischen*, Berlin 1997, S. 7–60.

Williams, Lucy, *Global Marriage: Cross-Border Marriage Migration in Global Context*, Basingstoke 2010.

Williams, Raymond, *Gesellschaftstheorie als Begriffsgeschichte: Studien zur historischen Semantik von »Kultur«*, München 1972.

Ders., *The Long Revolution*, London 1961.

Wilson, Adrian, »Foucault on the ›Question of the Author‹: A Critical Exegesis«, in: *Modern Language Review* 99/2 (2004), S. 339–363.

Wilson, William J., *When Work Disappears: The World of the New Urban Poor*, New York 1996.

Ders., *The Truly Disadvantaged: The Inner City, the Underclass, and Public Policy*, Chicago 1987.

Ders., *The Declining Significance of Race*, Chicago 1978.

Wimmer, Mario, *Archivkörper: Eine Geschichte historischer Einbildungskraft*, Konstanz 2012.

Wirth, Louis, »Urbanism as a Way of Life«, in: *American Journal of Sociology* 44/1 (1938), S. 1–24.

Wolters, Gerald, »Globalized Parochialism: Consequences of English as Lingua Franca in Philosophy of Science«, in: *International Studies in the Philosophy of Science* 29/2 (2015), S. 189–200.

Yamey, Gavin, »The World's Most Neglected Diseases: Ignored by Pharmaceutical Industry and by Public-Private Partnerships«, in: *British Medical Journal* 325 (2002), S. 176–177.

Young, Michael Dunlop/Willmott, Peter, *Family and Kinship in East London*, Glencoe 1957.

Zalewska-Gałosz, Joanna, »*Potamogeton × subrufus* Hagstr.: A Neglected *Potamogeton* Hybrid«, in: *Annales Botanici Fennici* 47/4 (2010), S. 257–261.

Zerubavel, Eviatar, *Hidden in Plain Sight: The Social Structure of Irrelelance*, Oxford 2015.

Ders., *Social Mindscapes: An Invitation to Cognitive Sociology*, Cambridge 1999.

Ders., »Language and Memory: ›Pre-Columbian‹ America and the Social Logic of Periodization«, in: *Social Research* 65/2 (1998), S. 315–330.

Ders., *The Fine Line: Making Distinctions in Everyday Life*, Chicago 1993.

Zhou, Hong-Zhang/Yu, Xiao-Dong, »Rediscovery of the Family Synteliidae (Coleoptera: Histeroidea) and Two New Species from China«, in: *Coleopterists Bulletin* 57/3 (2003), S. 265–274.

Ziman, John, *Real Science: What It Is, and What It Means*, Cambridge 2000.

Zuckerman, Ezra W./Kim, Tai-Young, »The Critical Trade-Off: Identity Assignment and Box-Office Success in the Feature Film Industry«, in: *Industrial and Corporate Change* 12/1 (2003), S. 27–67.

Ders., »Focusing the Corporate Product: Securities Analysts and De-diversification«, in: *Administrative Science Quarterly* 45/3 (2000), S. 591–619.

Ders., »The Categorical Imperative: Securities Analysts and the Illegitimacy Discount«, in: *American Journal of Sociology* 104/5 (1999), S.1398–1438.

Zuckerman, Harriet/Cole, Jonathan R., »Research Strategies in Science: A Preliminary Inquiry«, in: *Creativity Research Journal* 7/3–4 (1994), S.391–405.

THOMAS HOEBEL

Positives Unbehagen
Ein Nachwort

Am 4. August 1949 zog ein Sommergewitter über das Mann-Gulch-Tal in Montana hinweg. Einer der Blitze schlug in einen ausgetrockneten Baum ein, die Flammen griffen nach und nach um sich. Das Tal ist abgelegen, erst gegen Mittag des Folgetages entdeckte jemand den entstandenen Buschbrand. Als einige Stunden später fünfzehn Feuerspringer[1] in unmittelbarer Nähe des Brandes landeten, um ihn zu bekämpfen, hatte er bereits eine Größe von über 25 Hektar Fläche, konzentrierte sich jedoch auf die Südflanke des Tals. Es war zu diesem Zeitpunkt relativ windig, und die Brandbekämpfer sprangen aus größerer Höhe ab, als sie es üblicherweise gewohnt waren. Sie nahmen ihre Ausrüstung auf und begegnetem einem Ranger, der bereits seit einigen Stunden versuchte, den Brand einzudämmen. Nach ersten Erkundungen des Geländes waren sie gerade an der nördlichen Bergflanke unterwegs zum nahe gelegenen Missouri River, als sie plötzlich erkannten, dass das Feuer einen Bach übersprungen hatte und in schnellem Tempo auf sie zukam. Der Anführer des Trupps entzündete ein Gegenfeuer, zwei weiteren Feuerspringern gelang es, den steilen Nordhang hinaufzurennen und sich durch eine rettende Felsspalte zu zwängen. Alle drei überlebten. Die übrigen flüchteten das Tal hinab, waren jedoch nicht schnell genug. Sie starben direkt in den Flammen oder einige Stunden später infolge ihrer Brandverletzungen.

---

1 Es handelt sich hier um Feuerwehreinheiten, die sich Waldbränden in dünn besiedelten Gebieten der USA, Kanadas und Russlands per Flugzeug und Fallschirm nähern, um sie mit Äxten, Sägen, Schaufeln oder auch kleinen Pumpen zu bekämpfen.

1992 erschien (posthum) Norman Macleans detaillierte Reportage *Young Men and Fire* über das Unglück[2], wodurch der Organisationstheoretiker Karl Weick auf die lang zurückliegenden Ereignisse aufmerksam wurde.[3] Maclean erzählte mit vielen Details gespickt von dem ungleichen Rennen zwischen den Feuerspringern und der Feuerwand, die innerhalb weniger Minuten entstand. Während die Männer schlicht nicht ausgebildet waren, so schnell wie möglich vor einem Feuer wegzulaufen, hatte das Feuer keinerlei »Organisationsprobleme« dieser Art, wie Maclean zuspitzend formulierte.[4] Weick arbeitete mithilfe der Schilderungen einerseits an den Grundzügen einer Theorie »zuverlässiger Organisationen« *(high reliability organizations)* – und zwar zuverlässig mit Blick auf alle, die von potenziell destruktiven Effekten des Organisierens betroffen sein können.[5] Andererseits kam er in den Folgejahren immer wieder auf eine kurze Episode im Mann-Gulch-Tal zu sprechen, die er als Schlüsselereignis betrachtete. Der Anführer des Trupps soll den übrigen Männern zugerufen haben, ihre Werkzeuge weg- und abzuwerfen, als die Feuerwalze auf sie zukam – »Drop your tools!«[6]. Niemand folgte jedoch seiner Anweisung.

Jahrzehnte später bezog Weick aus dieser Episode nicht nur die Einsicht, dass besonders zuverlässige Organisationen sich dadurch auszeichneten, Instrumente in unerwarteten Momenten auch beiseitelegen zu können, anstatt auf Teufel komm raus an ihnen festzuhalten.[7] Ebenso entdeckte er in dem Vorgang eine Allegorie, um den (seinerzeitigen) Zu-

---

2   Norman Maclean, *Young Men and Fire*, Chicago 1992.

3   Karl E. Weick, »The Collapse of Sensemaking in Organizations: The Mann Gulch Disaster«, in: *Administrative Science Quarterly* 38/4 (1993), S. 628–652.

4   Maclean, *Young Men and Fire*, S. 272.

5   Karl E. Weick/Kathleen M. Sutcliffe/David Obstfeld, »Organizing for High Reliability: Processes of Collective Mindfulness«, in: Robert I. Sutton/Barry M. Shaw (Hg.), *Research in Organizational Behavior*, Bd. 21, Stanford 1999, S. 81–123; Karl E. Weick/Kathleen M. Sutcliffe, *Das unerwartete Managen: Wie Unternehmen aus Extremsituationen lernen*, Stuttgart 2007. Zuvor hatte Weick sich bereits u.a. mit einem Flughafenunglück auf Teneriffa befasst. 1977 prallten hier zwei Passagierjets auf der Rollbahn zusammen, dabei starben 583 Menschen; Karl E. Weick, »The Vulnerable System: An Analysis of the Tenerife Air Disaster«, in: *Journal of Management* 16/3 (1990) S. 571–593.

6   Weick, »The Collapse of Sensemaking in Organizations«, S. 629.

7   Siehe nur Weick/Sutcliffe, *Das unerwartete Managen*, S. 14.

stand der Organisations- und Managementstudien zu charakterisieren; jenes Forschungsfeld, dem er sich in erster Linie zurechnete.[8] Er sah hier zu viele Denkweisen, Überzeugungen und Handlungsmuster, die das Forschen aus seiner Sicht beschwerten statt erleichterten.[9] »Meine Sorge ist immer, dass ältere Konzepte oder Paradigmen neuen Erkenntnissen im Wege stehen«, gestand er einige Jahre nach seiner Mann-Gulch-Studie in einem Interview.[10]

Als ich Monika Krauses *Von Mäusen, Menschen und Revolutionen* (im englischen Original *Model Cases*) das erste Mal aus der Hand legte – vorausgegangen war eine faszinierte, manchmal hastige, oft grübelnde Lektüre –, spukte mir für eine ganze Weile Weicks Allegorie durch den Kopf. Das hing vor allem damit zusammen, dass Krause sich auf den letzten Seiten ihres Buchs damit auseinandersetzt, wie sozialwissenschaftliche Forschungsergebnisse zu einem guten Teil dadurch bestimmt sind, in welcher medialen Form die Beteiligten sie herstellen und darstellen.[11] Sie berichtet hier abschließend von zwei Re-Enactments historischer Debatten bzw. Vorträge.[12] Die Protagonisten legten hier ihr übliches Instrumentarium aus der Hand: anstatt selbst einen wissenschaftlichen Text zu verfassen, überließen sie es ihrem Publikum, Schlüsse aus über hundert Jahre alten Argumenten zu ziehen, die sie durch ihre Aufführungen in ein verändertes historisches Umfeld transponierten. Der sozialwissenschaftliche Auftritt war in diesen Fällen stärker nutzer:innen-

8   Karl E. Weick, »Drop Your Tools: An Allegory for Organizational Studies«, in: *Administrative Science Quarterly* 41/2 (1996) S. 301–313.

9   Ebd., S. 312; siehe dazu auch seine Vorschläge für eine »exzellente« Lehre, aus denen sich herauslesen lässt, welche Denkweisen, Überzeugungen und Handlungsmuster Weick verabscheut; Karl E. Weick, »Drop Your Tools: On Reconfiguring Management Education«, in: *Journal of Management Education* 31/1 (2007), S. 5–16.

10 Karl E. Weick, »Drop your Tools! Ein Gespräch mit Karl E. Weick«, in: Theodor Bardmann/Torsten Groth (Hg.), *Zirkuläre Positionen 3. Organisation, Management und Beratung*, Opladen 2001, S. 138.

11 Michael Guggenheim, »The Media of Sociology: Tight or Loose Translations?«, in: *The British Journal of Sociology* 66/2 (2015), S. 345–372; Sebastian Ziegaus, *Die Abhängigkeit der Sozialwissenschaften von ihren Medien: Grundlagen einer kommunikativen Sozialforschung*, Bielefeld 2009, S. 351–360.

12 Bruno Latour schlüpfte 2007 einmal in die Rolle von Gabriel Tarde als historischen Kontrahenten von Émile Durkheim; Peter Hall trug 2019 unverändert Max Webers »Politik als Beruf« vor; siehe S. 204–205 in diesem Band.

statt macher:innen-orientiert, wie Howard S. Becker es formuliert.[13] Der Grad an Freiheit, selbst inhaltlich etwas mit den Darbietungen anzustellen, war bei den Zuhörenden diesmal höher als bei den Präsentatoren, anders als es bei den typischen wissenschaftlichen Äußerungsformen Text und Tabelle ansonsten üblich ist.

Ein zweiter Aspekt, der mich an Weick denken ließ, war eine widersprüchliche leibliche Erfahrung, die sich immer mal wieder einstellte, als ich *Von Mäusen, Menschen und Revolutionen* las: ein in gedanklicher Hinsicht positives Unbehagen. Lars Döpking hat die Lektüre als »mitunter schmerzhaft« beschrieben.[14] Ja, so ging es mir auch. Döpking hebt dabei insbesondere darauf ab, dass das Buch seine Lesenden ununterbrochen mit unangenehmen Fragen konfrontiere. »Nach welchen Kriterien habe ich eigentlich meinen Forschungsgegenstand ausgewählt? Wie viel Bequemlichkeit war dabei im Spiel? Hätte man diesen oder jenen Aufsatz vielleicht doch nicht schreiben müssen oder gar sollen?«[15] In der Tat, *Von Mäusen, Menschen und Revolutionen* ist im besten Sinn ein »Fragebuch«. Indem Krause sich im Kern mit der Frage befasst, worin die kognitiven und sozialen Muster mit Blick auf materielle und epistemische Forschungsobjekte bestehen, die sich herauskristallisieren, wenn man die Erzeugnisse wissenschaftlicher Kollektive betrachtet[16], eröffnet sie den Lesenden einen Reflexionsraum, die eigene Praxis zu durchdenken.

Die Fragen, die im Buch gestellt werden, erklären das Unbehagen, das sich bei der Lektüre einstellt, jedoch für sich genommen nicht. Sie lösen es nur aus – zumindest wäre das meine These mit der Mann-Gulch-Studie im Hinterkopf. Ein Brandbekämpfer definiert sich recht stark über die Kenntnisse und Fertigkeiten, seine Werkzeuge einzusetzen, die ihn im Grunde erst zum Feuerspringer machen, argumentiert Weick. Zuspitzend formuliert bilden Hand und Werkzeug eine Einheit. Schau-

---

13   Becker fragt mit dieser Unterscheidung danach, wer in konkreten Fällen jeweils die meiste Arbeit an »Repräsentationen des gesellschaftlichen Lebens« übernimmt; Howard S. Becker, *Erzählen über Gesellschaft*, Wiesbaden 2019, S. 62.

14   Lars Döpking, »Ein Fall für alle Fälle. Rezension zu ›Model Cases. On Canonical Research Objects and Sites‹ von Monika Krause«, in: *Soziopolis. Gesellschaft beobachten*, 17.11.2022. Online: https://www.soziopolis.de/ein-fall-fuer-alle-faelle.html, [15.3.2023].

15   Ebd.

16   Siehe in diesem Band S. 12.

feln, Sägen und Äxte fallen zu lassen hieße, Körperteile zu verlieren. Der Brandbekämpfer würde jemand, der er nicht sein möchte – auch wenn er im Moment akuter Gefahr beweglicher wäre. Es handelt sich bei den Werkzeugen dann weniger um schiere Gegenstände, von denen man sich einfach trennen kann, sondern um soziomaterielle Selbstidentifikationen und Grundüberzeugungen im Hinblick darauf, wie die Welt einschließlich ihrer selbst als Feuerwehrmänner beschaffen ist.[17]

In dieser Perspektive rühren auch Krauses Fragen an einer solchen Einheit. Sie ist womöglich nicht so strikt gekoppelt, wie es Weick mit Blick auf das Selbst- und Weltbild von Feuerspringern beschreibt. Doch existiert sie auch bei Sozialforschenden, insofern sie von sich ein Image pflegen[18], das auf bestimmten »Ansätzen«[19] basiert – und sie sich dadurch in den Augen anderer in der sozialwissenschaftlichen Szene mit ihren »kategorisierten Gelegenheiten«[20] verorten. *Von Mäusen, Menschen und Revolutionen* unterminiert dabei mit mindestens zwei Argumenten die Vorstellung, dass Sozialforschende die Einheit aus sich und ihren Werkzeugen selbst voll im Griff haben, um im Weick'schen Bild zu bleiben. Erstens zeigt Krauses Analyse, dass und wie »Stellvertreter« (Modellfälle, die einerseits für eine Kategorie von Forschungsobjekten stehen, andererseits aber auch in die Identität der an ihrer Untersuchung beteiligten Sozialwissenschaftler:innen einfließen) »gesponsert« sind und dass es bedeutsame Konventionen und Praktiken der Fallauswahl gibt, die Forschende kaum aktiv manipulieren bzw. es im Moment des Samplings auch gar nicht können.[21] Der Fall sucht dich aus, nicht du den Fall, ließe sich Nick Hornbys Fußballweisheit zuspitzend umformu-

---

17 Weick, »›Drop your Tools!‹ Ein Gespräch mit Karl E. Weick«, S.137–138.
18 Erving Goffman, »Techniken der Imagepflege«, in: ders., *Interaktionsrituale. Über Verhalten in direkter Kommunikation*, Frankfurt am Main 1971, S.10–53.
19 Siehe in diesem Band S.119.
20 Siehe in diesem Band S.124.
21 Siehe dazu insbesondere den Abschnitt »Sponsoren von Stellvertretern«, in diesem Band S.76–88. *Von Mäusen, Menschen und Revolutionen* ist damit zugleich eine Studie darüber, dass die Imagepflege von Forschenden nicht per se als rationalistisch begriffen werden sollte – rationalistisch in dem Sinne, als dass Forschende z.B. die materiellen und epistemischen Gegenstände, mit denen sie sich befassen, anhand von Gründen wählten, die ihnen selbst weitgehend transparent wären, und dabei der Maßgabe folgten, den größten Wissenszuwachs zu erzeugen; siehe in diesem Band S.60–63.

lieren. (Ausnahmen bestätigen selbstverständlich die Regel.) Zweitens bleiben die mannigfaltigen Konventionen, wie Sozialforschende materielle Forschungsobjekte auswählen, sie in epistemische Gegenstände transponieren und die betreffenden Fälle womöglich einen privilegierten Status gewinnen, meistenteils implizit.[22] Wie im Fall der Werkzeuge zur Brandbekämpfung steht ihre Nützlichkeit außer Frage[23], weil kaum jemand sie infrage stellt.

Die argumentative Klarheit, die *Von Mäusen, Menschen und Revolutionen* auszeichnet, bereitet dann in der Tat Unbehagen (bzw. hat das Potenzial dazu). Doch ist dieses, wie ich bereits andeutete, aus meiner Sicht ein positives Unbehagen: gerade, weil das Buch an eigenen Forschungsidentitäten als Person oder als Kollektiv rührt, eröffnet es elementare Erkenntnischancen. Um nur zwei Beispiele zu nennen: (1) Insbesondere die zweispaltigen Tabellen dazu, »Wovon wir mehr brauchen« und »Wovon wir genug haben«, mit denen Krause die Kapitel beschließt, sind hier ungeheuer instruktiv. Was wären eigentlich »verbotene Fälle«[24] in dem Forschungsfeld, dem ich mich zugehörig wähne, und wie sähe ein gegenstandsangemessenes Untersuchungsdesign aus? (2) Die kritische Auseinandersetzung mit der Praxis, bestimmte Kolleg:innen zu Autor:innen zu erheben, lässt es fraglich erscheinen, dass dadurch die empirischen Fälle, mit denen sich die Kolleg:innen befassten, oftmals die Weihe paradigmatischer Beispiele erhalten.[25] Welches Gewicht haben diese Beispiele eigentlich, dass (wir als) Forschende an diesen oft bequemen Denkgewohnheiten festhalten?

Erhellend ist *Von Mäusen, Menschen und Revolutionen* nicht zuletzt, weil es der unbestritten pointierten Allegorie »Drop Your Tools!« und der ihr zugrunde liegenden Analyse mindestens um zwei Schritte voraus ist. Während Weick aus einer Episode, die selbst nicht aus der praktischen Forschungsarbeit stammt, normative Schlüsse für die Organisations- und Managementforschung zieht, untersucht Krause die Werkzeuge, Konventionen und Überzeugungen empirisch und mit Blick auf kognitive Muster und soziomaterielle Produktionsbedin-

---

22 Siehe in diesem Band S. 99–101.
23 Siehe in diesem Band S. 101–103.
24 Siehe in diesem Band S. 89.
25 Siehe in diesem Band S. 141 sowie S. 148–149.

gungen (zu denen Weick im Grunde schweigt). Indem sie das Augenmerk auf die konkrete Forschungspraxis und ihre soziale Organisation lenkt, anstatt auf abstrakte wissenschaftstheoretische Prinzipien[26], erschließt sie den äußerst selektiven Charakter der Sozialwissenschaften und ihre kaum ausgeloteten Möglichkeiten, was die Verknüpfung von Forschungsmaterialien, Methoden und »Theorie« betrifft.[27] Die normativen Überlegungen, die sie im abschließenden Kapitel dazu anstellt, wie sich in den Sozialwissenschaften anders-selektiv mit materiellen Forschungsobjekten verfahren ließe, können dann auch ohne griffigen Slogan auskommen, weil sie scharf analysiert. Sie zeigt »die Instrumente« und lässt sie nicht im Ungefähren. Daraus gewinnen dann auch ihre eigenen normativen Vorschläge ihre Überzeugungskraft: Wie wäre es z. B. damit, sich deutlich expliziter dafür zu rechtfertigen, sich mit Phänomenen zu befassen, die ohnehin schon ein hohes Maß an forscherischer Aufmerksamkeit erfahren?

Von Mäusen, Menschen und Revolutionen ist der Drop-your-tools-Allegorie somit zugleich noch einen zweiten Schritt voraus. Im Unterschied zu einer recht simplen binären Option Fallenlassen/Behalten ist das Buch eher ein Plädoyer gegen allzu einfache Rezepte, Forschung und Lehre in den Sozialwissenschaften anders zu machen – ein Anders, das ganz basal darin bestehen würde, die Kombination aus Untersuchungsgegenstand, Ort der Forschung, Methode und Form des Schreibens[28] zu variieren und es darauf anzulegen, damit Anschluss zu finden. Denn nicht nur Forschungsidentitäten und die mit ihnen verbundenen Überzeugungen, Vorlieben, Wahrnehmungsmuster und (Selbst-)Darstellungen müssten entsprechend ko-variieren. Ebenso stehen die aufmerksamkeitsökonomischen Infrastrukturen der Sozialwissenschaften infrage, die es nicht nur soziomateriell ermöglichen, dass forscherische Innovationen »wandern« können – via Zeitschriften, Büchern, Jobangeboten, Preisen und Übersetzungen[29] –, sondern auch von privilegierten Herstellungs- und Darstellungsformen sozialwissenschaftlicher Erkenntnisse durchzogen sind. Änderungen sind

---

26 Siehe in diesem Band S. 10.
27 Siehe in diesem Band S. 203.
28 Siehe in diesem Band S. 173.
29 Ebd.

keinesfalls aussichtslos, worauf z. B. Andrew Abbott mit seinem Argument hinweist, dass sich die Sozialwissenschaften im Kern durch eine fortwährende Re-Kombinatorik von bedeutsamen, debattenprägenden Binaritäten wie Positivismus vs. interpretatives Paradigma oder Realismus vs. Konstruktivismus entfalten.[30] Fallenlassen/Behalten ist in dieser Perspektive nur eine mögliche Bewegung von vielen – und zudem eine, die genauer daraufhin zu untersuchen wäre, ob sie, anders als Weicks Theorieanlage, die auf interaktionsbasierte Sinngebung abhebt[31], nicht zu rationalistisch gedacht ist und den Strategien einiger Weniger per se ein zu hohes Gestaltungspotenzial beimisst. *Von Mäusen, Menschen und Revolutionen* legt dagegen eher ein kollektives Ausprobieren dessen nahe, »wovon wir mehr brauchen«, bei gleichzeitiger Reflektion des Umstands, dass die Ausbildung forscherischer Identitäten und die Funktionsweise der soziomateriellen Infrastrukturen der Sozialwissenschaften bestimmte Fälle, Schemata und Autor:innen privilegieren.

Sollte ich in 250 Wörtern sagen, was *Von Mäusen, Menschen und Revolutionen* auszeichnet, würde ich hervorheben wollen, dass das Buch die Grundzüge einer Praxistheorie epistemischer Deprivilegierung in den Sozialwissenschaften formuliert. Ich schreibe bewusst Deprivilegierung, um damit ein Stück weit die »semiotische Asymmetrie«[32] umzukehren, die in Gesprächen über forschungspraktische Vorgehensweisen für gewöhnlich existiert. Hier geht es meistens darum, wie (wir als) Forschende zu Erkenntnissen gelangen, anstatt zu diskutieren, wie wir

---

30 Andrew Abbott, *Chaos of Disciplines*, Chicago 2001, S. 3–33; Andrew Abbott, »Nach dem Chaos. Selbstähnlichkeiten in den Sozialwissenschaften«, in: Stephan Moebius/Christian Dayé (Hg.), *Soziologiegeschichte: Wege und Ziele*, Berlin 2015, S. 284–307; siehe dazu auch Thomas Hoebel/Wolfgang Knöbl/Aaron Sahr, »Reputation und Randständigkeit. Andrew Abbott auf der Suche nach der prozessualen Soziologie«, in: Andrew Abbott, *Zeit zählt. Grundzüge einer prozessualen Soziologie*, Hamburg 2020, S. 46–47.

31 Karl E. Weick, *Sensemaking in Organizations*, Thousand Oaks 1995; ders., »Organized Sensemaking: A Commentary on Processes of Interpretive Work«, in: *Human Relations* 65/1 (2012), S. 141–153.

32 Eviatar Zerubavel, *Taken for Granted. The Remarkable Power of the Unremarkable*, Princeton; Oxford 2018, S. 5, 10. Mit semiotischer Asymmetrie bezeichnet Zerubavel die Differenz zwischen den bezeichneten und unbezeichneten Aspekten eines Phänomens.

sie nicht gewinnen und welche Gründe es dafür gibt. Denn als »Stellvertreter« für eine bestimmte Kategorie von Phänomenen oder für eine Theorie machen Modellfälle zwar bestimmte Aspekte der untersuchten Welten sicht- und theoretisierbar. Sie verstellen aber zugleich auch den Blick auf Aspekte, die mit anderen Fällen erkennbar wären.[33] Sie sind nicht »versteckt«, wie Krause schreibt, aber »verdeckt«[34] – ebenso wie »falsche Universalismen«, deren Kritik Krause erörtert, verdecken, dass sie Beobachtungen an nur wenigen und somit privilegierten Orten Westeuropas theoretisieren.

Eine praktische Alternative, für die *Von Mäusen, Menschen und Revolutionen* im Grunde steht, besteht dann darin, die fortgesetzte Privilegierung von Modellfällen oder ihre zukünftige Deprivilegierung explizit zu begründen – und nicht, sie einfach nur wegzuwerfen und an ihre Stelle andere Phänomene zu setzen.[35] Eine andere wäre, sich gezielt mit »vernachlässigten Fällen« zu befassen.[36] »Warum wissen wir nur wenig über bestimmte Mäuse, über bestimmte Menschen oder bestimmte Revolutionen?«, wäre je nach Forschungsfeld ein probater Einstieg. Und stoßen wir darauf, dass die vernachlässigten Fälle zwar gut erforscht sind, aber kaum größere Aufmerksamkeit in den Sozialwissenschaften erlangt haben, ist »Warum sind die Fälle nicht Ausgangs- oder Bezugs-

---

33 Ich übernehme hier die treffende Formulierung von Dirk Baecker, der sich in der Rezension einer Gemeindestudie zur Stadt Chemnitz u.a. auf die Modellfälle-Perspektive bezieht; Dirk Baecker, »Radikale Volksherrschaft. Rezension zu ›Risiko-Demokratie. Chemnitz zwischen rechtsradikalem Brennpunkt und europäischer Kulturhauptstadt‹ von Jenni Brichzin, Henning Laux und Ulf Bohmann«, *Soziopolis. Gesellschaft beobachten*, 18.01.2023, https://www.soziopolis. de/radikale-volksherrschaft.html [15.3.2023].

34 Siehe in diesem Band S. 193.

35 Die Vermutung liegt nahe, dadurch nicht nur die eigenen epistemischen (Ir-) Relevanzstrukturen zu erkunden, sondern ebenso weitere, bislang unmarkierte Facetten des jeweiligen Falls zu erschließen. Zu denken ist dabei forschungspraktisch an eine Restudy, die Krause diskutiert (siehe S. 105–109 in diesem Band, die gewissermaßen als erneuter Einstieg ins Forschungsfeld funktioniert; siehe dazu auch Thomas Lau/Stephan Wolff, »Der Einstieg in das Untersuchungsfeld als soziologischer Lernprozess«, in: *Kölner Zeitschrift für Soziologie und Sozialpsychologie* 35/3 (1983), S. 417–437.

36 Monika Krause, »Reading List: Neglected Cases in the Social Sciences«, Online resource, *Impact of Social Sciences Blog*, London School of Economics and Political Science, 06.10.2021, https://blogs.lse.ac.uk/impactofsocialsciences/ [15.3.2023].

punkt für soziologische Theoriebildung (geworden)?« die passendere Leitfrage.[37] Bonaventure Soh Bejeng Ndikung hat jüngst das neue Programm des Hauses der Kulturen der Welt in Berlin u. a. mit der Frage umrissen, »an welchen Orten wir Wissen finden, wo wir es nicht vermutet haben«.[38] Ich habe den Eindruck, dass dieser Satz pointiert beschreibt, welche Schlussfolgerung sich forschungspraktisch aus Krauses Studie über Modellfälle ziehen ließe.

Man muss (und sollte es vielleicht auch nicht primär) *Von Mäusen, Menschen und Revolutionen* allerdings gar nicht als Theorie epistemischer Deprivilegierung von Forschungsobjekten lesen. Die besondere Qualität des Buches ist, dass es verschiedene Lesarten erlaubt, wie einige Rezensionen der englischen Originalausgabe zeigen. Ein Fokus auf »Muster kollektiven Forschens«[39], seine Lektüre als theoretisch ambitionierte »historische Soziologie der Soziologie«[40] oder mit Blick darauf, »was die Sozialwissenschaften von den Naturwissenschaften lernen können«[41], sind ebenso Anlässe, das Buch immer wieder aufs Neue zur Hand zu nehmen. Das klingt nach einer gewissen Beliebigkeit, ist aber bei genauerer Betrachtung Zeichen eines hohen Maßes an forscherischer Autonomie, die eine Lektüre aus diversen Blickwinkeln nicht nur erlaubt, sondern

---

37 Um z. B. das Programm von Weick weiterzuverfolgen, sich mit »Orten der Zerstörung« wie in Mann Gulch oder auf Teneriffa zu befassen: Welche Erkenntnisse lieferte eine Arbeitswissenschaft, die sich mit destruktiver Arbeit genauso befasste wie mit produktiver (Lars Clausen, *Produktive Arbeit, destruktive Arbeit. Soziologische Grundlagen*, Berlin/New York 1988)? Welche Einsichten böte eine Soziologie des Holocausts, die sich nicht primär mit Lagern oder Massenerschießungen befasst, sondern mit Pogromen (Dana von Suffrin, »Versuch über Jassy«, in: *Süddeutsche Zeitung*, 26.06.2021, S. 22)?

38 Bonaventure Soh Bejeng Ndikung und Jörg Häntzschel, »›Die koloniale Macht wirkt weiter‹. Ein Gespräch über Kunst und den Krieg«, in: *Süddeutsche Zeitung*, 15.03.2023, S. 9.

39 Vera Linke, »Book Review: Model Cases: On Canonical Research Objects and Sites by Monika Krause«, Online resource, *USApp – American Politics and Policy Blog*, London School of Economics and Political Science, 16.01.2022, https://blogs.lse.ac.uk/usappblog/ [16.03.2023].

40 Wolfgang Knöbl, »How to Write the History of Sociology Properly: Monika Krause's Model Cases«, in: *European Journal of Sociology / Archives Européennes de Sociologie* (2023) S. 1–8.

41 Stefan Bargheer, »What the Social Sciences Can Learn from the Natural Sciences«, in: *Metascience* 32/1 (2023) S. 103–106.

förmlich dazu einlädt.[42] Sie zeigt sich insbesondere darin, dass Krause das Schwere leicht erscheinen lässt: Im engen Kontakt mit wissenschafts- und wissenssoziologischen sowie mit sozialtheoretischen Debatten formuliert sie eine theoretisch anspruchsvolle, höchst eigenwillige und gleichzeitig sehr zugängliche Soziologie der Soziologie. Insbesondere die entfaltete Stellvertreter-Theorie sticht dabei heraus, die zugleich eingebettet ist in pointierte Beobachtungen der sozialwissenschaftlichen Forschungspraxis und immens von dem gerade angesprochenen Vergleich mit den »Modellsystemen« und der kollaborativen Arbeitsweise in den Naturwissenschaften profitiert. Kein Wunder, dass sie 2019 von der *Theory Section* der *American Sociological Association* den *Lewis A. Coser Award for Theoretical Agenda Setting in Sociology* erhielt. So ist es brillant, dass die Einsichten, die Interessierte in *Von Mäusen, Menschen und Revolutionen* gewinnen können, nicht davon abhängig sind, sich einem bestimmten sozialwissenschaftlichen Ansatz verpflichtet zu fühlen. Denn Krause hält in überzeugender Weise Äquidistanz zu Schulen und Paradigmen und bettet ihre Überlegungen gerade nicht in das Werk einer anderen Autorin oder eines anderen Autors ein.[43] Diese forscherische Autonomie ist im Grunde ein Markenzeichen ihrer Arbeiten: sei es ihre instruktive Studie *Das gute Projekt* über die Warenförmigkeit humanitärer Hilfe[44], seien es ihre zahlreichen Aufsätze, von denen ich insbesondere *On Sociological Reflexivity, What is Zeitgeist? Examining Period-specific Cultural Patterns* und *The Meanings of Theorizing* herausheben möchte, weil sie vorzüglich mit *Von Mäusen, Menschen und Revolutionen* korrespondieren.[45] Es bleibt zu hoffen, dass das Soziologie-Department der London School of Economics, an dem Monika Krause Professorin ist, ihr auch zukünftig ein Arbeitsumfeld bietet, um herausragende Texte wie diese zu schreiben.

---

42 Siehe dazu auch Thomas Hoebel, »Auf wessen Seite steht Howard S. Becker? Ein Nachwort«, in: Howard S. Becker, *Soziologische Tricks. Wie wir über Forschung nachdenken können*, Hamburg 2021, S. 328–330.

43 Siehe dazu Sherryl Kleinman/Kenneth H. Kolb, »Traps on the Path of Analysis«, in: *Symbolic Interaction* 34/4 (2011), S. 426.

44 Monika Krause, *Das gute Projekt. Humanitäre Hilfsorganisationen und die Fragmentierung der Vernunft*, Hamburg 2017.

45 Monika Krause, »On Sociological Reflexivity«, in: *Sociological Theory* 39/1 (2021), S. 3–18; dies., »What is Zeitgeist? Examining Period-specific Cultural Patterns«, in: *Poetics* 76 (2019); dies., »The Meanings of Theorizing«, in: *The British Journal of Sociology* 67/1 (2016), S. 23–29.

Sollte es in den Sozialwissenschaften einmal brennen – und es gibt womöglich manche, die davon bereits ausgehen –, dann ist Krauses Studie eines jener Bücher, das Forschende im Gepäck haben sollten, um ein Gegenfeuer zu entzünden. Bis es so weit ist, erscheint es mir fruchtbar, daran zu arbeiten, »Wovon wir mehr brauchen«, die Tabellen, mit denen Krause ihre Ergebnisse pointiert, zugleich aber auch weiterzuschreiben. Wovon wir genug haben? Kritiken an den Sozialwissenschaften, die nicht ihre eigene Praxis reflektieren. Wovon wir mehr brauchen? Studien wie *Von Mäusen, Menschen und Revolutionen*.

Monika Krause
Das gute Projekt

Humanitäre
Hilfsorganisationen
und die
Fragmentierung
der Vernunft

Hamburger Edition

Aus dem Englischen
von Michael Adrian
geb., 268 S., € 32,–
978-3-86854-314-8
auch als E-Book

Monika Krauses vielfach ausgezeichnete organisationssoziologische
Untersuchung eröffnet eine provokative neue Sicht darauf, wie NGOs
auf lokaler und globaler Ebene erfolgreich sind – und wie sie scheitern.

»Die Idealdarstellung der Hilfsorganisationen ist ganz auf
die Adressaten ihrer jeweiligen Projekte zugeschnitten,
aber wie Krauses Forschungen zeigen, ist ihr Verhältnis zu
den Empfängern der Nothilfe von Entfremdung nicht frei.«
Frankfurter Allgemeine Zeitung

»... eine gelungene Analyse über die Schwächen der
humanitären Hilfe.« *Süddeutsche Zeitung*

POSITIONEN
Sozialforschung weiter denken

Mit einer Einführung von
Thomas Hoebel, Wolfgang Knöbl
und Aaron Sahr

Aus dem Englischen von Michael Adrian
geb., 328 S., € 35,–
978-3-86854-340-7 | auch als E-Book

»Die Stärke von Abbotts Ansatz ist
[...] seine Diagnose der dominanten
gegenwärtigen Soziologie, die
zustandsreduziert ist und eher auf
Trennungen und Dualitäten setzt
als auf Prozesse und ihre Verflechtungen.«
*Kölner Zeitschrift für Soziologie und
Sozialpsychologie*

Positionen Sozialforschung weiter denken

CHARLES TILLY

WHY?

WAS PASSIERT, WENN LEUTE GRÜNDE ANGEBEN ... UND WARUM

Hamburger Edition

Positionen Sozialforschung weiter denken

ISAAC ARIAIL REED

INTERPRETATION UND SOZIALTHEORIE

Hamburger Edition

Mit einer Einführung von
Thomas Hoebel und Stefan Malthaner

Aus dem Englischen von
Enrico Heinemann
geb., 232 S., € 28,–
978-3-86854-341-4 | auch als E-Book

Mit einer Einführung von Thomas Hoebel

Aus dem Englischen von Ursel Schäfer
geb., 248 S., € 35,–
978-3-86854-344-5 | auch als E-Book

»In [der] Kraft zur analytischen Verdichtung liegt eine große Stärke des Soziologen. [...] Eine gelungene, weil anspruchsvolle Geschichte, die nicht nur die Wissenschaft, sondern auch die interessierte breite Leserschaft zu überzeugen vermag.«
Soziologische Revue

»Ein Buch, das die Leserinnen und Leser dazu zwingt, alles zu überdenken, von der Art und Weise, wie sie mit ihren Kindern sprechen, bis hin zur Art und Weise, wie sie über Politik streiten.« *The New Yorker*

»Lesenswert, aber nicht leicht zu lesen. Sehr empfehlenswert für jemand, der die Mühe nicht scheut, den zahlreichen Verweisen des Autors zu folgen und nicht nur an ›Diagnosen‹, sondern auch handlungsanweisenden Problemlösungen interessiert ist. Das Buch regt zum Nachdenken und Diskutieren an, und das ist das Beste, was man von einem wissenschaftlichen Buch sagen kann.«
socialnet